跨国公司子公司之间的知识转移研究

上海市学术著作出版基金
博士文库

跨国公司子公司之间的知识转移研究

张晓燕 著

世纪出版集团 上海人民出版社

序　一

张晓燕博士是我的开门弟子，其在就读博士期间学习刻苦、研究成果丰硕。该著作是在其博士学位论文的基础上修改完成的，在以往的结构体系中又增加了一些新的案例和资料，显得时效性更强，对实践的指导意义更大。

随着全球经济一体化的发展，跨国公司子公司的战略地位日益增加，越来越多的学者认识到，位于不同环境中和地理分布的子公司可能掌握对于跨国公司其他单元独特并且有用的知识，而且子公司自身创造知识的潜力和能力使子公司对母公司的战略价值日益增加。这样看来，将分散于不同国外子公司的能力进行合成成为跨国公司管理的重要战略性任务。为了最大化分散的子公司所做出的总的经济收益，需要一种能够将全球整合和局部响应相结合的跨国解决方案。为此战略链接，关于母子公司之间的知识转移已经得到了较为充分的研究，而关于子公司之间知识转移的研究只是刚刚开始。基于此，本书对子公司能力发展与知识转移战略角色的形成、子公司在跨国公司内外部关系（子公司与当地集群的嵌入关系、子公司之间的竞合关系）、社会化基础（认知维度、关系维度、结构维度）、相关组织机制（激励机制、控制机制、协调机制）对子公司间知识转移的影响进行系统的分析，形成子公司间知识转移的一个综合性概念模型；并就子公司间知识转移的影响因素、知识转移的效果对子公司的绩效的影响建立了实证模型并进行直接检验，得出相关结论。

本书立足于跨国公司子公司的总体贡献、子公司能力发展与知识转移战略角色，应用嵌入理论、集群理论和组织理论，专注于研究跨国公司的子公司之间的知识转移，完善了子公司间知识转移的理论，弥补以往实证研究的不足，为相关的跨国公司管理实践活动提供理论依据和政策性建议，具有一定的创新思维，能够对跨国公司的实践发挥一定的指导作用。

学术之路漫长而艰辛，本书是作者前阶段学习和研究的成果，望作者能以平和的心态、严谨的治学精神、创新的思维、实践和探索的眼光继续前行。

复旦大学管理学院博士生导师、教授　李元旭

序 二

《跨国公司子公司之间的知识转移研究》是张晓燕同志在其博士学位论文的基础上完成的专著。专著和论文的立题、资料收集、内容撰写和最后定稿前后花费三年时间，凝聚着作者的大量心血，具有较高的学术价值。

随着国际商务理论和基于知识的跨国公司理论的发展，跨国公司被认为是各种知识集合的智囊团，而且能够高效地组织知识在跨国公司内部各子系统之间进行转移。这些子系统散布于全球，彼此分散而又相互联系。跨国公司的全球运营和战略活动日益依赖于它们那些地理上分散又存在内部差异的子公司，不论它们是合资公司，合作联盟，全资子公司，分支办事处，还是其他形式。跨国公司及其母公司再也不能仅仅作为向海外单向转移知识的代理，越来越多的跨国公司开始通过海外子公司寻求地区性卓越中心以从当地科学团体、竞争者和大学等地获取世界级专家知识，然后将这些知识回流到跨国公司的中央实验室和全球网络中的其他各处。子公司不仅仅是母国知识被动的接受者，而且是创造全球性新知识宝库过程的积极参与者。跨国公司对外直接投资不仅仅是为了在国外发挥他们的知识和所有权优势，同时也是为了获取当地资源中的精华，从而丰富自身现存的知识库。显然，以往大都从跨国公司母公司视角关心母公司所有权和知识优势转移以维持相对竞争地位已远远不够，全球学习本身成为新的重要的国际化动因，跨国界转移和调动知识的能力成为许多跨国公司关注的核心竞争问题之一。

在《跨国公司子公司之间的知识转移》一书中，作者有机地运用跨国公司组织理论、跨国公司知识基础观理论和经济学的相关理论以及管理学和统计学的相关方法，对跨国公司子公司之间的知识转移进行了较为系统完整的研究。其观点独到、分析透彻、资料翔实。总之，通过本书，我们可以看出作者在对现代跨国公司的研究中取得了可喜的成就，其成果无疑对做大做强我国的跨国公司以及推动企业管理学科的发展有着积极的借鉴意义和促进作用。

最后，希望张晓燕同志以本书出版为新长征的出发点，再接再厉，继续勇攀学术高峰。是为序。

上海海事大学经济管理学院博士生

导师、教授　宋炳良

目　录

第一章
导　论

今天全球市场的主要特征表现为技术的快速更新换代及急剧变化所引起的市场高速、激烈的竞争。同时，知识产出的强度也在急剧地增加，或更进一步说知识产出的强度自从工业革命以来一直在增加，而在过去 20 年，增加的过程一直在加速。在这样的背景下，跨国竞争不仅加剧了，它的本质也发生了根本性的改变，即明显转变为以知识为本，竞争优势的根源从物质资产转变为知识资源。当新兴的知识为本的竞争广泛地影响了大批组织时，它对企业的国际竞争也提出了一些极其严峻的挑战。长期以来，来自于母国的知识和所有权的优势使得跨国公司(multi national corporations, MNCs)在国际市场中能够有效地竞争，现在已经显得不够了。全球的竞争者现在通过利用来源于多个国家的知识来争夺国际主动权。事实上，随着经济的全球化，跨国界转移和调动知识的能力已经成为许多组织关注的核心竞争问题之一。

一、跨国公司知识转移研究背景与意义

（一）知识经济发展推动跨国公司竞争环境的战略性变革

对跨国公司而言，近十多年以来深刻的技术和市场变革成为不断

深化的全球化趋势的重要背景。越来越快的技术进步、越来越智能化的生产工艺、越来越信息化的市场与市场竞争、激增的研发投资面临越来越短的产品生命周期、不断降低的关税壁垒、易变性不断加强的政治联盟和管制措施，以及在提供互补性专业知识、技术与能力方面日益重要的东道主环境，都给跨国公司的收益、成本和风险管理带来日益丰富的机会和挑战。特别是信息技术推动的信息全球化为跨国公司“无国界经营”以及协调和控制海外经营活动提供了更加便捷的信息沟通条件，深刻改变了跨国公司的内部管理方式。在更加复杂、快速变化、科技加速突破以及以消费者为中心的新经济时代，跨国公司获取竞争优势的传统手段面临前所未有的挑战。大规模、低成本等传统的规模经济和范围经济优势容易被竞争对手模仿，跨国公司竞争优势特别是技术性优势容易变化和销蚀，不能成为长期持续竞争优势的来源。而其背后的知识和能力特别是独特的核心知识和能力才是稳定和拓展优势地位的“关键之锚”，激励和支持组织内部成员之间合作，以充分利用分散各地的快速灵活的学习创新，才是企业在未来全球竞争中持续生存和发展的基础。知识的创造、转移、共享和利用成为企业价值链中关键的增值活动，给跨国公司国际化经营以及母子公司管理提供了一个全新视角。既然智力资本和能力成为企业持续竞争优势的基础，跨国公司基于全球多渠道创造、获取和推广利用知识的能力就变得更加关键。这意味着，跨国公司总体(而不仅仅是总部或个别单位)都要通过不断创新从知识能力持有者转变为知识能力的获取者和贡献者才能维持其市场地位和竞争优势。跨国公司在制定和实施全球战略过程中，仅仅从母公司视角关心竞争对手的成本和技术优势并利用自己的相应优势维持相对竞争地位已远远不够。

（二）知识转移在跨国公司全球扩张中的地位不断上升

长期以来，人们认为发达国家跨国公司的成功取决于其在海外复制国内优势的能力，这些国内优势和能力可能源于拥有巨大的规模、丰富的国际化经验、独特的品牌和管理能力，但是主要来源通常是独特知识资产和独特技术。跨国公司能够比外部市场机制更加有效地转移并利用其国内优势，从而在国际市场中获得竞争优势。跨国公司知识创造价值的过程，最初被概括为一个线性的过程：知识在公司的母国产生，然后以新产品和过程的形式扩散到全世界。知识的转移倾向于在公司内部化，以避免知识资产与市场契约有关的交易成本。而最近10年随着对跨国公司理论与经验主义研究的深入，这一跨国公司知识创造价值的传统的观点已经有所发展。越来越多的观点认识到跨国公司跨国生产转移知识的潜力，并且认为跨国公司存在的一个原因就是它为知识跨越国界创造和转移提供了有效的渠道。

当前，跨国公司拥有全球80%的新技术、新工艺专利，直接参与全球70%以上的国际技术转移项目，在向发展中国家转移的技术中，90%是由跨国公司提供的。越来越多的跨国公司从谋求全球竞争优势的战略高度出发，主动、自觉地大规模转移先进知识。例如，麦当劳把标准化制作技术和管理方式转移到了世界各地的分店，沃尔玛将其在物流配送、卖场管理方面长期积累形成的丰富经验转移到了海外折扣店和会员店，阿尔斯通借助提供领先技术顺利进入西班牙、英国和韩国高速列车市场，丰田在同一汽合作生产普瑞斯轿车过程中把混合动力技术引入我国。近年来，越来越多的国家放松了外资进入的政府管制，减少甚至废止了外资进入的附带条件。然而，这一变化并没有带来跨国公司知识转移的萎缩，相反，许多跨国公司主动向他国转移更为先进的技术和管理知识。这一趋势的出现，源于全球竞争格局的深刻变化。一方面，一些新兴发展中国家的企业在本国经济高速增长中成长起来，缩小了同跨国公司及其海外分支机构的差距。例如，在计算机领域，戴尔、惠普、索尼在中国市场同联想、方正等的较量中并没有获得明显优势。为了巩固优势地位、获取新的优势，跨国公司开始主动出击，系统地转移相关先进知识。另一方面，全球主要竞争对手的市场重合度越来越高，跨国公司之间在他国市场的争夺战愈演愈烈。例如，在20世纪80年代，只有大众等少数几家跨国公司进入我国汽车业，而今，包括通用、丰田、福特、戴姆勒-克莱斯勒、本田、日产、标致雪铁龙、现代等在内的几乎所有全球领先汽车制造商，都已经进入我国市场。我国汽车业的竞争，不仅表现为国内企业之间、国内企业与跨国公司之间的竞争，更突出地表现为跨国公司之间的竞争。面对全球范围内势均力敌的竞争对手，为了在竞争中拥有一席之地，跨国公司普遍加快了知识转移步伐，加大了知识转移力度。跨国公司知识转移从单向、直线逐渐走向网络化扩散与共享。有效的知识转移是跨国公司形成合力，在全球范围内谋求竞争优势的有效途径。

二、子公司知识转移相关研究议题的提出

（一）伴随着全球化直接投资的扩张，跨国公司海外子公司的数量和规模快速膨胀

1968年发达国家有7 276家跨国公司和2.73万家子公司，20世纪80年代中期，全球有2万多家跨国公司及10万家左右的海外子公司。20世纪90年代以来，在跨国公司纷纷变革战略、组织的同时，海外子公司的数量规模也快速扩张。1990年全球跨国公司、海外子公司数量分别只有3.5万家、15万家，2000年分别上升到6万家和80万家，2002年进一步上升到6.4万家和87万家。

全球对外投资流入量经达四年的连续增长，2007年再增长30%，达到18 330亿美元，远远高于2000年创下的历史最高水平。尽管2007年下半年开始出现金融和信贷危机，但在三大类经济体——发达

表 1.1　跨国公司海外分支机构主要情况(规模及年均增长率)

单位:10 亿美元,百分比

	1982 年	1990 年	2006 年	2007 年	1986—1990 年	1991—1995 年	1996—2000 年	2004 年	2005 年	2006 年	2007 年
销售额	2 741	6 126	25 844	31 197	19.3	8.8	8.4	15.0	1.8	22.2	20.7
总产值	676	1 501	5 049	6 029	17.0	6.7	7.3	15.9	5.9	21.2	19.4
总资产	2 206	6 036	55 818	68 716	17.7	13.7	19.3	−1.0	20.6	18.6	23.1
出口额	688	1 523	4 950	5 714	21.7	8.4	3.9	21.2	12.8	15.2	15.4
雇用人员(千人)	21 524	25 103	70 003	81 615	5.3	5.5	11.5	3.7	4.9	21.6	16.6

资料来源:联合国贸发会议,《世界投资报告》,2008 年。

国家、发展中国家以及转型期经济体中，外国直接投资的流入量都在继续增长。发展中国家的对外直接投资流入量创下新高 15 000 亿美元，比 2006 年上涨 21%，2007 年，最不发达国家吸引外国直接投资 130 亿美元，也达历史最高水平。同时，主要得益于亚洲跨国公司的海外扩张，发展中国家作为外国直接投资来源的重要性继续增加，流出量亦创 2 530 亿美元的新高。2006 年，最大的 100 家跨国公司的活动显著增加，国外销售和国外雇员人数分别比 2005 年增长 9%和 7%。发展中国家最大的 10 家跨国公司的增长尤为迅速，2006 年，它们的国外资产估计为 5 700 亿美元，比 2005 年高出 21%。过去 10 年中，这些公司的原籍几乎没有变化，此类跨国公司 25 强中大多为东亚和东南亚的公司。

目前，中国作为全球最大、成长最快以及对许多跨国公司全球资源配置越来越具特殊战略意义的新兴市场，吸引的外来直接投资快速增长。至 2004 年底，来自 200 多个国家和地区的投资者在华投资于制造业、服务贸易、农业、基础设施建筑等领域，累计设立外资企业 51 万家，其中全球最大 500 家跨国公司中有 450 家在华投资。根据 2004 年世界投资报告，到 2003 年底止，外来直接投资存量占我国国内生产总值的 35.6%。2004 年外来在华直接投资更是高达 610 亿美元。从 1985 年到 2004 年底，中国企业对外直接投资总额累计也达 370 亿美元，中国企业境外办企业 8 300 多家，分布在全球 160 多个国家和地区。其中，到 2003 年底止，我国对外直接投资存量占我国国内生产总值的 2.6%，而 1990 年这个比重只有 0.7%。中国作为新兴市场经济的重要成员，国内经济发展举世瞩目，跨国经营活动如火如荼，海外子公司也在快速发展。一批较早国际化的中国公司，例如中信、中石化、五矿、中粮、上实，现在都有数十家海外子公司，新近国际化势头迅猛的制造业公司，例如海尔、TCL、华为、联想等，现在也有近 10 家海外子公司。部分中国大型企业国际化程度的提高已经诞生了一批海外分支机构(见表1.2)。

表1.2 部分中国大型企业海外分支机构及其国际化程度

	海外分公司(家)	海外工厂(家)	海外研发机构(家)	海外经营国家(个)	跨国化指数(%)
中国石化	8	0	0	—	2
宝钢集团	17	2	0	—	3.2
联想控股	7	0	1	—	6.2
华为技术	32	0	5	—	20.7
海尔集团	—	13	8	—	12
上汽集团	4	0	0	—	1

资料来源:蔡卫东、赵进:《中国大型企业国际化程度比较研究》,《北京工商大学学报(社科版)》2004年第4期。

随着全球一体化的发展,庞大而举足轻重的子公司网络的事实使得跨国公司不得不重视子公司创造并转移新增互补性差异化知识的能力,利用来源于多个国家的知识争夺国际主动权。对世界范围内大多数跨国公司而言,如何对这些数量不断增加的海外子公司进行定位以获取当地的知识、如何合理协调子公司之间的关系和有效处理母子公司之间的关系以充分发挥海外子公司的战略角色,利用来源于多个国家的知识,以争夺国际主动权,成为一个相当突出和复杂的管理问题。

(二)海外子公司知识转移角色演变

传统上,母公司是跨国公司的创新基地,海外子公司基本不开展研究与开发工作,主要从事生产和营销工作。专利知识、非专利技术诀窍、管理理念与方法、营销技巧等从母公司向海外子公司单向转移。从20世纪70年代后期开始,弗农(1979)察觉到了跨国公司知识管理的一种变革模式，尤其是在高科技产业，他指出从那时起产品生命周期被高度压缩，所以许多跨国公司几乎同时进行几个主要市场的知识创造项目，这项发现被许多其他研究支持和进一步阐述。在过去的20年中，跨国公司子公司的角色已经超越了传统的诸如销售、服务和装配等下游活动而包括了诸如研发（R&D）、部件生产、市场战略和支持性工作等上游活动。坎特维尔（Cantwell，1989）认为自20世纪80年代前期以来，跨国公司已经在许多子公司所在地进行研发活动。汉卡松和斯吉兰德（Hankanson and Sjolander，1993）认为到20世纪80年代为止，在瑞典进行的行业研发活动的数量在减少，但是"瑞典的大型跨国公司——包括一些国外的子公司——总的研发活动正在继续增加"。子公司的知识创造通过多种方式来实施，诸如"全球产品管理"（Birkinshaw，1996）、"优秀的核心"（Holm and Pedersen，2000；Frost，2002）、"基于母公司的战略讨论"（Kostova，1999）等等。这些文献指出跨国公司的研发资产在其子公司中有增长，并且是鲁格曼和维贝克（Rugman and Verbeke，2001）所称"子公司特殊优势"的一部分。在这其中，会引发一个对子公司更新的概念、理解和评价。

随着全球一体化和当地响应压力的同时上升，跨国公司认识到收购或者新建拥有开发能力的子公司不仅能够用于调整产品，而且能够用于提升产品。将这些子公司提升产品的能力整合进入跨国公司整体可以获取额外的竞争优势，从而全球学习本身成为新的重要的国际化动因，获取并整合分布全球各地的子公司中的关键知识资源的能力也是重要的竞争优势。海外子公司也可能是能力创造中心，跨国公司日益成为学习型网络，其中好思想不再由一个地方垄断，而拥有一个由众多智力资源丰富、十分活跃的子公司组成的网络本身就是巨大的竞争优势。在这种情况下，全球搜寻和转移知识更加关键。即使母公司在跨国公司内外部的知识创造转移上仍然充当着最活跃角色，国外的子公司同样可能致力于自身内外部知识的转移。对于跨国公司来说它们的成功越来越依赖于知识在其子公司之间进行转移的方便性和速度。跨国公司竞争优势的主要来源现在被估计是它们通过整合各种环境中的资源产生新知识的能力。

综上所述，对于跨国公司汲取国外竞争优势来丰富自己的知识库，并在整个差异化网络内转移知识，进而改善绩效的理论研究十分迫切，实业界对此也很感兴趣，但在该领域的研究还相当罕见。目前子公司间的知识转移问题的研究才刚刚开始，缺少系统性和实用性，很不成熟。到目前为止，大多数研究主要是关注知识转移的影响前提和跨国公司的内、外进行学习，对于知识转移和跨国公司绩效之间的关系的研究只有寥寥。一些学者，已经讨论了子公司之间的知识流对跨国公司绩效的重要性。然而，只有很少的研究是从实证上开始检测这一关系的。

本书则对子公司间知识转移的成因、关系、机制和基础等问题进行了系统的理论性论述，最后形成了子公司间知识转移的一个综合性概念模型。并在实证的章节中对子公司间知识转移的影响因素，知识转移的效果（知识流入流出焦点子公司）和最终对子公司的绩效影响建立了实证模型，并进行了直接性的检验，得出了相关结论。

第二章
理论综述与评析

一、基于知识观点的跨国公司理论演化过程

最近，在跨国公司知识基础观或资源基础观领域的学者已经将焦点集中在这一问题上，即什么叫基于知识的观点或者基于知识的公司理论，如何在不同的组织方式之间做出选择，尤其是在内部合成还是外部寻找那些可以产生或是保护有价值的知识的渠道上做出选择。大多数这类文献都有一个共同的观点，即公司作为一个组织形式存在力图使知识的交换最为经济，而不是削弱机会主义的思想。在公司内部一个活动往往就变成了努力创造好的，而不是努力避免消极的。一些学者对于基于知识观点可以独立于机会主义这一观点已经明确表示质疑，现存的基于知识的文献有两个基本论点是完全相互矛盾的。这两个观点是关于相对于市场模式公司知识交换的有效性：其中一个认为层级制度本质上避免了知识的转移（如 Conner，1991 等），强调公司在指导他人行为时权利机构的能力；另一个观点则认为公司层级关系的存在方便了知识的转移（如 Arrow，1974；Kogut and Zander，1992，1996 等），强调公司支持共享和同一性的能力。这类文献未能提供一

组理论来预测什么时候权力决策模式优于市场模式，或者反之，更不要说从基于知识的逻辑来处理这一问题了。诚然，基于知识的论点倾向于强调公司权力机构的优点，而不是它们在形成与转移知识过程中的限制因素。他们认为公司的层级制度对知识形成和转移是有利的，认为有其他一些因素限制了公司边界。

（一）优势知识的转移与跨国公司理论的形成

1. 市场垄断优势理论形成的环境背景

在20世纪60年代之前，并无成形的跨国公司理论或外国直接投资（Foreign Direct Investment）理论，这个领域的第一个成果是由海默贡献的。在海默之前，对资本的跨国流动，不论是生产资本或借贷资本，都用利率水平的差异（利差说）来解释，即将外国直接投资（FDI，Foreign Direct Investment）与对外证券投资（FPI，Foreign Portfolio Investment）混为一谈。在二次大战后的20世纪五六十年代，真正意义上的跨国公司大量涌现，海默在论文中指出国际资本流动也出现了新的现象：(1)交叉流动十分普遍，一方面美国公司对外直接投资；另一方面，又有大量资金涌入美国资本市场。这种交叉流向的存在说明利率本身不能解释FDI的运动。(2)美国公司常在海外筹资建厂，其利率往往高于美国。这意味着资本并非从利率低的美国流出，令人费解。(3)投资的行业比较集中，如果投资是为了追求较高的利率，则投资应流向所有行业。可见“利差说”不能解释FDI，而且海默强调FDI的关键是要对投资企业（子公司或附属企业）的经营活动发生影响，即控制，正是通过控制，才能保证利润，这是FDI区别于FPI的基本特征(Hymmer，1976)。

2. 代表人物的主要观点

到海外投资经营，会遇到许多障碍和困难，带来额外的成本和风险，必须拥有特定的优势，才能加以克服。对于这种"企业特定优势"(firm-specific advantages)，海默本人并未给予完整的明文界定，但根据其阐述可以概括为一种市场力量，即阻碍自由竞争的垄断力量，它可以体现为有形的和无形的资产。可是有了这种优势，只是具备了跨国经营的可能性，并不等于必然性。为什么不将其优势通过市场转让而一定要进行国外直接投资呢？回答是由于市场不完善(imperfection)，即市场失效。海默指的是结构性失效(structural market failure)，这是指由于行政干预不当或由于垄断，造成市场机制扭曲甚至窒息，以致不能正常发挥作用。当时美国和西欧的钢铁、汽车、石化等行业都是寡占市场结构，如果美国寡头企业要通过市场转让其"优势"(资产)给西欧，其对手也是寡头企业，双方力量冲突，很难达成协议。虽有可能建立卡特尔(cartel)分割市场，但这类协议也很不稳定。只有通过 FDI，才有可能充分利用其"所有权优势"，进入西欧市场，并实现超额利润。由此可见，"拥有优势"(possession of advantages)和"消除冲突"(removal of conflict)是海默用来解释 FDI 和跨国公司产生原因的两大基本观点，而这二者又都源于市场不完善。他在学位论文中写道："不论是在理论上或在实践上，只要涉及国际化经营，用完全竞争的方法就无法解释"，跨国公司的问题无非是"将企业理论和寡占理论运用于国际投资的问题"(Hymmer, 1976)。故海默是第一个将市场不完善与 FDI、跨国公司联系起来的人。日后各个流派莫不以市场不完善为理论基石，他也是使跨国公司理论成为一个独立研究领域的首创者，西方学术界认为这是里程碑式的成就。

3. 主要结论

自从海默的理论在 1960 年被用于公共领域，跨国公司直接投资的中心问题就转变为公司特有优势的本质和这种优势的跨国界转移。一个基本的理念就是企业最先带到国外市场的知识是企业所拥有的优势知识。不管这些知识是基于企业的技术、产品、市场还是其他的活动，它们都体现了企业的优势。

（二）知识的公共产品属性与跨国公司内部化理论

1. 跨国公司内部化理论形成的环境背景

内部化理论逐渐取代海默的理论，主要原因有二：(1)随着世界经贸自由化进程的加速，FDI的国际环境日趋宽松，甚至东道国竞相采用优惠政策吸引FDI，故从事跨国经营的中小企业日益增多，若按海默理论继续强调跨国化要有垄断优势，显得与时代不甚合拍。(2)海默理论的思想渊源来自旧产业组织理论，即贝恩的“结构—行为—绩效”范式(structure-conduct-performance)。海默体系是建立在这个范式上的，即结构是出发点(寡占市场结构)，它决定企业行为(从事跨国经营)，从而决定企业的绩效(获得超额利润)。但批评者提出相反的逻辑即绩效是出发点，正是由于效率高，企业才走向国际化。贝恩范式的地位趋于动摇，而科斯的学说却风靡一时，这也扩大了内部化理论的影响。但是必须指出：海默并非对科斯的学说一无所知，反之，他曾在1968年以法文撰写的论文《大型多国企业：对国际商务一体化若干动机的分析》中，不仅直接引用了科斯1937年的论文，而且提出了类似交易性失效的观点，只是没有充分展开。后来，卡森等人发现了这篇法文的论文，1990年撰文评价，经过一番讨论，学术界终于承认了海默在内部化理论中先驱者的地位。

2. 代表人物的主要观点

在内部化框架下，众说纷纭，流派颇多，但大致可分以下两支：

(1) 英国学派：凯夫斯(Caves, 1971)的一篇重要论文中阐述了国外直接投资和具有公司特色的知识作为中级商品来传递两者之间的关系，其中主要强调了产品差异化的能力。他简练地描述了这种关系：“有一种联系关系到对外直接投资的基础，那就是——生产某种差异化产品的成功企业控制着服务于该市场的知识，这些知识可以无成本或者以较小成本转移到该企业其他国家市场”。现在已经得到公认，凯夫斯的观点需要追加一个额外的条件，即销售这种知识的市场是不完善的。在知识市场不完善的情况下，知识具有公共商品的性质，他们可以以零边际成本转移。因此，负责创造这些知识的企业面临着一种困境，即他们无法独自占有使用这些知识所带来的收益。

巴克利和卡森（Buckley and Casson，1976）做出了里程碑意义的论述，知识具有公共商品的性质，产生了两个重要的性质，即易于转移和难于保护，从而构成了他们提出理论的核心。他们写道，有特殊的理由让我们相信，知识市场的内部化可以导致企业间的高度跨国经营。因为知识作为公共商品易于跨国界传递，它的利用逻辑上说是一种国际运营。因此，除非公司的比较优势或者其他因素限制产品转移到某一市场，知识的国际化要求每个企业在世界范围内组建起公司和运营网络。鲁格曼（Rugman，1980）提出了更有力的命题，认为跨国企业的兴起是源于信息市场失效的国际化。“跨国公司创造的产品没有一个恰当的市场来销售，因此无法定价。跨国公司被迫创造他们自己的内部市场，以此来克服外部市场的失效，实现信息的销售。”

综合来说，英国学派的基本观点如下：由于市场机制与产品的特性存在矛盾，信息、知识、技术等中间产品表现得最为明显，其矛盾主要有：①信息悖论（information paradox），此类产品的价值在实际使用中才能充分体现，使买方确信其效果，才乐于购买；但对卖方而言，又要求保密，一旦泄露，将丧失其价值。②零边际成本：研发的费用巨大，但研发成功后，模仿或复制的费用却微不足道，甚至边际成本接近为零。③非排他性：一人拥有，并不排斥他人使用。这些特性实质上都是外部性（externalities）的表现，市场机制无法消除产品的外部性，难以充分保障产品所有人的权益，故不如转入企业内部来解决。

（2）美国学派：1977 年赫那特（Hennart）在马里兰大学的博士学位论文中提出了一种新解释，他认为市场失效不是由于产品的外部性，而是由于有限理性和机会主义，使得经济主体的行为及其产出的价值难以在市场上得到正确的衡量和实现，这才导致市场失效。威廉姆森的交易成本理论是建立在两个行为假设基础上：有限理性和机会主义。然而，在两个概念的相对重要性方面存在着一些不对称性。有限理性是指个人或者组织没有能力作出完善的规划，它限制了个人或者组织最大化他们的智力。而相反，机会主义是说个人在揭露信息时可能做得不够完美，他们不仅追求个人私利，而且还有可能故意欺骗合作伙伴。当需要作出某个交易决策时，投机主义的风险会使个人和组织将关注点放在保护契约签署的安全性上，从而减少机会主义的发生，并减弱发生时带来的不良效果。管理这种投机主义的问题据说是理解资本主义制度微观层面的关键（Williamson, 1996）。然而，当有限理性被看作是限制个人和组织行为的主要因素时，机会主义问题开始活跃，它成为这一受限领域中的关键挑战。

赫那特（Hennart, 1982）在阿罗（Arrow, 1974）关于信息和组织的研究基础上，强调了企业应该具备降低研发成本的能力。在强调新人这一观念的同时，他相信同一企业中的员工之间相互欺骗的动机要低得多。他写道："员工得到的报酬，不是根据他们所销售的知识的市场价值来确定的，而是根据他们对组织的贡献。相互欺骗不会给他们带来最佳的好处，这一事实有利于建立信任和减少公司内部信息交换的费用。"

除了上述两大流派外，还应提到邓宁的折中范式（eclectic paradigm ）以及威廉姆森的专用资产说（theory Williamson of asset specificity），它们都是在内部化框架下展开的，在文献中都占有重要地位。

3. *主要结论*

内部化理论从以上理论来看，它也是在市场不完善（市场失效）框架内展开的，但强调的是“交易性失效”（transactional failure），其基本观点可简单概括如下：利用市场机制是要付出代价的，为了克服市场机制缺陷所造成的交易障碍而付出的代价，就是交易成本（transaction cost）。如果交易成本过高，以致难以承受，便不利用市场，而将交易转移到企业内部进行，这便是市场的交易性失效。内部化就是企业在内部建立一个市场的过程，以内部市场取代外部市场，跨国公司无非是企业边界超越国境的结果，是企业内部化过程在国际范围内延伸的产物。

（三）知识的隐性特征与跨国公司知识基础观理论

1. 跨国公司知识基础观形成的环境背景

到了20世纪90年代，特别是进入21世纪后，科技进步促进了知识经济的兴起，这体现为经济活动的知识化和知识活动的经济化。前者指知识已成为经济增长的内生变量和主要源泉，它对现代经济增长的贡献率，超过了传统的生产要素。后者指知识的商品属性增强，知识活动与市场机制的联系日益紧密，知识的创造和利用趋于产业化和企业化。因此，跨国公司也要调整其战略和行为，以适应知识经济时代。跨国公司并不是由于市场的交易性失效，从而不得不将科技知识在企业内部转让。反之，跨国公司是为了加强其核心优势（core competence），才将有用的知识保留在企业内部，而且在全球范围内寻求、挖掘和积累知识资源。跨国公司对资源的配置和利用方式也有了变化，过去跨国公司价值链的很多环节是在内部运作的，现在则主要保留知识信息密集型环节，因为那是高附加值环节，也是支撑核心优势的环节，至于其他环节则通过OEM等方式（包括中国的加工贸易），尽量“外包”、“外购”，变成了外部活动。作为跨国公司合作方式的战略联盟（strategic alliance），比过去更加流行，特别在研发方面更属如此。就区位分布来看，由于运输便捷，信息技术进步以及经贸自由化的推进，跨国公司得以在全球更分散、更广泛地选位定点，而与此同时，集群（clustering）的倾向更为加强。面对这些新现象和新趋势，内部化理论无力解释。于是出现了资源基础观的跨国公司理论（resource-based theory），但该派各个学者的观点也不尽相同，可取文献中出现较早的英国学者凯为代表。这种理论视企业为“在行政协调下的一束资源”（a bundle of resources under administrative coordination），企业正是挟其独特的资源优势走向跨国化的，即跨国公司是企业运用其内生资源的产物，是企业内在的成长机制决定的；而不是像内部化理论所描绘的那样，跨国公司是企业为了节约交易成本而取代外部市场的结果，是被迫做出的一种体制性选择。

2. 代表人物的主要观点

蒂斯（Teece，1977）提出技术不是公共商品，在他分析的 27 个项目中转移成本占总成本的 2%到 57%。这些成本随着转移的不断进行和接受技术的经验不断增加而减少。这些成本中没有任何度量与产生于机会主义的交易成本，比如法律费用或者技术的耗散有明显的关系。他认为技术转移的成本产生取决于知识的隐性程度。

科格特和赞德（Kogut and Zander，1992）设立一种维度来度量知识，这个维度包括知识的可文档化程度，复杂度以及可教导性来解决关于知识是公共商品还是隐性的讨论中的一些矛盾。科格特和赞德利用这些尺度来检验一个命题，即技术越是隐性的就越有可能在企业内部传递。科格特和赞德针对现在流行的一种观点，即企业存在是为了将市场内部化，提出一些疑问。

科格特和赞德认为企业是专门从事知识的创造和内部转移的社会组织。跨国公司的兴起不是源于知识买卖市场的失效，而是它作为组织媒体跨国界转移这种知识的优势。他们通过实证研究新产品生产能力向全资附属子公司和其他各方转移的决定因素，来检验企业专门从事隐性知识的内部转移这一命题。实证结果表明可文档化程度越低，越不容易传授的技术，其转移越有可能在企业内部全权运作。这一结果表明转移知识的模式是由跨国公司相对于其他企业，而不是相对于某个抽象的市场交易在转移知识方面的效率决定的。企业专门从事于知识的转移与重组这一概念是跨国公司演化理论的基础。

这种方法同从标准的经济学意义上看待跨国公司的方法，既有相似之处，又相互区别。关于企业界限测定的一个很受关注的解释依赖于两个观察结果。第一个就是，企业之间以及国家之间进行贸易的一个必要条件就是相对比较优势：从事经济活动的生产力差异，要求企业和国家专门从事能够反映它们的这种优势能力的产品和服务的生产和贸易。第二个就是，由于市场的危害或者成本，使得企业贸易（交易）的内部化成为必要。有关对外直接投资文献使用的术语中，第一个观测涉及所有权、公司特有的优势；后面一个观测涉及市场内部化。

这两个观察解释了，为什么经济活动要以企业的形式组织，为什么贸易在跨国界交易时要发生对外直接投资。这种观点没有逻辑错误，但是科格特和赞德对第二个观察提出质疑。比较优势是支配企业贸易、直接投资和增长的条件，企业所面临的问题是就成本和市场效果而言，这种优势如果传递到附属子公司或者其他企业是否会更加经济。在这种情况下市场危害不一定是必然的。

科格特和赞德认为企业界限只能解释为为了遏制个人机会主义而建立的治理机制。显然，这是错误的。治理机制并不等同于企业能力和个人知道应该怎么去做。组织内部的协作导致了一系列的能力，使得在企业内部转移知识比跨组织转移简单得多，从而形成了企业的所有权优势。同时，这些能力也构成了通过重组企业及其成员知识的现有因素来实现增长发展的空间。企业是储存构建合作行为的社会知识的仓库，正是这一概念奠定了跨国公司演化理论的基础。

最开始对直接投资的解释是企业拥有所有权优势（或者我们将其称为能力优势），这种优势能帮助企业跨国界增长。而强调失效市场的内部化理论会模糊这一事实。最主要的假设是市场的不完善，而不是所有权优势，来解释企业界限问题。然而，企业优势的本质，比如说员工之间相互合作的规则，是不是就不可能影响企业的活动范围呢？

举例来说，巴克利和卡森（Buckley and Casson，1976）论述了为什么他们关于直接投资的理论优于海默和金德尔伯格市场垄断优势理论。他们认为自己的理论能够更准确地解释那些能为跨国公司带来优势的属性或者属性集的源泉并把这些优势看作是过去投资的回报。这些投资包括：（1）在技术领域中创造优势的研发投资；（2）团队能力的创建，这种能力所带来的回报要大于其中个体回报之和，从而使企业得到发展累积，而企业中个体却是相互独立的；（3）信息传递网络的建立，它能够在企业内部低成本传播（1）和（2）所带来的好处，而且能够保护这些信息，包括市场状况的信息，不被外界利用等等。他们的理论的重点是创新能力的传播。

这三点将市场失效的概念削减到最小作用。事实上，第二点和第三点很好地描述了"知道该怎么做"和信息两个概念的区别。但是更重要的是，第二点表明团队能力是独立于个体的，这与内部化定义了企业边界的观点很难达成一致。那么，到底是什么决定团队能力的大小呢？什么团队在比较小的时候就停止扩展了，而不是包含尽可能多的人通过运用难于识别复制的组织原则相互合作。事实上，可以想象维持跨国公司完整性的一个最有可能的原因是还有更高层次的组织原则（比如说如何调整多部门的大公司的活动）。这些原则通过外部延伸跨国界传递，这种外部延伸即被称为国外直接投资。

巴克利和卡森不是没有看到所有权优势、知识和增长之间的联系，而是与所有权优势不能影响组成企业的要素这种观点存在分歧。这种观点在卡森(Casson, 1987)的一本重要的著作中已经表达得很清楚。他写道:内部化理论是选择理论的延伸,即在每个市场中都包含着选择恰当的契约安排的问题。所有权优势与选择无关,但是与一旦做出管理层选择企业的业绩表现有关。他的正确定位不是处理选择问题的理论的一个细分,而是与成功及随之带来的企业成长相关的理论的一个细分。

总的来说,能力差异和机会主义的区别在知识市场内部化的讨论中已经不存在了。即使考虑到知识隐性程度的不同和转移成本,这些争论还是和市场失效联系在一起。关于知识隐性和市场失效的讨论,蒂斯(Teece, 1983)写道:“企业中一些能带来租金的特定资产,因为交易成本的原因是不可交易的,其存在为水平的 FDI 提供了驱动力。”

希尔、王和金(Hill, Hwang and Kim, 1990)在关于进入选择的文章中指出,通过合资公司或者全资子公司来转移技术的一个动因是要转移的知识在本质上是有组织性的,因此,需要一个组织作为媒介来影响它的转移,并且指出将技术转移授权给第三方,如果其不具备这种能力,这将导致收益损失,也就是加大机会成本,从而影响交易成本。他们指出,要将技术设计图转变为成功的产品,需要了解一些操作流程的隐性知识和信息惯例,而被授权的第三方可能缺少这些知识。因此,通过建立全资子公司,跨国公司将节省交易成本,从其技术上获得更多的利润。

首先,企业被定义为一个社会组织,在这个组织中存在可以合作和沟通的知识主体。在巴克利和卡森(Buckley and Casson, 1976)和赫那特(Hennart, 1982)的文章中都隐含了这些观点。企业是创造知识和转移知识的有效组织。通过不断的交互活动,个体和企业的小组之间形成了普遍共识,借此将观念中的知识转化成市场和产品。一个企业要做什么不是由市场失效决定的,而是由于相对于其他企业,企业在这个转化过程中更有效率。科格特和赞德认为决定企业界限的是知识的差异和所体现的创造者和使用者(拥有补充技能)之间的能力,而不是市场失效本身。上面的论述支持了一种论点，即企业专门从事难于理解和文档化的知识的转移。对这个结果的一种解释是企业向全资子公司转移知识的成本要比向第三方转移的成本低。就这方面来说，企业的优势是在转移特殊知识中相对高的效率。

科格特和赞德发现，在给定其他条件的情况下，可文档化和可传授性的难度增加了国际转移的时间。根据这一发现，能更好地理解上述实证结果。这些发现和蒂斯所发现的知识转移成本是不同的结论是一致的。科格特和赞德认为知识的隐性特征将增加转移成本，降低知识在企业内部和合作伙伴之间的转移速度。公司所做的工作就是专门从事专业化知识的创造和转移(Kogut and Zander, 1992)。

即使在企业内部，知识转移也不是微不足道的，这已经是一个基本的观测结果。为了提高知识的内部转移速度，使之超过它的扩散和被竞争对手复制的速度，企业通过各种方式来降低知识的隐性程度，包括将其使用和复制编辑成规则和文档。企业之间的竞争是基于他们的能力差异，通过比竞争对手的模仿更快地创造新知识，比其创新速度更快地复制新知识来实现自己的扩张能力。

3. 主要结论

总之，基于知识的观点认为：

第一，每个公司都形成一个知识束。该观点由公司能力“基于资源”的理论推导而来，并得到广泛接受。在一个公司拥有的所有资源中，知识基础已成为使该公司保持持久的差异化，进而获得竞争优势的一个重要能力，这一点是尤其重要的。

第二，跨国公司之所以能够存在是因为它们拥有一种能力，即在企业内部更加有效的转移和使用知识而不需要通过外部市场机制。这种“无形资产内部化”观点是由哈默在1960年首先提出的，该观点经历了大量实证研究的证实，现已成为一个被广泛接受的关于跨国公司存在的观点。当然，外部市场继续变得越来越开放、有效、全球化。然而，由于外部市场日益增加的复杂性，它们在知识转移机制方面效率相对较低。其主要基于两点：一是任何公司都存在大量隐性的专业知识，因此也是不能进行交易的；二是基于市场的知识转移通常和消极的外在因素相连，诸如被其他公司无意地使用，还有会产生新竞争者的风险。

第三，跨国公司能存在，主要因为它们在内部知识转移方面具有较高的能力，然而这并不表示其在日常传递中能高效进行。知识的转移和复制的障碍主要是"隐性"和"因果关系的模糊不清"，该观点已被广泛接受。一些学者还提出了另外有关知识转移的障碍因素，例如动机因素和吸收能力。

第四，尽管跨国公司内部知识转移非常重要，也存在一些反对观点，关于跨国公司内部知识转移决定因素的系统实证研究迄今还非常少。

（四）知识基础观理论对主流内部化理论的批判

第一，从交易成本最小化的研究重点，转移到进入国外市场创造价值的潜力研究上。科格特和赞德（Kogut and Zander，1993）认为，内部化理论过度强调要保护对公司特有优势（FSAs）进行有利可图的利用，而忽略了新优势的开发。因为不同的进入模式，不同的技术转移模式对价值创造的贡献程度不同，仅仅研究交易成本最小化不能决定公司应该采用哪一种进入模式。对价值创造值的关注，是通过关注生产成本实现的，即使总成本最小化和价值（或利润）最大化明显是不同的。关键一点是比起有限的交易成本理论，进入模式要考虑的问题更多。这一观点影响了大量高质量的实证研究。这些研究是关于进入模式决策和跨国公司学习功能上。这些研究不再仅仅将视角放在传统的交易成本的角度。

第二，从均衡状态下的产出预测，转移到关注 FSA 产生的真实过程。卡森(Casson, 1987)认为:内部化理论是选择理论的延伸,即在每个市场中都包含着选择恰当的契约安排的问题。尤其是在内部合成还是外部寻找那些可以产生或是保护有价值的知识的渠道上做出选择。所有权优势与选择无关,但是与一旦做出管理层选择企业的业绩表现有关。他的正确定位不是处理选择问题的理论的一个细分,而是与成功及随之带来的企业成长相关的理论的一个细分。在大部分跨国公司国际扩张模式研究中这并不是一个问题,它们主要关注如何减少有限理性的限制。这些研究和威廉姆森的交易成本经济学的文章是完全独立的。的确,纵观大型公司的职能,尤其是跨国公司,不管是外部合同还是公司内部进行交易,管理上的关键挑战都来自于通过改善有限理性问题而创造价值,而机会主义的问题虽然也很重要,但仅仅是个限制因素。机会主义通常是以打印好的契约形式表现(包括双方都信得过的承诺),或是由在激励性的系统中进行投资,包括市场方面的激励、来自政府的控制以及一致的制度背景。

能力差异和机会主义的区别在知识市场内部化的讨论中已经不存在了,即使考虑到知识隐性程度的不同和转移成本,它们还是和市场失效联系在一起。科格特和赞德(Kogut and Zander, 1993)认为,内部化理论依赖于将理性受限和投机主义作为人类行为特征来解释国际扩张/技术转移模式。例如,在选择许可证进入模式而不选择对外直接投资进入时,由于存在威廉姆森谈到的机会主义,跨国公司隐性知识的转移仍然有风险。内部化理论采用了很时髦的方式来描述跨国公司的内部功能,但是并没有认识到组织内部个体或者工作组的可信度、经验、名誉等。管理中的企业家身份也通常会被忽略,而事实上子公司层面上的自主性将有助于新 FSA 的发展和使用。

第三,跨国公司进入模式或者技术转移模式的决策选择考虑更加全面的背景因素。

(1) 公司的过去：现有知识转移过程是建立在对以前知识开发、利用和转移的积累基础之上的，这些逐渐转化为公司日常事务的一部分。换句话说，公司是储藏知识的地方；知识的积累由选择的某一种特定的进入模式/技术转移模式而定。

(2) 公司的未来：即将转移的知识可以为未来发展充当一个平台(实际的选择)的作用。更具体来说，知识转移的过程本身就是一个学习的过程，进入国外市场说明公司现有的知识集融合了当地特有的元素。这也是跨国公司具有异质性和兼容能力的例证。在某种程度上，一个特定的进入模式/技术转移选择有可能增加公司知识库的整体价值，这种增加远远高于这一决策所带来的价值。

(3) 知识形成、利用和转移的社会背景：这里，如果假设知识是基于平时的社交谈论而产生的，那么知识的隐性特征(难以编码、高度复杂性和难以传授性)有可能使公司成为知识转移的一个高级通道。更明确地说，跨国公司被认为是“社会知识的蓄水池，它有助于形成合作型的行动”(Kogut and Zander, 1995)。这些知识以组织原则的模板形式存在(Kogut and Zander, 1995)，它具有独特的地域特征，即该种知识只适用于某一区域。

简而言之，知识观理论是主动的、内生的、动态的；而内部化理论却是被动的、外生的、静态的。以上三点用除交易成本以外的其他变量来解释跨国公司扩展模式和技术转移形式的选择，将市场失效的概念削减到最小作用。同时，这几点也表示采取一种更加折中的方法研究进入模式和知识转移方式的选择是有益的。

(五) 小结

对科格特和赞德(Kogut and Zander, 1993)文章的粗浅阅读有可能会导致错误的结论，即认为用交易成本经济学(TCE, transaction cost economics)来研究跨国企业的时代即将结束,换句话说,内部化理论也要终结。而实际上,科格特和赞德的文章为内部化理论提供了许多有益的东西。因为他们的文章引起了许多主流国际战略管理学者的兴趣,这些学者写了大量理论和实证方面的论文,包括以交易成本经济学为变量以及其他补充性的变量为基础的研究,这些对跨国企业微观层面的战略选择相当关键。威廉姆森自己也加入了这场论战,即使他仍然不愿意修正自己关于有限理性和机会主义的和交易成本经济学相关的行为假设。他从战略管理的领域对抗交易成本经济学理论的批评家。总之,科格特和赞德的文章迫使那些对跨国公司职能感兴趣的学者重新考虑威廉姆森交易成本经济学的有限理想和投机主义的假设。

内部化理论和基于知识的学习视角对于构建更加折中的分析框架都是有益的。该框架可以对组织流程(即跨国公司的管理框架)和技术上的竞争力之间的共同发展进行联合研究。例如,跨国公司用得到共同发展的固定的组织流程来选择子公司引致投资和子公司自主性投资,还有根植于各个子公司的知识(即子公司特有的竞争优势),参见鲁格曼和维贝克(Rugman and Verbeke, 2003)。如果说进化的公司固定流程和知识集随着时间发展的路径和对未知的干扰因素的学习之间是有联系的,那么这一观点对于公司外部交易和内部交易都是特别有用的。

研究跨国公司扩张模式和内部职能到底是从内部化理论的角度还是从基于知识的学习角度依赖于想要研究的东西。如果想关注实际扩张过程或者内部决策制定过程中繁琐的细节问题,例如关注多种技术开发模式的资源配置问题,那么内部化理论不占优势。在这种情况下,科格特和赞德(Kogut and Zander, 1993, 1996)所构建的理论框架无疑更占有优势,因为他们对学习的关注给予以下几个方面详细的描述:那些固有流程(是分析的单元)是如何产生的;对制度背景的认知;对规章制度发生变化或者被废弃的环境的理解。但是,如果研究者试图搞清为什么跨国公司有某些限定，跨国公司一般用哪些原则来管理内外部的交易，包括管理子公司网络的组织结构问题，那么内部化理论仍然是相关的。

二、跨国公司知识转移研究发展历程

（一）跨国公司知识转移研究范畴

国内有学者将知识转移研究层面归纳为六个层次：个体、团体、组织、联盟、产业、区域（陈立敏、王璇，2009）；跨国公司的知识转移，根据其划分可归为组织和联盟层次。目前，跨国公司知识转移研究焦点集中在：知识的特性；知识的传送者和知识的接收者；同样还有接收者和发送者之间的技术、文化、地理距离等方面，还有投资的动机和进入模式也做了一些研究。还有就是与跨国公司知识转移相关管理机制的选择诸如激励机制的使用、母公司的控制、组织学习、人力资源管理实践等。值得关注的是最近几年跨国公司差异化网络的观点逐渐兴起，企业间所拥有的社会资本对企业间知识转移的影响受到了关注。而对于权力的授予（更多的是指决策权）、激励动机的提供以及对员工和经理人员的监控，这些是如何影响跨国公司转移知识的，这类关注相当缺乏，对于知识转移和跨国公司绩效之间关系的研究更显不足。

这里介绍的关于战略联盟以及合资公司的知识转移的两篇论文，关注的是知识转移和组织机制之间的交互作用的，所使用的理论，主要来自两个不同的理论分支，一个是组织经济学（例如委托—代理理论），另一个接近于组织行为理论（例如组织学习理论和社会化理论）。

1. 国际战略联盟中的知识转移

西蒙尼（Simonin，1999）的关于国际战略联盟中知识转移过程的实证调查，关注的是国际战略联盟合作伙伴之间的知识处理流程。该研究给出了关于知识转移的完整的模型，描述了学习目的（组织动机）、学习能力、知识的不清晰和隐性，以及伙伴试图保护知识这几点之间的共同影响。在组织层面西蒙尼采用的模型的基本结构是：学习意图—学习能力—知识转移，这与个体学习的基本模型有很多相似之处（动机—能力—学习）。

组织机制进入学习能力的构建，它描述了所有有助于组织学习的资源，包括人力资源和物质资产（基于资源的学习能力），使得不偏离学习目标的程序和规则，学习的态度和信念（基于感知的学习能力）。学习能力与知识转移中提到更多的概念——吸收能力这一概念也有关系，但是大多数研究吸收能力的文章都将其作为外生变量，西蒙尼则将这一概念带回到公司层面上，把它看作是主要的学习能力来管理（吸收能力的可操作性）。从实证角度看，该文把一些诸如学习动机、知识模糊性和隐性等传统变量的作用看得很重要。然而，更加清楚的组织机制，例如基于激励的学习能力以及伙伴的保护知识行为分别对知识转移过程的激励和阻碍在这篇文章中也进行了系统的证实。

2. 国际合资企业中的知识转移

德汉纳拉哲、莱尔斯、斯廷斯曼和蒂瀚倚用组织学习理论和社会经济学理论研究知识从国外的母公司传入它们位于匈牙利的合资公司，他们认为国外母公司和合资企业（international joint venture）之间的融合程度是知识转移的重要决定因素。作为一种架构，相关性包括社会上的关系以及使得知识转移更加明朗的设施（例如合适的理解和反馈），还保证母公司对知识转移有一些控制和激励。它包括三个方面：联系紧密程度、信任和共享的价值和系统、这些管理者会便利知识的转移，因为它们都是管理行为产生的结果。

这篇论文因为提到关系嵌入程度的重要性而受到重视，而且人们发现这一因素在隐性知识转移时影响更大。所有的三个方面对隐性知识转移都有积极的影响，这说明这些组织机制对隐性知识的转移过程尤其重要，同时这也是一种较难的知识转移过程。在大多数文献都关注认知因素（例如知识隐性）的影响时，这篇论文的成就是将组织流程当作内生变量来处理，这里关系的嵌入程度包含了所有的知识转移种类。

3. 相关重要文献研究比较

这里将有关跨国公司知识转移的四篇重要文献列表比较，分析其研究主题、研究重点和所用的基础理论以及实证方法和结论，给出一个跨国公司知识转移研究进展相对直观的依据（如表 2.1 所示）。

表 2.1 四篇文章的基本特征

	知识流程	组织机制	理论基础	样 本	统计方法
穆达毕和纳瓦拉	知识从子公司向跨国公司其他单元转移	● 由实际权力决定的决策权	● 代理理论 ● 最近的跨国公司理论	位于英国的275家国外所有的高科技子公司	联立方程模型(3SLS)
莫戴姆和西蒙尼	在跨国战略联盟中的技术知识的转移	● 学习能力 ● 合作伙伴的保护 ● 组织文化	● 组织学习理论	147家加入国际战略联盟的美国跨国公司	分组分析的结构方程模型(LISREL软件)
德汉纳拉哲等	知识从国外的母公司传入一个合作公司	● 相对嵌入程度(联系的紧密性、信任和共享的系统)	● 组织学习理论 ● 经济社会学	140家匈牙利的国外合资公司	结构方程模型(LISREL软件)
比约克曼等	知识从子公司流入其他跨国公司单元	● 公司社会化机制 ● 子公司目标 ● 报酬系统 ● 使用外籍人员	● 代理理论 ● 社会化理论	134家位于芬兰和中国的西方所有子公司	回归分析模型

资料来源：改编自 Nicolai Juul Foss and Torben Pedersen, "Organizing Knowledge Processes in the Multinational Corporation: an Introduction," *Journal of International Business Studies*, 2004, 35, 340—349。

（二）跨国公司知识转移研究方向的演进

基于资源基础观的战略理论将跨国公司的活动视为一组看得见和看不见的资源，它们分布在公司国际化网络的结点上（Kogut，1992）。跨国公司这种独特的资源安排决定了它的交易包括自己边界内部的交易和与外界各种各样环境甚至是跨越几个国家市场的环境交易。进一步说，这些资源在以下三个具体条件下是保持竞争优势的根源：即能够创造独特的价值，是稀缺的，不能被完全模仿的（Barney，1991）。不可完全模仿的特征和跨国公司资源的安排是公司独一无二的历史环境和初始行动的结果，同时也取决于公司的行动轨迹。从目前跨国公司的知识转移研究的文献来看，主要涉及五个方向上的研究：(1)从母公司向子公司转移；(2)从子公司向母公司转移；(3)从子公司所在的当地环境流向该子公司转移；(4)同级子公司之间的转移；(5)从子公司向其所在地的知识溢出。知识转移发生在不同特点的节点之间且是双重方向的，两个方向产生的双路流动被分解为两个独立的支流，一个方向一个（见图 2.1）。

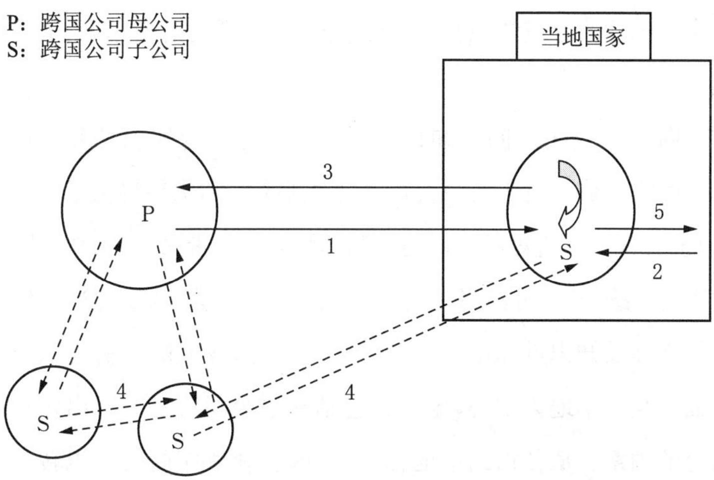

资料来源：根据相关研究整理。

图 2.1　跨国公司知识转移方向

方向 1:从母公司(和跨国公司其他单元)到子公司的转移。从母公司到子公司的知识转移是传统的知识转移,这里子公司使用了一个基于母公司的知识优势。这是传统意义上的知识转移却并不意味着它的重要性降低,而是其他所有方向上的转移几乎都是与它相关的,也就是说,这个传统的转移被视为基本单位。其他任何一种知识转移都同母公司到子公司的知识转移有或高或低的相关性。而且,用古普塔和戈文达拉扬(Gupta and Govindarajan, 1991)的话来说,如果流程 1 比较多,那么子公司是知识的净使用者,反之如果流程 1 比较少,那它就是知识的净提供者。

方向 2:从本地到子公司的转移。这些转移包括了子公司的学习、本地竞争力开发和本地资源的利用。知识接收者的竞争力(评估、过滤和选择信息)和吸收能力(修正知识使其适合公司特定的要求)变得很重要。

方向 3:从子公司到母公司的转移。这个方向的知识转移形成了跨国公司网络优势的基础。高水平的这种转移能够使跨国公司总部作为一个知识调节者或知识整合者(或作为这些活动的使用者)而具有相当的竞争力。

方向 4:子公司之间的知识转移。这个方向的知识转移强化了跨国公司网络优势。对于跨国公司整合各地资源和优势提供了更大的契机,但也对其母公司对子公司的控制和协调机制带来了更大的挑战。

方向 5:从子公司到当地的知识溢出。在各种研究文献中溢出通常被用来涉及知识进和出公司的转移。但是,我们的分析是以公司为中心而不是以本地为中心,溢出只包括从子公司流出。溢出包括有意和无意的因素。从公司到本地合伙人、顾客和供应商的知识转移可能大部分是有计划的。但是,通过员工流动、本地模仿和被竞争者反向研究的转移可能大部分是无意的。

在巴克利和卡特(Buckley and Carter，1999)的组织框架中跨国公司受三个组织问题的困扰:获取问题(首要的不确定性关于诸如研发流程的成果);合作(第二个不确定性关于物流和沟通);激励(第三个不确定性关于机会主义)。在图 2.1 中,方向 2 的知识转移遭受了巴克利和卡特(Buckley and Carter，1999)提出的首要的不确定性,因为它与外部知识流入到公司有关。然而,流程 1 和流程 4 遭受了合作和激励的问题。它们受管理者能够交流(第二个不确定性——物流和沟通)的程度和他们愿意这样做(第三个不确定性——激励)的程度的影响。舒兰斯基(Szulanski，1996)已经指出了激励因素在公司内部知识流上的关键作用,而从子公司到母公司的流程 3 通常与从当地到子公司的流程 2 不同的。本书关心的是方向 4 跨国公司子公司间的知识转移。

(三) 跨国公司知识转移研究视角的演进

为了对这些文献进行评论,在表 2.2 中对这三种不同的跨国公司知识转移研究角度做了比较。第一个是基于层级制度知识转移的理论,主要用交易成本理论来解释跨国界知识转移在市场机制运作下和在层级制度运作下的不同(如 Hymer,1960；Hennart，1982)。第二个理论运用地理上的集群理论,认为在公司形成竞争力的过程中外部能力很重要,同样重要的是公司通过与当地的竞争者、主要的供应商、顾客、相关的公司还有大学之间的相互交换从而利用当地经济优势的能力(例如 Porter，1990；Frost，1998)。第三个观点包含的基本原理有知识基础观(例如 Kogut and Zander，1992，1993)、网络理论(例如 Bartley and Ghoshal，1989)、学习型组织理论(例如 Hedlund，1986)。这些理论通过以下理论联系在一起,即认为跨国公司可以充当一个知识库的集合,而且能够通过横向和纵向联系,更高效率地组织知识跨国转移。

表 2.2 跨国公司知识转移不同研究领域的比较

	公司内部层级的知识转移	涉及外部的知识转移	在整个跨国公司网络的知识转移
知识转移的方向	单向(从母公司到子公司)	双向(从国外的子公司到母公司及其反向)	多向的(从母公司到子公司及其反向,同级的子公司之间)
关注焦点	在国外利用母公司所拥有的优势	通过国外的子公司获得并使用当地的知识	从整个网络中获取有用的资源
知识来源	母公司	当地的环境	网络关系
理论基础	交易成本理论	区域经济学以及集群效应	基于知识的观点 网络理论、学习型组织理论
分析单元	母公司	国外的子公司	跨国网络
研发	高度集中在母公司	分散的	整合(网络)
主要作者	巴克利和卡森(1976) 凯夫(1974, 1996) 康勇等(2002) 戴维斯和莱昂斯(1991) 邓宁(1977, 1992) 多姆斯和詹森(1998) 赛勒等(2003) 海默(1960) 弗农(1966)	阿尔梅达(1996) 伯金肖等(1998) 布兰克和西拉(1999) 坎特维尔(1989) 坎特维尔和皮斯切罗(1999) 坎特维尔等(2000) 弗罗斯特等(2001) 弗罗斯特和周(2000) 科格特和常(1991) 库姆勒尔(1997, 1999) 皮尔斯和帕潘纳斯塔舍(1999) 赞德(1999)	巴特利特和戈沙尔(1989) 布昭曼等(2004) 布莱斯曼等(1999) 坎特维尔(1995) 弗罗斯特(1998) 古普塔和戈文达拉扬(1991, 2000) 汉森(1999) 哈坎森和诺贝尔(2000, 2001) 海德伦德(1986) 埃瓦萨和小田切让(2004) 科格特和赞德(1992) 索维尔和赞德(1998) 索维尔和伯金肖(2000) 蔡(2001, 2002)

资料来源:Rabbiosi and Milano, "The Evolution of Reverse Knowledge Transfer within Multinational Corporations," 2005。

（四）跨国公司知识转移研究面临的挑战

从跨国公司领域历史发展的角度来看，过去10年跨国公司文献对知识给予了一定的关注，但是这需要和组织机制相结合，组织机制可以影响知识资源的需求、建立、配置和转移。在以往的研究中将跨国公司当作一个契约性质的实体，具有鲜明的管理结构，而且有一个清晰的微观基础，这很大程度上来源于经济学。对于各种各样的组织机制的功能，这种视角虽然有点粗糙，但观点清晰。从知识角度研究跨国公司至少应该在概念、微观基础以及组织机制的处理上和早先的研究保持一致。这些也相应地给跨国公司知识转移未来的研究带来了一系列挑战。

1. 跨国公司作为一个基于知识的实体

知识和学习是理解如何获得和维持竞争优势的根本，这一点在前面的章节中已经得到了充分的阐释。在最近的许多跨国公司研究中都采用基于知识的论点。然而，关于这一观点还有很多缺憾，尤其是基本的概念方面还不完整。例如对于不同种类的知识元素在跨国公司内部是如何分层、配置和组织的，这些知识元素是部分重叠和互补的，对于这些还缺乏系统的理解和理论上的框架研究。

这一问题主要表现在对跨国公司知识的分层关注较少。换句话说，知识转移的成本和收益，只有通过对不同种类知识在跨国公司是如何分布理解以后，才能被系统地认识到。然而，对于跨国公司是一个基于知识的实体到底意味着什么，在该领域内还远未达成一致。这些观察所产生的研究挑战如下：

用基于知识的观点分析跨国公司时分析的单元是什么？基于子公司的能力？更低层次的一些程序？对于专利又是如何认识的？

除了知识的隐性特征帮助我们了解知识转移的成本是否还有其他方面？

哪些知识单元方面能够有助于我们理解并整合知识的收益？是报酬吗？如果是，又有哪些类型的报酬是相关的呢？

2. 微观基础的缺乏

和大多数基于知识的文献一样，在跨国公司领域基于知识的研究大体上涉及这些概念，如“能力”、“知识资产”、“知识处理流程”等。这些都是关于总体的概念。当然并不是说这些概念不合法，但是它们没有微观的基础，如果能够阐明它们和个体行为的相关性就更好了。

概括来说，跨国公司知识转移的研究对个体行为关注过少，这些问题提出了以下的挑战：

个体是如何来被激励进行知识共享，在跨国公司子单元内部以及子单元之间知识共享的微观基础是什么？知识共享是否会引起对一些内在动机的关注，文化是否可以部分地决定内在动机和外在动机之间的平衡？

对跨国公司内部知识处理过程的研究应该建立在什么行为模型基础之上？使用理性选择范例模型就足够了吗，还是要使用一个更具有社会学意义上的模型合适？

3. 对组织未给予足够重视

缺乏微观基础带来的影响是：知识处理过程是如何受到组织控制机制的影响这一点还不清楚，这些机制包括权力、激励手段的使用、监控以及建立共享的氛围。这是因为，关于这些控制是如何影响个体积累、建立、共享和整合知识的行为这一点还了解得很少。这就是说，研究上面临的大量挑战被忽略了。例如：

如何使用激励机制来促进子公司内部的知识转移？这种子公司之间的活动有可能发生在完全不同的文化背景下。

如果想致力于使知识创造过程最优化，那么在跨国公司网络系统中应该如何分配决策权？是否可以将对该问题的考虑和对子公司委任的问题联系起来呢？

4. 因果关系不明

在考虑跨国公司知识和组织设计之间的交互作用时，存在的一个关键问题就是管理选择上因果关系的暂时性。用最优控制理论的语言来描述,迄今的论点可以将组织变量看作是“控制变量”,把和知识相关的变量看作是“状态变量”。然而,和知识相关的变量是否受到控制变量的限制还有待讨论。例如,如果一个子公司的绩效超过一个正常水准就会受到奖励,对于这一政策在多大程度上影响子公司的绩效,公司的总部了解多少呢。或者有些子公司可能会控制一些不同于其他子公司的能力,这样公司总部就很难设立子公司之间互相对比的标准。

这些文献很显然趋向于认为知识的性质会决定组织的设计。这样,考虑基于知识的方法能给组织理论贡献些什么。格兰多里和科格特(Grandori and Kogut, 2002)最近在理解组织安排设计上又增加了一些新的可能因素——知识复杂性、知识差异性和特殊性、互补性和相互依赖性都被认为是影响组织管理措施的重要因素。然而,至少这些知识特性中有些是组织设计的内生变量,例如,知识差异性和特殊性部分可看作是组织结构选择的内生变量。很有可能是跨国公司的“实际能力”只是跨国公司知识库的一个短期的因素并且只能使跨国公司的短期行为受限,包括对影响知识流的组织机制的选择。关键是跨国公司的文献对这种因果关系没有过多的关注,有一部分是因为存在上面所说的问题:将跨国公司看作是基于知识的实体在概念上有所欠缺,缺乏微观基础以及将知识和组织联系不够。

三、跨国公司子公司知识转移重要模型评析

(一)古普塔和戈文达拉扬(1994):知识流入流出子公司的一个总体理论框架

古普塔和戈文达拉扬对加深跨国公司内部知识转移领域的理解做出了显著的贡献。他们通过理论和实证的方法研究单个子公司的知识转移,对以下四个领域知识流动的决定因素进行了探讨:(1)知识向外流向同级的子公司;(2)知识向外流向母公司;(3)知识从同级的子公司

流入;(4)知识从母公司流入子公司。

跨国公司内部知识转移发生在一个由差异化单元组成的内部组织网络,因此通过这一网络进行转移的知识至少可以通过以下三个不同层面进行分析:(1)结点(关注单个单元的行为);(2)二元分析(关注单元和单元之间的联合行为);(3)系统分析(关注整个网络的行为)。因为研究的现象本身具有高度复杂性,而且之前关于该理论的实证分析相对缺乏,所以古普塔和戈文达拉扬把研究限于结点层面。

古普塔和戈文达拉扬以沟通理论为基础,即两者之间沟通效果的最基本要素是:信息、发送者、编码过程、接收者、解码过程。基于此,古普塔和戈文达拉扬认为(进出子公司的)知识流取决于以下五个因素:源单位知识存储的价值,源单位的动机因素,转移渠道的存在性和丰富性,目标单位的动机因素,目标单位的吸纳容量。这五个因素可以使知识转移更加便利或反之阻碍知识转移。

古普塔和戈文达拉扬从"结点"的层次,建立了一个理论框架并提出六个命题(如图 2.2 所示)。命题 1:子公司知识价值肯定和该公司知

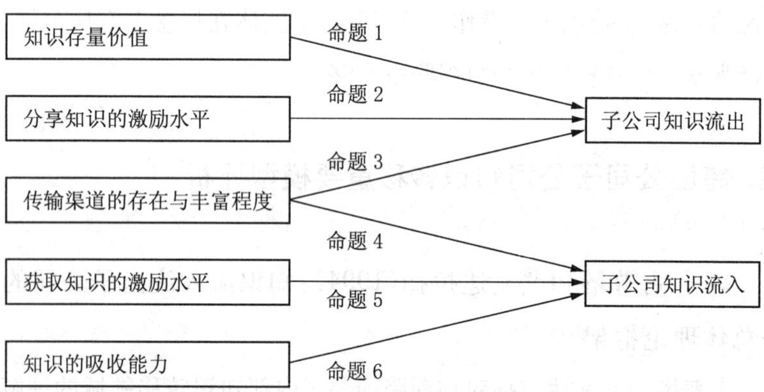

资料来源:Anil K. Gupta, Vijay Govindarajan, "Knowledge Flows within Multinational Corporations," *Strategic Management Journal*; Apr 2000; 21, 4; ABI/INFORM Global, p. 473。

图 2.2 公司内部知识流入流出子公司的决定因素:一个总体的理论框架

识流出相关联。命题2：和其他子公司分享自己知识的动机也影响知识的流出；命题3：转移渠道的存在及丰富程度影响知识的流出；命题4：转移渠道的存在及丰富程度影响知识的流入；命题5：子公司从其他单元寻求和接受知识的动机因素影响知识的流入；命题6：子公司从其他公司接受知识的能力影响知识流入。

在这个框架下，根据以上六个命题，他们相应地提出了更为具体的假设：

1. 源单元知识存量的价值

(1) 子公司的建立方式：与新建子公司相比，收购方式建立的子公司流入母公司和其他子公司的知识更多。

(2) 子公司规模：子公司规模越大，从子公司流向母公司或其他子公司的知识越多。

(3) 相对经济水平：子公司所在地区经济越发达，子公司流向母公司或其他子公司的知识越多。

2. 源单元的激励水平：子公司经理报酬与母子公司网络整体业绩相关程度越高，从子公司流向母公司或其他子公司知识越多

3. 转移渠道的存在以及丰富性

(1) 正式整合机制。母子公司之间的整合越依赖于正式整合机制(设立专人负责联络、任务小组、委员会)，母子公司之间以及子公司之间的知识流动越多。

(2) 社会化机制。子公司经理的横向社会化水平越高，子公司之间的知识流动越多；而子公司经理的纵向社会化水平越高，母子公司之间的知识就越多。

4. 目标单元的激励水平

(1) 报酬激励：如果子公司经理的奖金与子公司业绩相关程度越高，从母公司或其他子公司流向该子公司知识就越多。

(2) 相对经济水平：与母公司或其他子公司所在地相比，子公司所在地的经济发展水平越低，该子公司的知识流入越多。

(3) 母子公司分权程度：母子公司分权程度越低（或集权程度越高），从母公司流向子公司的知识越多。

5. 目标单元的吸收能力

(1) 子公司形成方式：与新设组建相比，从母公司或其他子公司流向收购方式的子公司的知识较少。

(2) 母子公司管理人员的重叠程度：母子公司管理人员的重叠程度越高，子公司对于从母公司或其他单元子公司流入知识的吸收能力越强，从母公司或其他子公司流向该子公司的知识越多。

（二）巴克利和卡特(1999)：三种类型的知识组合

1. 三种类型的知识组合过程

巴克利和卡特给出了三种类型的知识组合过程，这三种类型分别叫做叠加型互补、次序型互补和复杂交互型互补（见图 2.3）。

叠加型互补的情况是指存在于公司不同地方的知识可以组合从而为公司某一个地方的行动带来便利。例如，在图 2.3(a)中，K_1 可以指关于当地市场条件的知识，K_2 可以指公司另一个地方新开发的技术。新知识的应用有赖于对这两种知识进行组合，以使得新技术和当地的具体情况相适应。这里隐含着这种互补是知识在公司内部已经存在的情况，组合问题就是把两种知识带到一起应用到一个新的地方。

次序型互补是指公司根据当地的具体情况产生或者获取新的知识，例如当公司需要了解特定区域的消费者偏好以及竞争状况时，就需要对该新区域进行产品研发。研发的结果然后被应用到需要该知识的市场[图 2.3(b)]。这种情况显示需要创造一个新的知识应用于某一特定的领域。

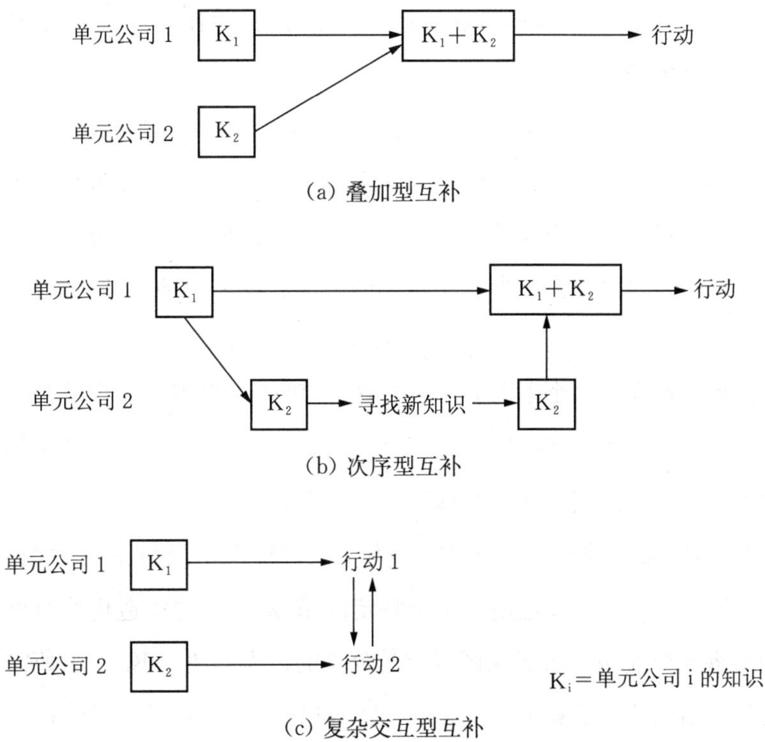

资料来源：Peter J. Buckley and Martin J. Carter, "A Formal Analysis of Knowledge Combination in Multinational Enterprises," *Journal of International Business Studies*, 2004, 35, 371—384。

图 2.3　三种类型的知识组合

复杂交互型互补是指当公司不同的地理区域或者产品区域的运营产生交互作用时发生的互补组合。这种交互作用对公司的影响可能是积极的，也可能是消极的。例如，对不同国家的定价机制进行协调；对全球市场上的顾客服务进行协调，因为这些顾客可以在不同的市场上进行购买，还可以是保证公司在一个国家的产品开发活动与公司在其他地方的活动不重复，也不会阻碍他们在其他国家的使用，例如不能阻碍产品的专利保护权。在这种情况下，协调各方的行动以保证最佳的组合结果是至关重要的[图 2.3(c)]。在这种情形下，知识在参与者之间的沟通并不是必要的，而真正重要的是协调他们的活动并考虑到他们的相互依赖类型。

对这三种类型的组合过程，它们的知识组合问题的特点也有些不同。这些组合过程的类型还考虑到空间上的事情，即在分析跨国公司的战略时将全球和当地的问题联系起来。巴克利和卡特的分类也暗含了不同的组合过程在地理关注点上的差异。在第一种类型中，公司拥有某一特定的产品、服务或者生产技术上的知识[图 2.3(a)中的 K_2]，它们可以用在许多个不同的区域市场上，因此这里需要关注的是核心技术向不同市场的多项转移；需要保证当地的管理和所有区域市场知识 K_i 的兼容性，当然包括全球性的知识集 K_2。而相反，在第二种组合类型里，区域关注点更加集中，因为在该种情况下新创造的知识[图 2.3(b)中的 K_2]仅仅适用于某个特定的市场。K_2 的创造仍然有可能和其将要被使用的市场在区域上是分离的。为了便于 K_2 产生所需要的组织结构的特征和 K_1 以及 K_2 的特点有关，诸如知识隐性程度、可编码程度等。投入 K_1 的转移有可能先于对 K_2 的搜寻。或者可能是公司成员 2 需要知识 K，而同时又正在搜寻 K_2。这些差异会影响参与者之间的沟通渠道以及组织结构。在第三种情况下，协调不可避免地会带来对集中的忽视，因为相互依赖的特性就是个体相互独立的行动对于公司整体来说是次最优的。

2. 不同类型组合过程的影响

在第一种简单的叠加型互补中，知识已经在公司内部存在，因此，不需要特殊的激励来创造知识。此时信息损失的风险很大，因为参与者双方对对方的信息都不完全了解。那么在彼此之间进行知识的转移和汲取成本是巨大的，同时还依赖于知识的粘性程度以及参与者的吸纳知识能力。此时的协调成本很小，因为考虑的是单个的行动，它独立于公司承担的其他行动。

在次序型的互补组合过程中，需要搜寻新的和某一活动有关的知识。这本身就意味着产生成本，这和潜在价值增值是对立的，同时它也是附加的复杂性的来源。同时，这种情况还会产生激励问题。参与者必须对具体的知识创造过程进行投资，而只有他们受到某种可以分享收益的激励他们才会这样做。如果信息组合没有能够有效地发生还会产生信息流失，因此信息成本这里也很重要。协调成本同样重要，因为参与者为了达到积极的有益的成果必须共同工作。

在第三种情况下，多个活动是相互依赖的，因此还会产生更多的困难。最简单的正式描述模型仅仅是两个活动的情况。巴克利和卡特分析了此种组合类型会带来协调损失，当互补性很高时，参与者之间的协调至关重要。可以通过决策集中化、仔细设计决策次序和横向协调小组的方式进行有效协调。这里激励问题处于中心地位，因为不同活动之间是相关的。信息问题的重要性居于其次，但仍然存在。

每一种类型的潜在损失所带来的影响见表 2.3，可以看出缺陷给三种组合过程带来的影响是截然不同的，同时减少这些损失所需要的组织构架也不同。当管理者努力寻找最恰当的方式来管理这些过程时，最终所得的组织构架必然也不同。在前两种类型中，决定最合适的知识边界并对跨边界知识转移给予最密切的关注是至关重要的。对叠加组合来说，最主要的是要转移的知识[图 2.3(a)中的 K_2]能否有效地跨越知识边界进行转移，两个参与者之间可否进行有效地融合。在另一种情况下，不会有太大的利益冲突，这里假定公司有互相信任的良好的文化氛围。对第二种组合类型来说，融合和分割仍然是主要问题，即使在搜寻专有知识[图 2.3(b)中的 K_2]的过程中由于管理层的忽视他们会得到分享收益的好处。在复杂组合过程中，这一问题则要小得多。为了进行有效地协调，决策权的配置是主要的问题。对该过程需要针对协调进行特殊的激励来保证所有的团体都能够遵守协调机制。

表 2.3 知识过程类型的成本

过程类型	过 程 损 失		
	决策目标	知 识	协 调
叠 加	0 或+	+++	0
序 列	++	+++	++
复 杂	+++	+	+++

资料来源：Peter J. Buckley and Martin J. Carter, "A Formal Analysis of Knowledge Combination in Multinational Enterprises," *Journal of International Business Studies*, 2004, 35, pp. 371—384。

巴克利和卡特给出了跨国公司内部知识组合过程的模型。在空间上相互分离的不同类型的知识组合会带来价值的增值。这种价值增值不一定经得起正式的分析，尤其是在变化很剧烈的情况下。巴克利和卡特的分析方法提供的分析知识组合期望价值的框架是针对决策权的不同配置、不同的知识结构和不同的激励提出的。在现实世界中的过程缺陷会带来知识损失、决策目标损失和协调损失，此时知识和责任散布在由活跃的代理人组成的团队之间。战略经理人在知识组合过程中的作用非常重大，他必须预测潜在的收益、可能有的缺陷以及用来抵制这些缺陷发挥作用的组织设计的有效性。因此，过程设计结果有三个方面：决策权的配置、知识边界的决定、采取的激励措施。

巴克利和卡特还考虑了三种类型的知识组合过程——叠加的、次序型的以及复杂型的，从而带来三种不同的控制模式：团队的、层级制的以及协调机制。然而，知识边界和过程类型不是紧密联系的，它取决于每种情况下分割和组合的相对成本及相对收益。

（三）福斯和佩德森(2001)：跨国公司作为一个知识结构

企业被理解为知识构造而不是知识资产的这一概念，最先明确提出这一观点的是莱尔斯和施文克(Lyles and Schwenk, 1992)，他们引入了组织的知识结构的概念，谈及了对关于目标、因果和其他认知因素的组织水平的共识。但是企业对这些共识的一致程度是不同的，在企业的核心中，一致程度是高的，在企业的外围这种一致程度是很低的，根据莱尔斯和施文克的研究，新的认识主要是从企业的外围开始发展的，这种观点是和关于跨国公司文献中将子公司看作是新思想和观点的来源的研究发现相关的。他们进一步提出组织的知识结构是以复杂性为特征的，这种复杂性指的是在知识结构中的信息量和认知单元的相互关联程度，还有一个特征就是相关性，是指知识结构的核心和外围的要素之间的耦合程度(松与紧)。因此，莱尔斯和施文克首先完全从认知角度思考组织的知识结构，其次才是在组织水平上的共识。然而，这种观点不够严谨。这是因为，首先，它排除了隐性知识，这些知识很难用目标、因果关系等明确的观点表现出来；其次，它从组织的知识结构中排除了那些无法在组织层次上达到共识的知识要素。

福斯和佩德森采用了更加广泛而简单的企业(包括跨国公司)概念，即知识结构。为了理解这一概念，将整个的跨国公司知识结构看作一系列的节点和他们之间的联系，就像图 2.4 所示。节点代表知识要素，如某一特定国家子公司的市场能力。单个节点是企业知识结构观点的基础要素。当两个子公司采用相同的专利时，可以看作是相同的节点。莱尔斯和施文克的组织知识结构观点，可以由覆盖子公司和跨国公司总部的相同节点(即小的黑色圆圈)集合来表示。节点可以表示隐性(如，有颜色的圆圈)或者显性知识，或者是有或没有公共属性的知识。

节点可以被连接起来(他们可能不是，由子公司 x 和 y 控制的知识集合)，如用来表示横向或者双边相互依赖性。正是这种可以认知的依赖性构成了跨国公司内部知识转移的基础。可以提出更多的关于相互依赖的更加精炼的概念，表达方式和分类。如前所述的巴克利和卡特(Buckley and Carter，1999)提出的三种互补型概念，以衡量知识转移成本和收益，以及相应的控制模式。

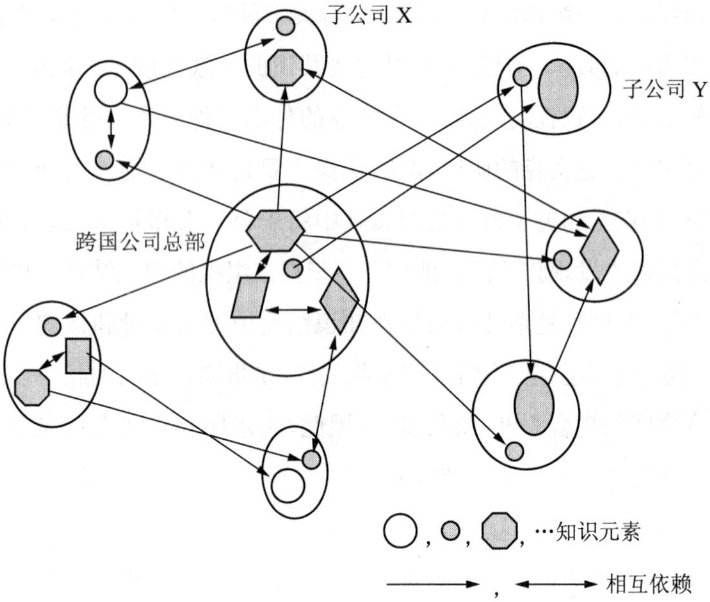

资料来源：Foss and Pedersen，“The MNC as a Knowledge Structure: The Roles of Knowledge Sources and Organizational Instruments for Knowledge Creation and Transfer，” DRUID Working Paper，No. 03—09，2001，p. 12。

图 2.4　跨国公司作为一个知识结构

这是一个基本的框架结构，但是比其他的讨论含义更加丰富、也很灵活，比如说它涵盖了现有知识的转移和新知识的创造，因为两者都可以通过互补关系（即添加/序列/复杂互补）来分析。它与最新的关于差异化跨国公司的研究发现是完全一致的，并且有所补充，这些研究发现跨国公司单元控制不同种类的知识储备，通过组织单元之间的知识流动使得知识被转移到能够获得增加价值的单元，通过这种转移跨国公司可以获得竞争优势。然而，福斯和佩德森分别出可以对知识结构进行分类的维度，这为进一步研究跨国公司管理所面临的决策问题本质起了一定推动作用。

在理性规范下，跨国公司管理希望最大化净收益。就知识转移而言，就是要最大化转移的期望收益和预期成本之间的差，其中预期收益是由互补性来决定的，而期望成本是由监管和转移成本决定的，反过来影响知识的特征，如隐性、交叠、公共商品属性等。福斯和佩德森认为，选择组织安排即监管和转移机制时，最小化完成给定特征的知识转移的相关成本是很有必要的。

（四）福斯和佩德森（2002）：子公司知识来源与组织背景模型

福斯和佩德森对于差异型跨国公司的研究，不同于把焦点放在阻碍或促进跨国公司内部知识转移的知识特性上，而是更关注潜在的可转移的子公司知识来源。他们把子公司内部的知识发展来源、从相关网络获得的知识来源和本地集群获得的知识来源区分开来，认为这些来源在某些方面是以知识的特性为条件的，因此需要不同的组织方式和条件来转移。例如，在跨国公司单位之间相互依赖的程度，跨国公司对外贸易的数量和子公司的自主程度都是他们所讨论的从不同的来源获得的成功知识转移的影响因素。

福斯和佩德森的研究贡献是：检验在跨国公司内部如何更好地通过子公司和不同的来源获得和培养知识以及检验组织方式和条件与单个跨国公司进行成功知识转移条件的匹配性，研究从不同来源产生的知识需要配以不同的组织方式和条件以实现成功转移。并且，关于知识来源和组织背景影响知识转移程度的假设通过了一项特殊的基于子公司构造跨国联系的知识发展研究项目“优秀的核心”的测试。这项研究覆盖了在七个不同欧洲国家的超过了 2 000 个子公司。

福斯和佩德森研究的理论观点是跨国公司的知识转移受到了知识产生的强度、子公司对知识的接受性、知识来源和围绕知识转移的跨国公司内部的组织架构和条件的影响。其具体观点有：

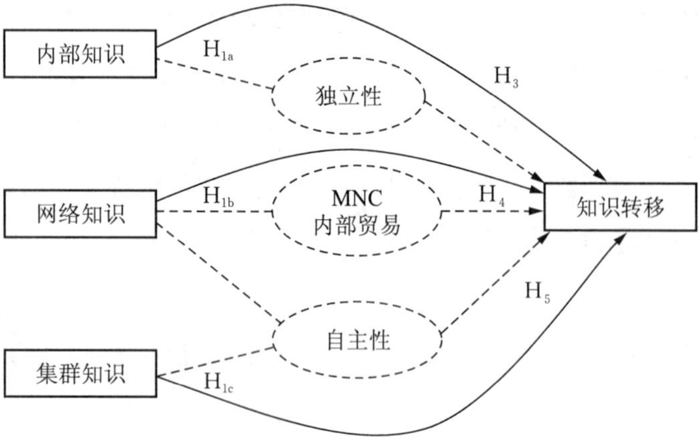

资料来源：Nicolai J. Foss, Torben Pedersen, "Transferring Knowledge in MNCs: The Role of Sources of Subsidiary Knowledge and Organizational Context," *Journal of International Management*, 8(2002) 49—67。

图 2.5　子公司知识来源与组织背景模型

子公司创造和吸收的知识越多，被转移到跨国公司其他部门的知识就越多。(a)子公司通过投资内部知识创造产生的知识越多，被转移到跨国公司其他部门的知识就越多。(b)子公司通过相关外部合作者(顾客、供应商等)网络吸收和创造的知识越多，被转移到跨国公司其他部门的知识就越多。(c)子公司通过接近本地知识集群(例如，受过良好教育的劳动力，高水平的研究机构等)吸收和创造的知识越多，被转移到跨国公司其他部门的知识就越多。

与网络知识相比，更多的内部积累知识从子公司被转移到了跨国公司的其他部门，而网络知识在次序上又比集群知识多转移一些。

如果在知识转移和接受单位之间有很多的产品或服务转移，网络知识将能更成功地被转移到跨国公司其他单位中。

如果在转移单位和接受单位之间有高度的相互依赖性，主要在内部积累的知识可以更成功地被转移到跨国公司其他单位。

如果转移单位能拥有高度自主权，很依赖外部网络和本地集群的知识就可以更成功地被转移到跨国公司的其他单位。

第三章
跨国公司子公司间知识转移理论模型

一、子公司间知识转移角色形成

学者们从以跨国公司作为研究对象然后深入到跨国公司内部组织中，将子公司作为跨国公司的研究对象；从短期、静态的研究方法，转到长期、动态的研究方法。这种研究对象和研究方法的转变也说明跨国公司所处的外部环境是复杂多变的，子公司的地位和作用随着环境的变化正发生着根本性的转化，从战略结构流派到子公司发展流派的演变过程中，子公司从有很少的自主权（只作为跨国公司组织结构中的某一部门和在东道国的战略执行者，自身无需考虑发展问题，可忽视在发展中的积极性与能动性，在整个跨国公司中的地位和发挥的作用较低），发展到要求拥有很高的自主权，并且随着子公司自身能力资源的获取能力和与母公司之间的谈判能力的增强，整个跨国公司的战略将发生很大的调整，从而导致其组织结构的转变，在新的跨国公司组织结构中，子公司的地位与作用大幅度提高。

（一）母公司委派

1. 跨国公司母子关系的演进

近20年来，跨国公司子公司的管理在国际管理和战略管理研究的领域中，引起了国外学者的广泛注意和极大兴趣，特别是巴特尔和戈沙尔提出了子公司角色理论，自此开始了对子公司角色方面的研究。伯金肖(Birkinshaw，2000)将大量文献从国际时期、全球时期、跨国时期和内部市场时期的角度划分为四种类型，或称为四大流派，即战略—结构流派、母子公司的关系流派、子公司角色流派和子公司发展流派(如图3.1所示)。

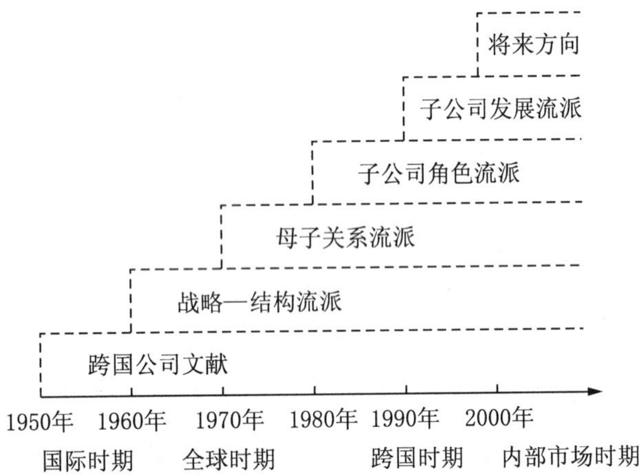

资料来源：转引自赵福厚：《跨国公司子公司发展中四大流派理论成因分析》，《现代财经》2004年第3期。

图3.1　各种流派的形成与发展

奥特贝克撰写了《跨国公司母子关系管理》一书，他是最早为此领域做出解释的学者。在此书中，他借鉴许多前人的研究成果，把中心集中于跨国公司的母子关系的研究上。帕特森和布洛克发表在《国际商业评价》杂志中的《子公司管理研究的发展：回顾和理论分析》一文，用图解的方式来说明战略结构流派和母子关系流派[见图3.2(a)]。在图

3.2(a)中，战略本身是由总部来控制的。母公司很少考虑来自于子公司的阻力，母公司和子公司之间的箭头描述了这一研究流派所强调作用力的影响程度。从图3.2(a)中我们可以看出，母公司是中心导向型的，它的子公司仅局限于当地的销售和生产，没有其他的职能和自治权，而是遵循着严格的等级结构。子公司完全根据母公司的指示行事，而不是一个按照自己的意图做事的非自主型机构。在图3.2(a)中，从母公司HQ至SS子公司的箭头是单向的，说明子公司主要致力于发展与母公司的关系，母公司无需考虑子公司意愿，可以以一种相同的管理方式管理子公司。

赫德伦(Hedlund, 1994)指出：在决策方面，应该考虑涉及子公司的管理。如图3.2 (a)所示，母公司HQ和子公司HS之间的箭头是双向的，表明两者彼此间均有作用力，对对方都有影响力。子公司并不是只按照母公司的意图行事，没有自己的意图与自治权。母公司以一种相同的方式来管理子公司，这不仅忽视了子公司职能，而且也没有看到子公司自身的权力和发展，子公司应具有主动权和自治权。因此，此流派开始重申的是在跨国公司内部的区别，即在同一个组织内部，子公司应具备不同的特质，应注意子公司间的变化是由环境变化导致的结果，因此母公司对于子公司的控制方法的转变也是受环境因素的影响。

佩特森和布罗克(Paterson and Brock, 2002)用图解的方式进一步从子公司和母公司关系中说明子公司研究的变化[见图3.2(b)]。在图3.2(b)中，我们可以看出母公司不是中心导向型的，子公司则为研究的中心。围绕在子公司SR的实箭头说明研究的重心从母公司到子公司的变化情况。SR与HQ实箭头说明子公司在跨国公司的能动性地位和在全球战略中承担不同的角色，可以使跨国公司有效地避免投资的盲目性，有效地配置全球战略资源，可以针对不同的类型建立不同的管理与控制机制。SR与HQ虚箭头说明子公司对母公司的反作用力，而 SR 实箭头与未标明记号的虚箭头说明子公司对其他子公司有着相应的影响力。

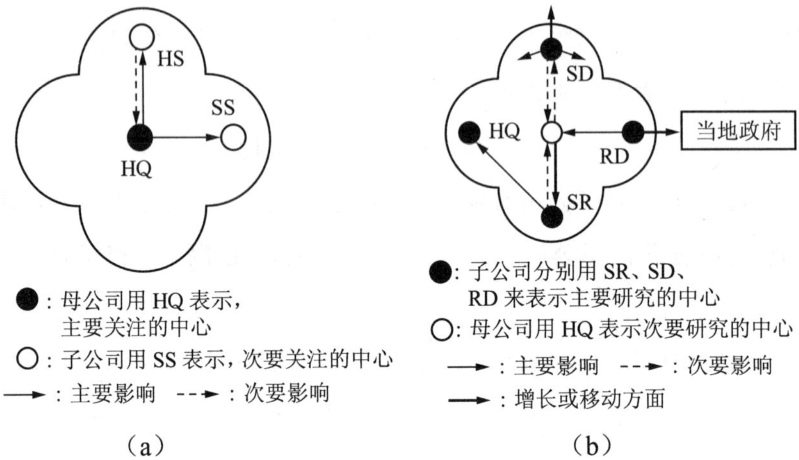

资料来源：Birkinshaw，J.，"Strategy and Management in MNC Subsidiaries," in A. Rugman，*Oxford Handbook of International Business*，Oxford University Press，2001。

图 3.2　母子关系的发展

普拉哈拉德等（Prahalad et al.，1981）指出，应首先考虑的子公司发展的观念是基于子公司本身的战略经营决策。跨国公司对于那些已经发展了或者具有价值资源的海外子公司应不断使用非正式的机制予以控制。怀特和波因特（White and Poynter，1984）强调在与母公司观点比较过程中，子公司的主要目标是为它自己的生存而不懈地努力，以反对仅仅是改善效率的观点。子公司在当地能力的提高，子公司经理们能够对子公司的战略演变起到的作用。在图 3.2(b)中，此流派下的子公司用 SD 表示。在于公司 SD 与母公司 HQ 之间的虚箭头说明：母公司对其子公司施加影响的效果大大降低了；子公司周围既有实箭头又有虚箭头，实箭头说明子公司将目光积聚在当地的环境和观念上，虚箭头说明母公司开始失去集权化特征，整个组织向着更加异质性的组织转变。

2. 母公司对子公司角色委派的演变

由于跨国公司母子关系的演变，在过去的几年中，种种迹象表明母公司赋予子公司的使命和角色也在发生着大的变化。有越来越多的子公司其活动已超出了传统的下游活动范围，如销售、服务和装配等，向着研究与开发(R&D)、组件生产、战略营销和战略支持等上游活动扩展。母公司对子公司角色委任扩展最明显的一个例子就是全球性子公司委任(global subsidiary mandate)，即当一个海外子公司成为某类产品的研究开发、制造和营销的世界中心时的状况。还有，比 GSM 低一级的国际性子公司委任(international subsidiary mandate)，即某一海外子公司担负着一个产品的研究开发或(和)生产或(和)营销的国际中心，GSM 和 ISM 的主要区别在于委任的地理区域和职能范围不同。图 3.3 列出了母公司赋予子公司的六种使命(世界性产品委任、卫星、出口、全球性子公司委任、区域性子公司委任和当地服务)及其演变的路径。

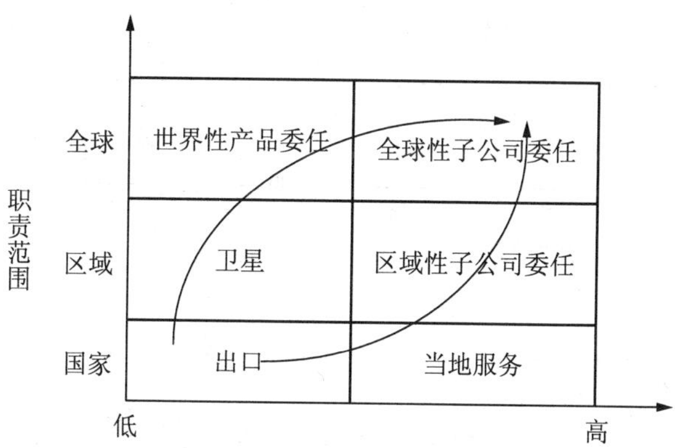

资料来源：刘明霞、徐珊(2002)。

图 3.3　母公司赋予子公司使命的演变

资源基础理论认为，子公司所控制的资源决定其所扮演的角色类型(Ghoshal and Nohria, 1989)，一些焦点单元因拥有特别的资源优势，超越了过去仅实施母公司决策和承担当地任务的传统角色，在网络中发挥着战略性作用，对其他子公司的资源发展产生重要影响，成为跨国公司网络结构中的“卓越中心”（centers of excellence）。由于知识的创造和转移在许多方面被地理所限制，跨国公司可以通过分设在东道国（地区）的子公司建立起集成的技术网络和协调地理上分散活动的能力而赢得全球竞争优势。巴特利特和戈沙尔（Bartlett and Ghoshal，1986）指出前人对该领域研究提出的结论在子公司分析的水准上有明显的相似之处。特别是在认为子公司具有唯一资源能力和拥有自治权才能经营的事实，意味着在大型跨国公司组织内部子公司必须配置不同的角色。根据子公司的资源能力和它们所在国内市场的重要程度将子公司划分为四种角色，即战略领导者角色、贡献者角色、推销员角色和黑洞角色[见图 3.4(a)]。

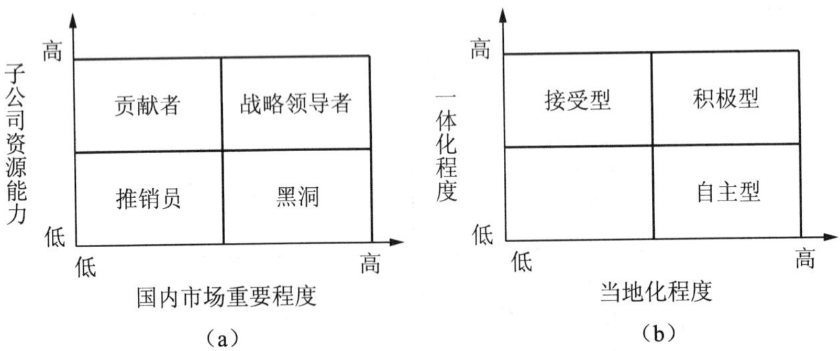

资料来源：转引自赵福厚：《跨国公司子公司发展中四大流派理论成因分析》，《现代财经》2004 年第 3 期。

图 3.4　子公司的角色类型

克鲁克尔和莫里森（Crookell and Morrison，1990）根据伯金肖在1987 年提出的一体化——当地化结构作为一个研究子公司战略结构模型，将子公司与母公司的一体化程度及当地化程度当作纵坐标和横坐标，把子公司划分为接受型、积极型和自主型三种角色[见图 3.4(b)]。还有很多研究者从不同的角度，使用不同的工具和方法对子公司角色的划分进行补充和说明，如从文化方面、适应性方面和学习方面、知识流动和资源流动方面、子公司的自治权和子公司整合（或协调）方面等。怀特和波因特（White and Poynter，1984）提出子公司必须有不同的管理经历，要能够面对不同的挑战。将子公司作为一个研究对象，把母公司作为子公司的外部影响因素，为其他研究者研究子公司各种战略角色提供了更加详细和方便的途径。古普塔和戈文达拉扬（Gupta and Govindarajan，1991）指出，这可使研究者在研究一个跨国公司时跨越不同的国家考虑子公司扮演的角色。

3. 子公司间知识转移的角色类型

古普塔和戈文达拉扬（Gupta and Govindarajan，1991）根据其他子公司知识流入焦点子公司的水平和焦点子公司向其他子公司知识流出的水平将跨国公司子公司进行了一个经典型的分类：全球创新者（高流出低流入）、集成者（高流出高流入）、执行者（低流出高流入）、局部创新者（低流出低流入）（如图 3.5 所示）。

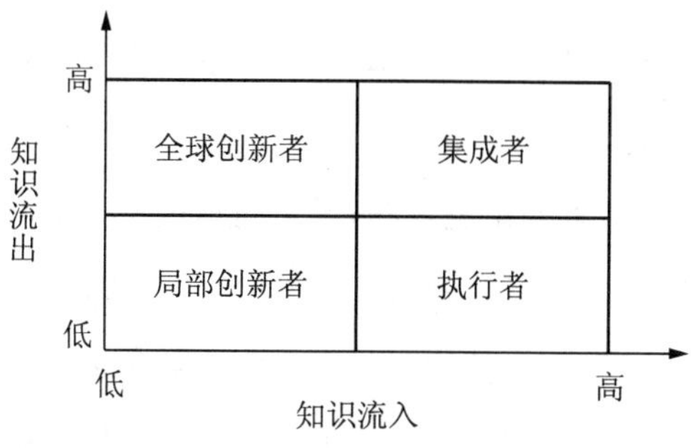

资料来源：Gupta and Govindarajan(1991)。

图 3.5　跨国公司子公司间知识转移角色类型

在全球创新者这个角色中，子公司所起的作用是其他单元的知识根源。历史上，尤其是美国和日本的一些跨国公司，这种角色一般由本国国内的子公司单元来承担。然而这种情况正在改变，波特(Porter，1990)指出这种改变的催化剂是技术力量诞生的国家多样性的增加。一个很好的例子就是花旗公司的子公司负责了金融服务行业软件的开发和销售，尽管母公司的总部在纽约，这个特别子公司的全球总部位于孟买，分公司位于布鲁塞尔和新泽西州。巴特利特和戈沙尔(Bartlett and Ghoshal，1989)也引用了瑞典公司爱立信的例子，其位于意大利的子公司是整个公司转移系统开发的全球中心，但是它在芬兰的单元在其移动电话的业务中具有全球领导地位。

集成者的角色与全局创新者的角色是类似的，因为它也承担了创造可以被其他子公司使用的知识的一部分责任。然而，与全球创新者不同的是，一个集成者角色的子公司在它自身的知识需求中不是自给自足的。IBM的日本子公司，负责高水平知识流入和流出，就是个具有集成者角色单元的典型例子。

在执行者角色中，子公司很少参与到它所需要的知识的创造中，很大程度上依赖从母公司或者其他子公司的知识流入。在大多数跨国公司的早期，本国国内的单元充当了全局创新者的角色，那么外国子公司的角色自然就变成了执行者。3M公司在芬兰等小国家的子公司就属于这种执行者角色。

最后，局部创新者的角色表明，子公司承担了关键功能领域的知识创造的局部责任。然而，这些知识似乎融合了太多的局部因素，使其在局部创新者以外的国家中使用不具有很强的竞争力。传统的多国跨国公司基本上都是由具有局部创新角色的子公司组成的。然而，这种具有局部创新角色的子公司，在跨国公司和单一的全球跨国公司中也存在。例如，一项对肯德基的研究表明，在其日本的子公司中，每个出口的建筑和大小，菜单和广告主题都与其他国家的有根本的不同，而其他国家一般都是复制美国的模式。

（二）当地环境的影响

1. 子公司知识转移的多重任务

古拉蒂(Gulati，2000)注意到跨国公司的每个子单元也许不能掌握所有需要的资源和知识来维持自己，它们相互依赖性取决于有着资源联系的内部和外部之间的关系，因而跨国公司的子公司可以被看成是通过资源流动的多个网络而彼此相互连接，这把研究的注意力转移到了跨国公司基于网络的观点。网络结构模糊了公司内部各个层级和各子单元间的组织边界，为组织内成员建立个体间的亲密关系和认知模式的趋同提供了组织上的便利，这种社会关系的加强有助于相互间知识的分享与转移，特别是那些难编码的隐性知识。另外，网络结构里信息流动的速度更快、广度更宽，这为子公司进行知识转移提供了保证，也为跨国公司在各个层面上整合、创造新知识，获得新优势提供了可能。

从这个角度出发，当代跨国公司的知识水平与创新能力不仅取决于内部的研发活动，也同样取决于从外部网络吸收那些难以通过市场机制实现的东道国当地特定的能力；海外子公司也不仅仅是母公司知识的单向吸收者，而且成为跨国公司知识网络的重要知识源，这样整个跨国公司网络组织就处于基于股权控制下的内部网络和外部网络的共同结构中。位于不同环境和地理分布的子公司可能掌握对于跨国公司其他单元独特并且有用的知识，这使得其在知识转移过程中承担着多重任务角色：第一，传统上的母公司优势知识的利用者；第二，从外部网络中获取知识，并整合为自身的竞争优势；第三，通过跨国公司内部网络将知识转移运用于跨国公司其他单元，包括母公司和其他子公司。可以看出，由于知识流入与流出量的增大，跨国子公司的战略地位不再是传统理论中母国优势的转移运用，子公司先前的从属性地位也得到了根本性的改观(如图 3.6 所示)。

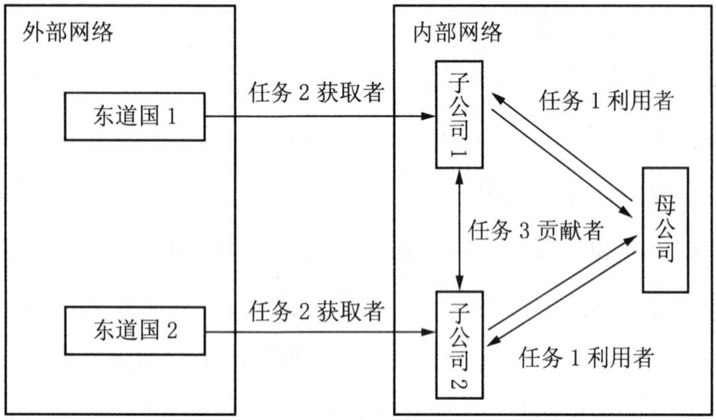

资料来源:作者根据相关研究总结。

图 3.6　子公司知识转移任务与角色

如果跨国公司没有找到当地特有的资源,那么外国直接投资只是对国内公司运行的拷贝,能被国内产品的对外扩张所取代。在其他方面等同的情况下,国内扩张应当优于海外扩张,因为节省技术转移的成本并且避免了外国债务。这就等于说地方优势是外国直接投资不可或缺的组成部分(Dunning, 1980)。跨越国界地配置公司独具的能力来调动地方资源,是一般的国内的公司所不能仿效的跨国公司的独有竞争优势,这是跨国公司的实质。子公司所嵌入的当地环境是影响跨国公司行动决策所必不可少的关键性资源。弗罗斯特和周(Frost and Zhou, 2000)认为国外的子公司"产生知识和变革通常是因为受到它们所处运营环境的异质性影响"。因此,外部网络,例如和当地顾客的关系,当地的竞争者,以及当地的研究机构,对于子公司更新现有产品和技术,创造和新的流程相关的知识等活动会产生巨大的影响(Zander, 1999)。它不仅关系到跨国公司内部现有的资源、信息和知识存量,而且还在很大程度上决定了公司未来可控资源集的大小和创新能力的发展。因此,大批研究跨国公司的专家学者们,放弃了先前的研究途径,他们不但研究子公司的能力,而且还研究当地环境的影响和当地政府的影响等。

2. 当地知识强度对子公司获取知识的影响

首先，子公司的发展主要依赖当地技术发展水平。坎特维尔和皮斯泰尔研究了一个地区对跨国公司知识创造性活动的吸引力，在德国、英国和意大利使用特殊的地区数据，他们发现当地市场的规模、特点和教育基础、内部特性和行业间溢出是关键因素。也有学者关注德国、英国和比利时的化学和制药行业，发现子公司的发展主要依赖当地技术发展水平。在戈沙尔和韦斯特尼(Ghoshal and Westney, 1993)的研究中发现了子公司的地区同态性表现比它所在地区的技术阶梯的高度还要大。如果知识转移是困难的，限制在一个狭窄的空间范围内，企业的位置是企业竞争优势的一个重要来源。位于创新地区的企业相对于位置偏远的对手更容易获得新的技术知识。因而跨国公司子公司在知识密集的地区建厂，创新地区像一块磁石吸引了新的投资。

并且，子公司所处的国家特定优势(country specific advantage，简写 CSA)可以帮助子公司建立新的特定优势或增强现有优势。每一个国家的特定优势都具有路径依赖的特点，难以模仿或复制，如政府技术政策、在创新领域政企间的相互作用、企业网络的运作、非营利性基础设施的角色(如高等院校、研究中心)等。而这类知识通过边界的扩散是有限的，因为国外的潜在接受者吸收该知识的能力很低，只有位于地域内的分支机构才能直接充分地接近该国积聚的特有资源。换句话说，跨国公司在当地开展企业特定优势创造活动的过程中，先进的国家知识体系充当着拉力角色，特别是在那些有着明显比较优势的东道国里。因而，子公司的知识和竞争力形成可能来源于三个地理位置：母国、东道国、跨国网络。每一方都具有独特的国家特定优势。

另外，子公司与当地环境形成共生过程。跨国企业的运作利用了当地的竞争力，同时从它们的跨国网络的其他部分为当地提供了知识流入，从而增强了当地企业的竞争力。陈添枝、陈浩民和顾英华(2005)

认为知识转移推动了跨国公司通过跨国网络管理和"接通"当地技术竞争中心的管理行为，这代表了一个潜在的共生过程。跨国企业的运作利用了当地的竞争力，同时从它们的跨国网络的其他部分为当地提供了知识流入，从而增强了当地企业的竞争力。跨国企业通过多种的方式"接通"当地竞争中心，从高控制性的方法如全资子公司到低控制性的方法像许可证经营和合资子公司。例如，外国直接投资(FDI)涌入像硅谷这样的高科技地区，意味着半导体行业的跨国企业正使用 FDI 来进入当地的信息渠道，由此寻求特殊的当地知识来源。无论企业是到东道国获取知识，还是对东道国当地的技术过程起了作用，FDI 的核心理论部分取决于知识分布的地理形状。

3. 当地的知识强度对子公司利用母公司知识的影响

史密斯和鲍威尔(Smith and Powell, 2004)认为东道国的知识强度会影响母子公司关系，地方资源对于母公司到子公司的知识转移是驱动也是障碍。子公司可以通过控制当地资源来提高其在跨国公司内部的力量。当然，母公司会阻止子公司的这种举动。母公司的经理们因为害怕失去对子公司的控制，进而失去在组织内部划拨租金的能力，也倾向于保留关键知识。一个知识密集的地区通常富有信息和促进信息传播到邻近组织的正规市场机制。位于知识密集地区的跨国公司能以策略联合来投资或通过其他与当地联系的形式来使来自当地的知识转移合约生效，或仅仅产生信息溢出。由于东道国和母国之间物理和精神上的差距，母子公司之间的联系可能实际上弱于子公司与一些当地合伙人的联系(Ghoshal and Bartlett, 1990)。外部联系可能会取代或限制内部单元间的知识流。例如，如果子公司为了接触到当地的知识网络而不得不参加一个特定的当地的活动，这样的参与会排除对母公司知识支持的依赖。有时跨国公司会在知识密集的地区建立一些子公司作为学习的位置，而不是部署公司独有能力的载体(Kogut et al., 1991)。

施蒂格勒和乔治(Stigler and George, 1951)认为如果在东道国市场比向公司内部"学"得更好,那么就不需要公司内部的知识转移。舒尔茨(Schulz, 2001)认为由于地理位置的接近和文化上的相似性,在跨国公司子公司和当地公司之间知识转移的一些方面可能会比在一个母公司及其海外子公司之间更有效地发生。由于子公司倾向于与当地学习竞争,而子公司从当地学到的知识越多,就越不需要母公司跨国界的知识转移,所以母公司可能会倾向于不向国外子公司转移所有能力。例如,东道国能够为生产提供越多的零部件,一个子公司就越不需要从母公司或其他单元转移能力来进行相关生产。这一情况下,近距离的交易取代了跨国公司的"全球化"功能。只要当地市场在学习,完全的"全球化"就不会发生,并且从母公司的能力转移是不彻底的。即使当地市场学习得不够充分,子公司可以鼓励其在东道国的供应商重新将其在东道国定位,因而省去了零部件跨国界运输的需要。母公司会本能地反对这样的行为,因为这样它就会失去在组织内部控制物流的机会。有着共同区位的上游的供应商倾向于使权力的均衡向子公司倾斜。任何一种情况都会发生,海外子公司开发出很大的市场潜力或者在地方竞争中面对极端艰难的压力。

陈添枝、陈浩民和顾英华认为,为了抵消母公司与当地联系的力量,子公司保留了关键的知识来保持其在网络的中心地位,这可能会创造母子公司间的紧张。母子公司之间所具有的能力和资源越互补,压力越大。更多的互补意味着通过资源的组合来获得潜在的收益,因此租金划拨中注入的也越多,这加重了权力争夺。实际上如果母公司要把所有重要的能力转移到国外,当地资源和母公司所有的能力之间完美的互补,可能会让子公司掏空母公司的功能。例如中国大陆的低成本劳动力对于在台湾母公司的制造能力是很好的互补,一些来自台湾的投资者在大陆投资后经历了掏空效应,在大陆的运行成为整个公司的中心和焦点。

4. 当地知识强度对子公司向跨国公司内部网络贡献知识的影响

早先的文献显示国家的位置和子公司的国籍用多种方式影响子公司的知识转移。一些学者进行了关于子公司的位置可能会影响知识接收者动机的研究，如古普塔和戈文达拉扬(Gupta and Govindarajan, 2000)研究认为位于经济欠发达国家的子公司的知识可能被认为有较低的商业价值，这样的一个负的“初始国效应”可能会影响跨国公司其他子公司加入与其知识转移的倾向。子公司的知识，尤其是那些在具体地方需要的知识，可能是高度内在化并且与背景有关。这个知识区位或处于子公司知识本质中的背景，可能会妨碍其转移到跨国公司的其他部分。在市场营销的相关文献中提到消费者对一个制造国的印象会显著影响其如何感受并评价来自该国产品的质量，因此也影响他们购买那些产品的倾向(Johansson, 1989)。把一个类似的推理应用到跨国公司中知识转移即子公司位置，可能会影响跨国公司其他子公司经理对于该子公司知识价值的感受。在知识外流到母公司的情况下，古普塔和戈文达拉扬(Gupta and Govindarajan, 2000)认为子公司所在国家的相对经济水平影响跨国公司其他单元对该国子公司所具有的知识份额价值的感受。从一个知识接收者的角度来看，从位于经济和科技欠发达国家的单元接收到的知识——可能会由于接受者的一种优越感——被认为是在内容上更不敏感或有更低的商业价值。因此，当发出知识的子公司位于一个经济和科技欠发达的国家时，对于接受单元来说非本地知识的动机障碍可能会更加严重。因此，发送知识的子公司的位置对跨国公司的知识转移有一定的影响。李立等(2004)通过研究跨国公司位于中国和芬兰的子公司，检验了子公司位置的选择对知识接受单元动机的影响，来评估位于经济欠发达国家的子公司知识转移。

另外，研究人员已经承认潜在的各种影响子公司知识转移的因素可能存在于组织内和组织外，其他的如知识交换的双方处于不同的国家时文化上和地理上的差异,跨国公司内部网络与外部网络的关系和类型等等,这些不同的背景对子公司的知识转移都会有各种程度的影响。本书仅就东道国当地的知识强度对子公司知识转移的影响进行一定程度的分析和总结。

(三)子公司的选择

1. 子公司的能动性与能力发展

(1)子公司的能力及种类。

根据能力的任务特有性和公司特有性的不同组合情况,跨国公司及其子公司的能力有以下几种类型(Gooderham and Nordhaug, 2003)(如表 3.1 所示):第一,元能力具有广泛的应用性,是一般工作和组织绩效的关键基础,具有推动组织和战略变革的潜力,正式的教育制度和跨文化培训是元能力的重要来源,全球经理人必备的元能力,包括团队合作能力、管理变革和转型的能力、管理员工多元化的能力、在不同文化背景下的沟通能力、发展全球战略的能力、将思想付诸行动的能力、改变思维和操作方式的能力、创造力、学习能力、转移知识的能力、形成合资企业或者战略联盟的能力及正直诚实的经营能力等。第二,组织内部的跨国公司能力集中在内部网络能力、了解和管理公司特有标志的能力、熟悉组织不同组成部分的文化的能力、了解关键个人和团体的思维和行为方式的能力。第三,组织内部子公司能力一般是通过与子公司其他成员互动产生的隐性知识,人们需要待在子公司相当久的时间才能获得关于子公司的产品、流程、组织和文化的知识。第四,标准化的技术能力是一系列的应用能力,例如一般的预算和会计规则和方法方面的知识、电脑程序知识、标准化软件知识、能够跨行业应用的手工技能和专业技能。第五,跨国公司技术性能力是特定跨国公司技术能力,包括核心能力和公司惯例与政策等边沿性的知识。第六,子公司特有的技术能力是特定子公司内部通过非正式的学习、工作轮换、室内培训和学徒制度开发出来的技术能力，是最能够锁定雇员的技术知识。

表 3.1　跨国公司及其子公司的能力种类

特有性	低度跨国公司特有性	高度跨国公司特有性	
特有性		低度子公司特有性	高度子公司特有性
低度任务特有性	元能力	组织内部跨国公司能力	组织内部子公司能力
高度任务特有性	标准化技术能力	跨国公司技术性能力	子公司特有技术能力

资料来源：转引自赵福厚：《跨国公司子公司发展中四大流派理论成因分析》，《现代财经》2004 年第 3 期。

(2) 子公司能力发展。

传统跨国公司理论的局限性在于基于静态的视角将海外子公司看成以母公司为中心的下属机构，很少关注子公司的地位和作用如何随时间而发生变化，其研究隐含了一个假设，即子公司的地位和作用是由母公司所委派和决定的，忽视了外界因素以及子公司的自我能动性。

基于海外子公司的动态演化观点，在弗农(Vernon，1966)的产品生命周期理论(PLC)和约翰森(1977)的国际化渐进理论中，子公司的发展主要取决于总部的决策与资源的投入。在实证分析中，不少学者对子公司发展取决于总部的委派进行了大量的调查，比较典型的是怀特和波因特(White and Poynter，1984)成功地对美国、欧洲、日本投资于英国的子公司进行了 30 年的跟踪调查，研究指出 1950 年到 1960 年新建的海外子公司从小型的母公司复制品逐渐发展成为总部所规划的专业产品制造基地。这一现象支持了 PLC 理论和国际化渐进理论观点。

伯金肖(Birkinshaw，1998)认为子公司的演进包括两个方面：子公司能力的提高和下降。并提出了五种子公司演进的一般模式：一是母公司驱动的投资(parent-driven investment，PDI)。母公司的特许扩大导致了子公司能力的提升。母公司管理层为计划中的投资评估不同地点子公司的相对价值，然后决定在某些子公司增加特许。各子公司之间为争取特许彼此竞争。二是子公司驱动的特许扩展（subsidiary-driven charter extension, SDE）。子公司能力的提高导致特许的扩展。通常包括三个步骤：子公司积极寻求新的市场机会；发展能力以获取市场机会；向母公司提出特许申请。三是子公司驱动的特许强化（subsidiary-driven charter reinforcement, SDR）。子公司能力的增强，使现有特许得以保持。内部的竞争使子公司必须不断提高能力，才能够保持住现有的特许并得到强化。四是母公司驱动的撤资（parent-driven divestment, PDD）。子公司产品、技术或市场的特许丧失导致能力的逐步下降。母公司为了减少成本或归核于核心业，关闭、出售子公司。这一过程与 PDD 相对。五是子公司萎缩导致的衰退（atrophy through subsidiary neglect, ASN）。子公司能力下降导致的特许丧失。ASN 存在两种可能性：由于子公司能力下降，原因如管理不善、缺乏竞争，导致子公司业绩下降，公司整体的竞争力下降，引起总部的注意；虽然子公司能胜任工作，但其他单元的能力超过了它。

五种子公司演进模式的分析再次证明，子公司的发展并非完全取决于母公司的战略决策和资源投入，子公司的创造性和主观能动性突出体现在 SDE 和 SDR 两种模式当中。无论是 SDE 还是 SDR，子公司能力的提高是导致特许扩大和强化的前提条件。

(3) 子公司的能动性表现。

跨国公司子公司发挥创业创新能动性的过程开始于对市场机会的识别，结束于跨国公司及其子公司承诺资源并将市场机会商业化（Birkinshaw and Fry, 1998）。子公司采取多种形式发挥自身的创业创新能动性调整现有资源和能力或者开辟新的资源和能力来源，这主要表现在以下两个方面：

一是外部导向的能动性，即子公司在与当地或者全球市场上的供应商、客户和政府机构交往过程中识别和利用商业机会，特别是发现当地或者全球客户未能得到满足的需求，反映了子公司的外部创业精神，并受到外部环境特别是消费者需求和偏好的检验。相应地，子公司的主要作用是市场开发者。例如，1991 年通用加拿大公司的业务开发经理为回应加拿大政府资助的联邦大厦能效优化项目，发起成立一家通用能源管理公司。[1]1992 年法玛英国子公司与一家英国小公司合资开发一种通过皮肤注射药物的新技术。[2]

二是内部导向的能动性，即子公司在公司内部发现可以利用的商业机会。例如参加内部竞标，争取全球投资项目，反映了子公司的内部创业精神，并受到母公司合法性和经济性的选择和判断。相应地，子公司的主要作用是网络优化，那些高度流动性的制造、研发、物流、营销和企业管理等活动是网络优化的主要对象。例如，IBM 公司在英格兰的子公司 1982 年开始在当地格里诺克制造个人电脑。[3]直到 20 世纪 80 年代末期，工厂的经理们一直在寻找拓展经营范围的机会和方式，到 1991 年，他们发现伦敦附近的一个显示器开发团队能够为自己的制造提供很强的互补效应，经过努力，他们成功地将这个开发团队的资源重新配置到格里诺克。后来，他们还争取到将订单履行和服务职能活动集中在格里诺克，面对整个欧洲提供这些职能活动。

这两种创业创新能动性发端于不同的市场机会，但是存在两个重要共同点(Birkinshaw and Fry, 1998)。一方面，无论是外部导向的，还是内部导向的，子公司创业创新能动性都需要子公司发挥企业家精神，有时甚至是咄咄逼人的竞争精神，从而与公司新增资源优势的创造密切相关。另一方面，现实中子公司的创业创新能动性都可能因为抵触公司的战略目标而受到总部挑剔性的反应。因为子公司对母公司来说并不仅仅会是贡献者，也可能是潜在的破坏者，母公司挑剔性的反应往往出于其对破坏性子公司的担心。如果跨国公司非常集权，或者认为子公司的能动性纯粹是一种只会带来麻烦的机会主义行为，则子公司发挥能动性的机会就会受到限制。巴特利特和戈沙尔(Bartlett and Ghoshal, 1989)也认为国家经理有可能建立独立于总部的自己的组织，因此有必要控制激进的当地政策并将子公司纳入协调一致、相互依赖的网络。

表 3.2　子公司的能动性表现

市场机会的来源	当地市场	全球市场	内部市场
子公司能动性	外部导向的能动性	外部导向的能动性	内部导向的能动性
促进能动性发挥的因素	当地资源、当地自主权、规范化、母子公司之间的沟通及子公司内部的沟通(Ghoshal, 1986)	当地资源、当地自主权、现有的国际责任(加拿大科学咨询委员会，1980)	当地资源、适度分权；当地资源、母子公司之间的良好关系(加拿大科学咨询委员会，1980)；横向网络和共同的决策前提(加拿大科学咨询委员会，1980)

资料来源：Birkinshaw, Fry, "Subsidiary Initiatives to Develop New Markets," *Sloan Management Review*, Spring 1998, vol. 39, pp. 3—11。

2. 子公司的特定优势与知识转移

从对跨国公司理论发展的回顾中，可以发现主流跨国公司理论一直关注的一个焦点是企业内特定优势的创造与国际扩散问题，并且认为企业特定优势的建立与转移模式对跨国公司的成功至关重要。只有当跨国公司建立起某种类型的企业特定优势并将之扩散到整个企业，它才能在全球范围内获得满意的经济效益。鲁格曼和维贝克(Rugman and Verbeke, 2001)在总结大量文献的基础上，归纳了跨国公司获取特定优势的十种方式，指出跨国公司并非如传统理论所述，仅是企业具备优势的结果，应该看到跨国经营与获取优势是一个互动的过程，子公司海外经营本身也是获取竞争优势的手段。企业特定优势(firm-specific advantage,

简写 FSA)指一个企业拥有的其他企业难以得到的生产要素(自然资源、资金、技术、劳动力等)及产品的生产工艺、发明创新能力、专利、商标和管理技能等。从这个定义可以看到企业特定优势的大部分是指企业的知识。

因而根据鲁格曼和维贝克对企业特定优势生成和扩散的解释,可以相应地把它比为跨国公司优势知识的转移问题。企业当中的一类知识是没有区位限制的,如技术、生产或营销技能、组织能力等,以中间产品形式穿越边界。由于此类知识与区位无关,所以能在全球范围内加以利用,进而获取规模经济、范围经济和产品差异。而且此类知识向国外转移的边际成本很低,每一个当地子公司不需要调整就能有效地使用。相反,有区位限制的知识只能使某个或几个特定区域的公司获利,它能使这些公司具有很高的当地反应能力,但它很难以中间产品形式转移,若在其他区域使用,需要很大的调整。

子公司角色转变和地位的提升直接导致跨国公司知识形成及转移模式的转型。传统的跨国公司,其知识的形成和转移模式主要有两种:一是"中心趋动"式,如图 3.7(a)所示。由公司总部(通常是母公司)负责知识的建立与转移,子公司的职能仅仅是执行当地的生产与销售,且子公司相互间鲜有联系,所以子公司对企业优势的形成无任何影响作用。

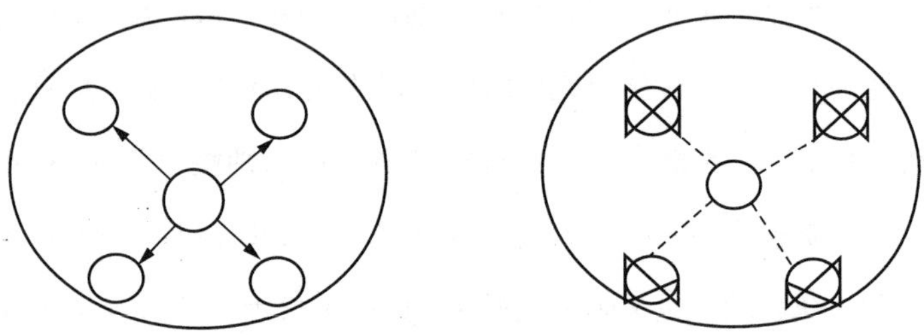

(a)　　(b)

资料来源:刘明霞、徐珊(2002)。

图 3.7　跨国公司建立特定优势的传统模式

二是“多元中心”式，如图 3.7(b)所示。公司总部只给予建议和指导，各个子公司都拥有很大的职能和自主权，依赖于当地环境建立自己的能力和优势，各级子公司间也不交流。由于子公司积累的知识和能力局限于特定环境，其他区位的兄弟公司难以共享，所以子公司对企业整体优势形成的贡献和影响也很小，它仅仅扮演了当地创新者的角色。这两种模式曾经运作得相当成功，但近些年来，国际市场的频繁变化和竞争的加剧，使两者都不约而同地受到很大的压力。第一种模式的压力来源于当地适应性问题，后者的压力来源于全球一体化的问题。

为了追求当地化与一体化的均衡，也为了充分利用海外子公司的学习能力增加全球竞争能力，跨国公司不断寻求新的模式。全球学习是跨国公司独有的、不同于其他公司的一个主要优势，开展全球学习活动显然成为跨国公司增加竞争优势的一个有效途径，但全球学习的有效开展取决于子公司的运作和子公司间的交流。所以，跨国公司建立知识转移的新模式，焦点在于如何发挥子公司和跨国网络的作用。为此，国外不少学者进行了相关的研究，鲁格曼和维贝克(Rugman and Verbeke, 2001)在前人的基础上归纳了跨国公司建立 FSA 所有可能的模式，提出了十种新模式。刘明霞和徐珊(2002)将这十种模式归纳为七种(如图 3.8 所示)，从中可以看出海外子公司在 FSA 建立和转移过程中的影响力量和承担的战略任务。

在七种新模式中，子公司的参与程度是不一样的，因而其充当的角色和地位也各不相同。第一种属于典型的“全球思维，当地运作”模式，非区位 FSA 主要由母公司创造出来，但子公司也在东道国创造了部分区位 FSA。可见，子公司对 FSA 的形成已有了最低程度的参与，从过去的全盘接受母公司的优势移植渐渐转为有目的性地对其中一些元素进行替代或补充，使之更适应当地环境。但总的来说，子公司还是充当了执行者的角色。

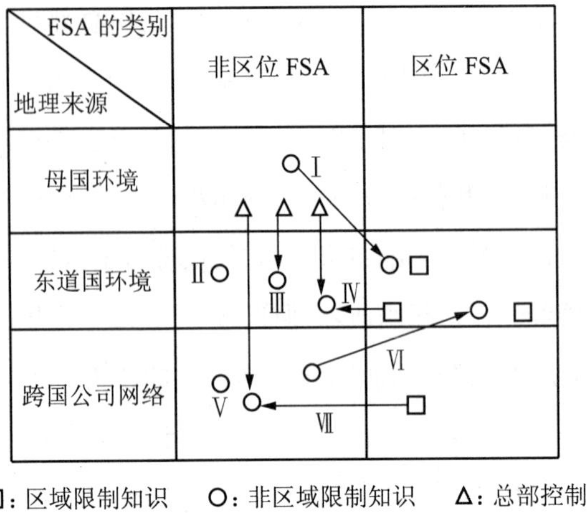

资料来源：转引自刘明霞、徐珊（2002）跨国公司子公司对企业特定优势形成模式的影响分析。其来源：Rugman and Verbeke, "Subsidiary Specific Advantages in Multinational Enterprises," *Strategic Management Journal*, 2001, (22)：237—250。

图 3.8 跨国公司特定优势（FSA）发展模式

第二、三、四种模式非常重视具有价值资源的个别子公司的作用，尤其是含有"优秀中心"（centres of excellence）的子公司。这些子公司个体参与 FSA 形成和扩散的程度非常强。它们要么根据母公司的决策和方针，要么根据当地的特殊需要在公司运作的过程中自然产生 FSA，包括非区位和区位的 FSA。如果是区位 FSA，它们自身还有能力把它转化为非区位 FSA。这些 FSA 被个别子公司创造出来后，并不局限于在当地使用，而是在母公司的激励下，通过内部市场向跨国公司的其他分支扩散或直接根植于国际化营销的产品中。在这三种模式中，个别子公司充当了知识整合者的角色，有相对高的知识储备和自主权，在母公司的许可和支持下承担多种职责，并把创新成果扩散到全球进行利用，促使 FSA 不断增强和全球效率的不断提高。

第五、六、七种模式重视的是网络和子公司集体的作用，即子公司间利用网络沟通和交流共同参与知识的形成和扩散。这时，所有子公司已不满足于完全融入当地和利用本地的资源，而是追求更高的自主权力，即与其他子公司进行战略联盟和优势共享的权力，最终通过结盟所形成的网络组织来共同创造和分享知识。这些知识可能只是在网络组织内部使用，也可能在母公司的指导下转型为非区位知识而在全球加以利用。

3. 子公司间知识转移角色形成

因此综合前面所述母公司的资源投入的确是子公司成长的初期动力，但随着时间的推移，在全球化与当地化压力并存的今天，子公司正成为区域市场有力的回应者，成为重要研究任务的承担者以及总体战略规划实施中的积极参与者。

跨国公司国外投资不仅仅是为了在国外发挥他们的所有权优势，同时也为了获取当地资源中的精华，从而丰富自身现存的知识库。国外的子公司同样可能致力于自身内外部知识的转移，子公司在跨国公司知识转移过程中已处于核心地位，承担着多种重要职责。图 3.9 是

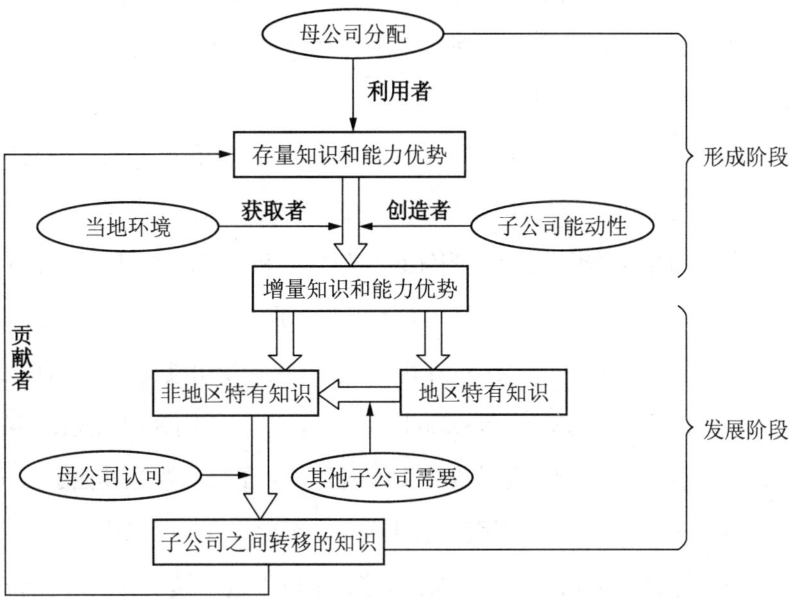

图 3.9　子公司间知识转移角色形成

作者就本章的相关研究对子公司间知识转移角色形成的各方力量和形成过程给出的一个综合图示。也就是说，子公司成为跨国公司知识转移的重要角色主要有三个推动力：一是母公司的指派。由于全球环境变化影响，资源获取能力的变化影响和来自于其他子公司竞争的变化影响，这些变化影响更多地是在跨国公司内部的控制领域，包括分配给子公司的许可范围，子公司的反应和感知能力，技术发展的设计，母公司对控制趋势的偏好。二是当地的环境，包括当地的资源条件、经济发展水平、子公司的约束和机遇、直接和间接的政府和地区官员的影响等。三是子公司自身的能力发展与选择，包括子公司对增加自主权的期望，网络地位的重要性，以及自身对母公司和东道国的解释。

二、子公司间知识转移的理论模型

虽然子公司的知识转移角色和地位已经是日益上升，但是不能想当然地认为子公司愿意通过知识流出与其他子公司进行共享，或其他子公司的知识能够顺利流入。当在一个特定地区发展知识时，一家子公司也许在知识流出上有持续的决定能力而它并没有很好的兴趣来共享这种能力。子公司与其他单元共享知识是耗费时间和资源的，因为需要个人的相互作用，尤其是当知识是隐含的和难以转移时，需要面对面的交流才能有效共享。而且，假设内部的子公司要为声誉和资源竞争，子公司的管理者可能会担心：其他单元有机会使用接受的知识，而限制了它们自己运作的基础(Foss and Mahnke, 2003)。因为知识流出存在阻碍和成本，所以关键问题是为什么跨国公司的子公司要与其他子公司进行知识共享，而伴随着知识流出，子公司的绩效表现又是怎样的。

本书综合大量相关研究和文献，综合出以下这个模型，并在此基础上展开理论与实证研究(见图 3.10)。

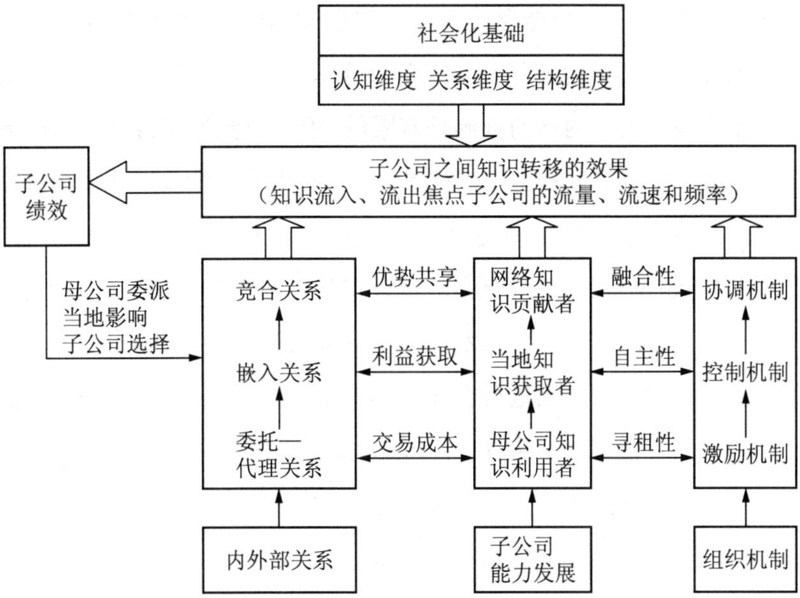

图 3.10　跨国公司子公司间知识转移模型

首先，子公司知识转移的角色形成是由母公司对子公司的角色委派以及子公司所在当地环境资源影响和子公司自身发展，使子公司由最初的母公司优势知识的利用者，转变为东道国当地资源的知识的获取者，最终成为整个跨国公司网络知识贡献者的角色转变。子公司由最初被动的知识利用者，成为主动的知识获取者和贡献者，子公司在跨国公司内部的战略角色也相应地发生了质的变化，成为差异化的跨国公司网络的知识和竞争优势的创造来源。

其次，子公司间知识转移与子公司的内外部关系密不可分。子公司与当地环境和集群的关系从最近发展起来的社会学概念上来说是嵌入性或称根植性的关系。子公司通过嵌入当地的资源环境来获取新的知识，并吸收转化为能与其他子公司共享的互补性知识。因此，从当地获取知识是子公司具有其他子公司需要的互补性差异化知识的来源。如果子公司只是被动地接受母公司知识，那么它们只是母公司知识的简单复制者，也就不可能形成子公司之间的互补性知识转移。

而在跨国公司内部子公司之间又会表现出竞争与合作并存的关系。由于跨国公司内部的资源是有限的，子公司要为获得母公司财务或市场准入等的有限资源支持相互竞争。或者基于绩效对比来衡量报酬的原因，子公司之间往往存在着竞争关系，不希望其他子公司与自己资源共享，超过自己，获得更多的母公司认可和支持。但另外一方面，某些子公司之间又存在着技术关联性或价值链上下级的业务往来，这又使得子公司之间必须进行合作共享来支撑发展自己的业务。因此，竞争与合作可能同时影响着子公司之间的知识转移愿望。

子公司与母公司之间的关系从制度经济学角度上讲是委托—代理关系，从管理学角度讲是控制与被控制以及协调与被协调的关系。母子之间的委托—代理关系，决定着母公司必须对子公司进行有效的激励来促使子公司与整个跨国公司集团的目标一致。而子公司由于远离母公司，处在东道国的环境当中，子公司必然有一定的自主性要求。而母子公司之间的信息不对称和母公司的有限理性制约了母公司对子公司自主性行为完全合理的解释。另外，由于子公司之间的分散性以及竞争与合作并存的关系，要求母公司对子公司进行必要的协调管理，使子公司相互之间能够融合，共享知识和资源，提高整体竞争力。

从社会化的角度上来说，跨国公司网络为子公司之间形成了有价值的社会资本结构提供了基础。高层管理者的往来、相互交流；专家技术人员的相互沟通学习；内部统一的编码符号以及标准化系统；共享的价值观和语言、以及相互信任的关系等社会化因素，都成为子公司之间的知识转移与共享的基础。

因此，子公司之间的关系，子公司与当地的关系，母子之间的关系以及社会化基础共同影响着子公司之间知识的流入与流出。而子公司间知识转移的效果对子公司带来的竞争力的提高有可能直接反映在子公司的绩效水平上，子公司绩效提高又会促进改善子公司的内外部关系和母公司的机制，激发子公司更加积极地进行知识转移，形成一个良性的循环。

注　释

［1］资料来源：Gooderham and Nordhaug, *International Management: Cross-Boundary Challenges*, Blackwell Publishing Ltd, 2003, p. 233.

［2］［3］改编自 Birkinshaw, Fry, "Subsidiary Initiatives to Develop New Markets," *Sloan Management Review*, Spring 1998, vol. 39, pp. 3—11.

第四章
跨国公司子公司间知识转移的内外部关系

一、母公司与子公司间的委托—代理关系

近几年来，委托—代理理论越来越多地应用于跨国公司研究中。母公司和子公司的关系被主要视为委托—代理关系。由于在母公司和子公司各自目标间潜在的非对称性，子公司自身的利益不总是与总部或跨国公司整体利益相一致，子公司可能不会根据跨国公司的整体利益行动，而是追求自己的利益，不愿意成为母公司的一种机械的实现工具。

（一）对传统有限理性与机会主义假设的讨论

如果从委托—代理理论来看，关键的问题就是探讨机会主义和有限理性这两个传统假设在实际中是否正确。机会主义指采用一些伎俩来追求个人的私利，当其和有限理性交互作用时就会对交易成本产生巨大的影响（Williamson，1985）。关于机会主义的假设是否总能够对公司的边界产生决定性的影响还有待于讨论，但是它在母公司鼓励其他公司签约加盟阶段确实有影响（Williamson，1996）。母公司的管理层会鼓励子公司做出一些公司个体的开创性的活动，并充分利用自身

的能力识别和培育商业机会,这些都可能对公司整体的竞争优势有益,同时也会超越公司总部的认知范围。不幸的是,要区分机会主义和具有开创性的企业个体行为并不容易(Ghoshal and Moran, 1996)。如果总公司管理层认为子公司经理们行为具有投机倾向,他们就会任意地进行遏止,这样母公司要从子公司的开创性活动那里受益也就不可能了。

维贝克和袁文龙(Verbeke and Yuan, 2005)认为,若纯粹从威廉姆森的观点来看,仅仅简单的假设个人追求自身利益而不假设机会主义行为,那么只要子公司的经理们动机得到关注,跨国公司内部的摩擦就可以减少甚至完全消失。不幸的是,在对子公司的行为管理中,母公司的管理层受到有限理性的影响。许多子公司的经理们都认为他们的决策对公司整体都是有益的,但却不是总能和公司总部经理所表达的意愿相一致(Birkinshaw, 2000)。伯金肖(Birkinshaw, 2000)所考察的子公司活动以及母公司相应采取的行为并不是关于不对称信息的(与传统的威廉姆森的观点不同),而是其他两个方面:第一,由于接触信息的多方面因素,母子公司在做出和战略有关的决策时会考虑不同的方面,多角度信息并不是指复杂信息,而是说它们是一系列可获得信息的集合,其中有一些会被选择作为资源配置的基础,这些是基于经验方面的知识做出的。第二,母公司和子公司的管理层在判断上也会产生分歧,即对于同一问题因素的解释有所不同,例如某一活动对提升公司整体的竞争力是否有帮助。这种分歧和由于不确定性而对未来做出不同的预测上的分歧是不一样的,它是由母子公司不同的经验知识基础而产生的。上面所说的有限理性因素的来源在母公司层面来看,可以做出如下解释,即跨国公司在一个越来越全球化的网络下进行运作,这样就会有许多特殊的战略性知识在多个子公司那里产生(Bartlett and Ghoshal, 1993; Hedlund, 1986)。

传统的交易成本理论认为,如果母公司的管理层不需要附加的信息就可以在一系列信息中选择重要的信息，并做出理性的决策，那么知识扩散就不会给公司管理决策带来问题(Casson，1994；Foss，2002)。也就是说，即使在跨国公司进行扩散且子公司拥有一些隐藏的信息，母公司的管理层只要拥有决定性的知识仍然可以做出正确的决策，这种决策被期望对公司的竞争优势有所帮助。那样，一旦母子公司在判断上产生分歧，子公司的经理们就会被认为有投机主义的倾向。在那种情况下，要想控制减少跨国公司的摩擦，权威、命令即层级制的管理困难是最合适的控制模式。然而，这种理论假设公司管理层面对的信息都是正确的而且能够合理地处理这些信息。鲁格曼和维贝克(Rugman and Verbeke，2001，2003)认为对于跨国公司的管理层来说，他们可以获得任何想要的信息以及卓越的信息处理能力，但往往他们不能确信决定性的知识由哪些信息组成，如何解释这些信息，尤其是处理子公司的活动时这一点尤为突出。

（二）有限理性因素对跨国公司母子关系的影响

在最近的管理学文献中，关注的焦点集中在不同的经济体之间判断力的差异上，甚至在单个的组织内部产生的。这些有很多是从心理学和经济学的角度来研究，尤其是关于认知和判断力偏差的文章。例如雷宾(Rabin，1998)强调说："一旦形成强烈的猜测，人们就很容易忽略那些与其已做假设相悖的新信息。"他还说："如果人们在一些论题上的初始观点不一样，那么他们面对相同的不确定信息时会做出大不相同的决策。"这些观点都是建立在心理学文献的一系列试验基础之上。这些发现说明个体之间即使面对同样的信息也有可能不一致的认知。信息的多面性不仅产生了多样性的困难选择，对各个方面的解释也是不一致的(因此做出不同的判断)：这就是母公司的管理层在处理子公司的活动时遇到的理性受限问题。

母公司的管理层之所以对于子公司的活动内容和基本原理都缺乏理解，原因是他们从一开始就没有介入到这些活动的发展当中去。因此，公司的管理层要么“听之任之”，要么“扼杀所有的自主性活动”，而并未对其是否与公司现有的财政困难有关进行深入的讨论，或者这些活动是否与公司的整体目标相一致进行探讨。维贝克和袁文龙认为问题的关键不是减少传统的威廉姆森所说的信息不对称性，进而控制“代理人”（例如子公司的经理们）的机会主义作为，而是“必须让母公司的管理层明白子公司的行为实际上和公司的目标是有可能达成一致的，例如长期的盈利性和长远的增长，还要明白母公司施加给子公司的日常程序有些时候可能是不恰当的，母公司往往想借助这些日常活动引导子公司的行为，使其和公司的整体目标一致，例如当评估投资项目时要看其是否有益于母公司的发展”（Rugman and Verbeke, 2003）。

还有一个复杂的问题在这里必须得到关注：伯金肖（Birkinshaw, 2000）注意到子公司的内部行为和外部行为之间有很大的差异性。在前一种情况中，子公司试图影响公司整体的信息选择及判断：这依赖与跨国公司的内部网络以及他们先前在公司的表现情况是否足以改变公司的态度。在后一种情况，自主性活动对于总公司通常是隐藏的，直到这些活动已经取得了一些成功。这里是假设子公司没有能力直接改变母公司的态度，而且一开始初始水平的环境因素和技术因素充满了不确定性，当这种不确定性减少以后，足够的自治权和管理不严的资源配置使得子公司在自主性项目上运营更加有效。

维贝克和袁文龙从制度、组织结构、公司管理层三个角度考虑母公司管理子公司所面临的有限理性问题。制度背景指母公司和子公司所在国存在制度上的差异性（Kostova, 1999）。组织背景指的是组织特征，例如结构、日常事务流程、占支配地位的处事逻辑，这些因素对信息选择和解释都有影响。管理层因素指的是公司管理层在人口统计调整方面存在的差异。这三个因素从国家层面、组织层面、群体层面反映了跨国公司母子关系所面临的理性受限问题。

制度问题主要是指跨国公司母公司所在国与其子公司所在国存在的制度上的差异,这种差异包括认知上的、标准化方面的以及规制方面的因素,这些都使得母公司管理层面临着理性受制的约束。第一,认知因素指共享的社会知识、主题、思想,借助于这些来自环境的因素才能够被识别为相关的并进行解释。母公司高层管理人员在选择和理解国外子公司的信息时会与子公司的管理层产生差异,而认知距离会加大产生这种差异的可能性。第二,标准化是指在社会中普遍的规范、价值和信念。在全球网络下运作的跨国公司必须遵守许多种规范和价值观,这些在子公司所在国都被认为是合法的,但子公司若要保持和当地的价值观一致就必然会与母公司高层的意见相左(Westney, 1989)。最后,规制方面的因素是指当地的法律法规,还有不同国家管制的不同也会使得母子公司在选择和解释信息上产生差异。

关于母公司对子公司管理所面临的有限理性产生的问题,仅仅在讨论对外直接投资和其他进入模式之间做出最优选择的文献中被含蓄地提及。这些文献提出的主张是:母子公司存在的制度差异影响着国际扩张的风险和成本,跨国公司最好在相邻的市场进行投资(Rugman and Verbeke, 2004),这些主张可以用有限理性因素带来的影响解释。在鲁格曼和维贝克(Rugman and Verbeke, 2004)文章中标准化的讨论就是说为了便于和子公司进行合作和协调,跨国公司应该在近一点的市场范围内进行投资。

组织结构因素很重要,因为公司能够通过组织结构设计来减弱有限理性因素带来的约束。对跨国公司,即使制度差异性很大,他们仍然可以通过设计专有的组织结构来减少限制因素发挥作用。威廉姆森(Williamson, 1975)已经简要地描述了许多组织所使用的工具来减轻有限理性问题、投机主义问题和信息处理问题。这些工具可以分成两组(Williamson，1985):决策流程和管理结构。通过有序的决策制定流程或者是启发式的问题解决模式,决策制定者不断的积累问题出现时所需要的知识。其他的工具,诸如组织特有的沟通系统团结的氛围和一致的期望都是管理结构的组成部分,这些都要以不同的方式进行处理。

(三) 扩展的交易成本理论下的跨国公司母子关系

鲁格曼和维贝克(Rugman and Verbeke 2001，2003)对于跨国公司内部功能机制已经做过深入的分析,他们将传统的交易成本理论和最近国际战略管理理论取得的突破联系在一起。鲁格曼和维贝克把他们研究的焦点放在跨国公司的子公司实体上。

第一,鲁格曼和维贝克注意到随着国外子公司产生关于产品开发和市场营销领域的新想法,知识(创新能力)的转移也随之增多。这种知识的转移并不仅仅因为总公司管理层赋予子公司更多的自治权,而主要是因为这些子公司随着时间的推移自身不断成长,这种成长是建立在内生增长性、与当地的经济主体不断接触以及营销和技术能力增长的基础之上。这样看来,交易成本减少问题不仅仅和效率有关,知识转移也不单纯从母公司传入国外的子公司。

第二,他们认为交易成本理论的核心行为假设需要进行修正,即将简单的追求自利行为改成机会主义(该词被定义为使用一定的伎俩来追求个人的利益)。在子公司自治研究领域,主要的管理问题已经不是代理人问题(这一问题是说子公司经理人员要有更多的协调性,而且要保证他们的行为和母公司的目标一致),而是一个投入产出的效率问题,还有就是母子公司要达到互相的一致性,形成共享的认知地图。

第三,他们认为母公司的管理和子公司的竞争优势、劣势、机会以及挑战并没有多大的联系,而这些对子公司开展自主性活动很有帮助。

这些从子公司的角度来说是它们自身作为企业实体的行为，是需要相应的资源的，但资源不是直接因为子公司和母公司之间的母子关系而拥有，也不是由子公司分配资源的指导方针而获得（资源分配方针往往产生由外部驱动的项目）。这样问题就不是单方面的寻求子公司的活动与母公司预先确定的目标相一致，而是要解决这样一个问题，即母公司管理层受到有限理性的局限，同时我们还需要选择最具前景的自主性活动，从而有助于子公司未来的进一步发展，即使这些活动几乎都被认为是与公司的整体目标相背离的。

鲁格曼和维贝克（Rugman and Verbeke, 2003）进而产生了扩展的交易成本理论，该理论建立在以上三点之上，它使得跨国公司知识扩散和革新更加频繁，子公司管理层机会主义的行为也较少发生，同时也有助于子公司的管理层克服有限理性的限制。他们认为子公司在进行自主性活动时所产生的交易成本主要来自母公司高层领导的有限的处理信息的能力带来的沟通障碍，而不是因为子公司存在投机主义的行为。要想在内部进行有效的管理，跨国公司就必须注意应用协调和控制工具，包括对内市场工具（基于价格的激励机制），公司等级制度（形式化）和公司的社会化，这样母公司才能从子公司的活动中受益。对于现已建立的跨国公司来说，它们面临的主要挑战之一，就是如何恰当地管理日益增多的子公司的自主性活动，就像伯金肖所描述的那样，子公司的自主性行为既会给母公司带来收益，也会有损于母公司，但是关于自主性项目对公司的整体竞争力到底有没有帮助，母公司的高层通常缺乏敏感性来辨别。鲁格曼和维贝克（Rugman and Verbeke, 2003）对子公司的自治性行为进行了讨论，同时也对子公司和母公司之间发生的冲突给予关注，这些正是目前许多跨国公司在进行知识扩散时所面临的问题，他们的内部管理机制不足以在母子公司之间达成有意义的双方互利的联盟关系，也不能同时产生程序上的公平和有效的创新成果（即有助于提高竞争优势)。因此,这些公司应当采用一些新的管理机制来减少交易成本,这些交易成本是指母公司管理层管理子公司的自主性活动时产生的。

维贝克和袁文龙对于鲁格曼和维贝克(Rugman and Verbeke, 2003)的主要研究成果在图 4.1 中进行了总结,在该图中将传统的交易

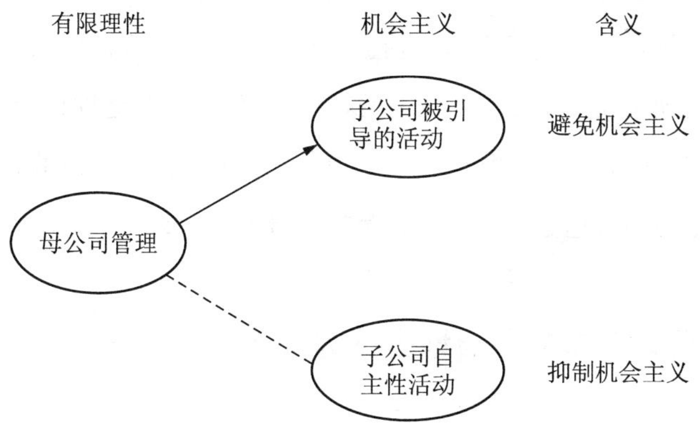

(a) 传统的交易成本方法

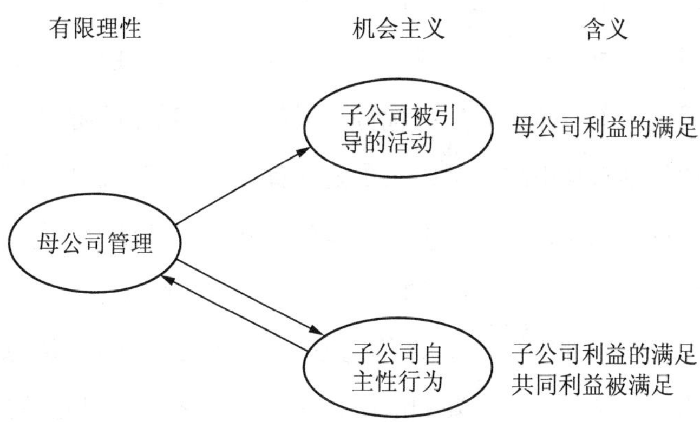

(b) 修正后的交易成本方法

资料来源:Alain Verbeke, Wenlong Yuan, "Subsidiary Autonomous Activities in Multinational Enterprises: A Transaction Cost Prespective," *Management International Review*, 2005; 45, p. 31。

图 4.1

成本理论和鲁格曼和维贝克(2003)的新的视角进行了对比,而且还随之描述了各自的特征。传统交易成本理论认为,公司的自主性活动是子公司经理们的投机行为的反映,应该被阻止[图 4.1(a)];而在修正的交易成本理论中,子公司的自主性活动反映了子公司经理们追求私利的作为,而这种行为既有可能与母公司的总体目标保持一致,也有可能相悖离。跨国公司对自己员工以及各个子单元进行引导,以试图使他们的活动符合母公司的要求[在图 4.1(b)中,用公司管理和子公司被引导的活动之间的箭头来表示]。这种机制已经被广泛地讨论过了(例如 Williamson, 1985),但是在交易成本研究领域,子公司的自主性活动与母公司的管理之间的关系并没有被过多地探讨。

二、子公司对东道国当地集群的嵌入性

(一) 子公司所在的集群

波特(Porter, 1990)的钻石模型指出,位于东道国优势产业集群中的子公司是跨国公司特定业务领域的母国基地,东道国的产业集群为跨国公司提供了全球化竞争的优势。显然,这一观点所隐含的前提条件是产业集群为其中的跨国公司子公司提供了特定的区位优势,这一优势可应用于全球化经营。不仅母国的产业集群如此,国外的产业集群吸引跨国公司的参与同样也源自于它所独具的区位优势。邓宁(Dunning, 1995)也对原有的区位优势理论进行了改进,并认为集群区域已成为当代跨国公司重要的战略性区位优势之一。因此,波特的观点完全可推广至全球的优势产业集群,即位于国外集群中的跨国公司子公司是集群优势的参与者和获得者,集群中子公司这一优势可转化为跨国公司整体的竞争优势。不仅理论分析如此,现实中大量的事实也证明了这一观点。例如,世界上发展成熟的知名产业集群不断吸引

大量跨国公司的参与，硅谷、班加罗尔、曼哈顿的金融区等产业集群都成为跨国公司获取区位优势的战略要地。

近几年来，对在特定地理区域的产业集群的研究文献大量出现(Porter，1990)。一个有竞争力的产业集群或许可以定义为有竞争力企业的地理上的集中或是在同一个行业的集中成立，而该行业是与地区的其他行业有密切的买卖关系或是共享给公司带来相比其他地方的相同行业有竞争优势的特殊劳动力群体(Hill and Brennan，2000)。这种产业集群的形成围绕着特殊的"驱动"产业——该产业在这个地区拥有其最大的竞争优势。它们通过从产业集群获得的特定地区的输入—输出模型的信息把行业的生产商和顾客联系起来。几个世纪以来，一些地区以其生产的特定产品而闻名，诸如生产羊毛产品的意大利北部的比耶拉，生产棉布的孟加拉国的克什干吉和生产特殊酒类的一些法国地区都是典型的集群。实际上自从工业革命开始对产业空间集中的研究实际上就已经开始了。

这种产业集群的分析对于理解产业演化和结构以及地区竞争优势是有帮助的。然而，这种分析是静态和面向过去的。目前跨国公司研发活动的地理集群似乎更加动态和面向未来，从根本上说不是由现存的产业联系而是革新和潜在的技术溢出推动的。众所周知，技术密集型行业倾向于高度的空间集中，这种空间集中甚至在面对上涨的劳动力和其他输入成本时也是持续的。空间集中一般对经济的聚集有贡献，但是这些经济的确切来源是很难被区分的。这就是变革系统的理念是从何而来的。变革不仅仅需要研发功能，而充分的研发则需要技术密集行业的创造性和能够形成高附加值的工作和出口的有价值的经济溢出。而且，这是对变革有用的因素的综合，诸如技术、财务、生产、使用者—生产者联系，组织学习的能力和多层次的政府政策。

对在一些研发高度密集行业的地理集群，像制药业，有作用的因素之一是在该地区存在一所处于领导地位的研究型大学(Galambos and Sewell, 1996)。公司位于研究机构附近的原因,是它们希望能从当地的大学获得知识转移。不管这种知识转移是否有计划,或甚至是提供者发动的,接受者必须付出极大的投资以辨识技术潜在的重要性并吸收和开发它。而且接受者必须投资在它的竞争力和接受能力上,审视和监控相关技术和经济信息的能力,辨识技术和市场机遇,获得技术发展的知识、信息和技能。吸收能力不仅仅是掌握新技术或变革的能力,它是能够调整公司的协调和控制系统使之与新的技术机遇相匹配的能力。正如帕威特(Pavitt, 1998)所说的,公司的失败很少是由于它们不能掌握知识,而是因为缺乏足够的吸收能力。这也是为什么研发活动机构设置于临近相似行业的其他公司和有相关研究能力的大学附近的重要原因。

贾菲等(Jaffe et al., 1993)在专利权引用的研究中发现专利权倾向于来自同一个地区。研发密集型企业会聚集在拥有强大研发背景的领导机构附近,并且研究发现这些机构在一定程度上与它们支持的研究成果的商业化有很大的区别(Carlsson and Fridh, 2000)。例如,行业研究发现通过20世纪90年代,在基础研究机构和生物工艺产业之间的"商业化代沟",欧洲要比美国更大,尽管在后来有所减小(SPRU, 1999)。这项研究表明,在研发系统上,欧洲大学的联系更弱。

然而好的基础研究对产业集群的发展也许是必要的,但并不充分。同样的基础研究支出对在依靠当地机构经济活动的聚集而进行的地区变革有非常不同的影响。这就是为什么一些研究表明在地区发展中大学扮演了一个活跃的角色,而很难辨识出对所有的学术机构都有意义的经济影响(Varga, 1998)。周围机构的条件对于转移基础学术研究为通过许可证或新企业生产新产品的可行商业化技术的成功程度是同样重要的关键因素。这里重要的因素是聚集因素,诸如高技术产品的聚集，企业服务性雇用的存在和在城市区域经济中小公司的相关重要性。另外，基础研究成功商业化的一个重要因素是本地投资的存在。

（二）子公司对当地集群的嵌入性

确实，国外的子公司在产生知识的过程中依赖于它们所在地的资源，而子公司获得当地知识资源的能力依赖于它们融入东道国的程度，以及它们进行技术更新的社会关系。在研究知识的吸收与转移过程中，社会学家发展了一个重要性的概念，即嵌入性（embedded），可理解为组织单元与所发生关系的网络联系的紧密程度。组织所处的网络定义范围很广，可以是外部网络，如商业网络、社会网络，也可以是各单元联盟所组成的内部网络。嵌入性高，则组织单元之间的联系密切，可称为强连接（strong ties）。嵌入性低，则组织单元之间的联系疏散，可称为弱连接（weak ties）。当资源有限时，关系的数量与关系的深度之间存在替代平衡，因此在关系数量的限定下，强连接的弱点是冗余连接减少了与外界其他的联系，新的信息量与新机会的感知下降。格兰诺维特（Granovetter，1985）对嵌入性的理解包括两个主要特征：第一是经济组织是嵌入于个人关系与社会结构中的网络；第二是这些正在结构化的社会关系拥有自己的历史。因此，嵌入性意味着经济组织以及相互联系所形成的网络建构具有社会性和历史性。高的嵌入性建立在密切关系的历史演化基础上，各组织单元之间发展了一定程度的相同文化和社会一致性。科格特和赞德（Kogut and Zander，1995）指出，紧密和相互依赖的关系有助于复杂知识包括非编码和隐性知识的转移，此时强连接较弱连接有助于关联方建立对知识编码与解码的共同认知，能增强彼此的信任与了解，对非编码与复杂信息的创新过程来说，更有助于知识转移并减少不确定性。因此，关系的嵌入性与复杂知识的转移正相关。

安德森和福斯格伦(Andersson and Forsgren, 2002)等人的实证研究表明,子公司对当地商业网络的嵌入程度尤其是技术嵌入程度不仅与其市场绩效正相关,而且有助于提高整个跨国公司的产品开发和生产运作能力。其原因是子公司与其商业伙伴长期合作形成的相互依赖性和交流渠道,使子公司更易于吸收根植于东道国特定的社会背景和当地文化的隐性知识,而这些知识是难以通过市场机制获得的。这不仅增加了子公司的知识存量,通过内部跨单元的知识流动与共享,还可提高整个跨国公司网络的知识水平。

跨国公司子公司同时处于两个经济网络组织之中,一是区域经济网络,二是跨国公司内部网络。当地区域创新系统的竞争优势在于复杂和非编码化知识的交流与共享,跨国子公司要获取其竞争优势,必须在当地结网,融入地方化的经济系统,因此对于子公司在集群网络中的嵌入性要求较高。也正是高的嵌入性具有历史演化的特点,路径依赖性强,因此其竞争优势具有不可复制性和不可模仿性。而后期进入集群的跨国公司子公司必须先发展这种关系网络,才有可能成为地方系统的一员,否则无法获取集群的竞争优势。子公司同时处于跨国公司内部网络组织当中,所获取的当地知识有待转移,这就要求子公司与组织内其他单元建立较强的联系关系。子公司作为内外部网络知识流动的桥梁,其网络结构的封闭开放程度对跨国公司吸收东道国当地知识的效果产生重要的影响。在知识从外部网络向内部网络转移的过程中,子公司同时承担着信息收集与信息集成两种角色。安德森(Andersson, 2003)等人通过对多种子公司结构的比较后得出结论:跨国公司采用封闭的内部网络和开放的外部网络结构最有利于子公司的信息收集与集成,因为内部网络的封闭性有利于同级子单元基于相似知识源的知识共享;而外部网络的开放性,则有助于子公司获得稀缺资源并减少冗余信息的产生。

（三）子公司对集群的知识获取

任胜钢(2004)对跨国公司参与集群的国外文献进行了综述，并详细分析了集群区域对跨国公司竞争优势的影响，指出集群的区位优势较一般性区位优势而言具有明显不同的特点：其一，集群网络优势由参与的企业共同作用而成，每个企业尽管无法左右但却是集群优势形成的参与主体，因此集群优势并非独立于企业之外，它由每个企业的特定优势所推动，源于企业又反馈于企业，彼此相互影响，共同促进。其二，集群网络优势具有无法复制性，它由地理环境、政策环境、市场环境与人文环境共同演化而成。一般性区位优势中，要素禀赋的地理优势可以是外生给定的，政策环境的优惠政策可以是一夜之间制定和颁布的，然而集群优势不能一蹴而就，它是在特定的地理和人文环境下演化而成，其发展的初始条件、演化路径受多种因素的影响，各因素之间因果模糊，彼此交错，因此集群各有特色，很难模仿。其三，跨国子公司获取集群的网络优势还取决于自身的学习吸收能力，取决于自身的经营管理能力。一般性区位优势对任何公司而言都是相同的，而集群的网络优势则不然，企业之间分工协作，能力互补，因此从集群中所获取的知识外溢并不相同。加之吸收能力、转移能力以及整合能力千差万别，集群的网络优势对于每个企业而言都存在差异。正是由于上述集群网络优势的内生性(与企业能力相关)、不可复制性以及演化的特性，使之有别于一般性区位优势。按照资源学派的观点，集群优势具有价值，并且也是稀缺性区位资源，它不能被完全模仿，而且无法由其他资源替代，因此集群中子公司完全可能成为跨国公司竞争优势的来源。

集群中的知识要素是跨国子公司获取竞争优势的关键资源，也是吸引跨国公司参与的动力所在。阿尔梅达(Almeida, 1996)在对美国硅谷中的国外子公司研究发现，国外跨国子公司一般通过雇用当地的员工与使用当地供应商的方式进入到当地的知识网络中，进而学习和利用地区性和国别性知识为企业的创新活动服务。研究指出，硅谷中的跨国子公司在保持先进技术发展和扩展企业知识基础方面，不仅超过了在它们自己国家的企业，而且在吸收当地知识方面，还有希望超过处在同一地区的当地企业。薛求知(2001)认为，这一方面得益于不同知识背景员工间的互动，另一方面可能是由于文化距离增强了海外子公司对异国知识的敏感，从而在客观上增强了跨国公司子公司的知识吸收能力，而且，这种异质性的知识结构与文化背景的互动与融合被证明是企业知识创新的一个重要源泉。由此，集群的知识流入成为子公司重要的知识流之一。

任胜刚(2004)基于知识的维度，将跨国公司参与的集群分为生产型知识集群、技术型知识集群和市场型知识集群(如表 4.1 所示)。从知识所处的价值链环节来看，不同类型的集群在区域创新网络中所凝聚的知识分别处于企业不同的价值链活动当中。例如硅谷，其区域的创新网络所凝聚的知识主要处于产品的设计、研发等上游价值链环节，而世界级城市的金融区集群所凝聚的知识主要处于终端客户的下游价值链环节，对于发展中国家跨国公司投资所形成的集群则更多体现在产品制造的中游价值链环节。

表 4.1　基于知识所处价值链环节的集群分类

跨国公司参与的集群分类	生产型知识集群	技术型知识集群	市场型知识集群
知识的价值链环节	原材料加工，设备生产，零配件等中间产品和最终产品的制造	产品的设计，新产品的创新、制造，核心技术的研发等	产品和服务的终端销售，顾客需求信息，质量信息的反馈等

资料来源：任胜刚(2004)。

第一，生产型知识集群。由于生产型知识集群主要处于价值链的制造环节，高效的生产率是该类集群的生存之本，因此在区位优势上，主要体现为要素成本的低廉，分工与协作效率的提高，以及由此形成的柔性专业化的地方网络系统。柔性专业化的首要特征是小批量、多品种生产所获得的范围经济。其次，柔性专业化生产体现在根据市场需求状况快速、灵活的组织生产，甚至将库存减少至零。最后，柔性生产更强调创新与生产相结合，注重频繁的过程创新，具有低成本，短周期的特点。当然在发展中国家由跨国公司对外投资所形成的这类集群之中，有些集群还处于发展的初期阶段，因此往往要素成本的低廉是其初始优势，而集群成熟期所体现的柔性专业化的生产系统还未形成。

第二，技术型知识集群。技术型知识集群的生产活动主要涉及产品核心技术及新技术的研发等上游价值链环节，因此该类集群重要的区位优势在于隐性知识的传播、扩散与创新，而且此类集群往往是高新技术人才的集聚地。

表 4.2　跨国公司参与集群的分类及各自特点

	生产型知识集群	技术型知识集群	市场型知识集群
区位优势	要素成本优势，分工、协作网络，柔性生产系统	隐性知识的传播、扩散与创新，高科技人才的集聚	交通、通讯的枢纽中心市场的国际性枢纽地位，信息的高度集散
地理位置	大多位于发展中国家交通便利，政府政策具有重要影响	发达国家或发展中国家的经济发达地区，往往靠近知名的高校	洲际性的国际化大城市，集群的发展往往也伴随着重要城市之间的激烈竞争
主导产业	制造性产业	高新技术产业	服务行业如金融、咨询等
跨国公司参与方式	价值链外包或集群中居于主导位置或子公司参与	职能部门参与为主，总部或子公司参与为辅	区域总部参与为主，子公司或分支结构参与为辅
典型例子	东京大田产业集群，东莞电脑制造业集群	美国硅谷，北京中关村	伦敦金融区，香港金融区

资料来源：任胜刚(2004)。

第三,市场型知识集群。市场型知识集群一般形成于世界性大都市,该类集群的区位优势体现在国际化城市交通和通讯上的枢纽位置。全球的市场信息、资金信息、技术信息和人才信息在此高度集散,不断更新,其周期之快,准确性之高让其他地区往往无法企及。洲际性的国际化城市在一定区域范围内数量极其有限,因此吸引跨国公司总部的进入,促进该类集群的发展往往也伴随着重要城市之间的激烈竞争。

三、子公司间的竞合关系

戈沙尔和巴特利特(Ghoshal and Bartlett, 1990)提出跨国公司是一个既存在内部差异化又要相互协调的子单元网络,这些子单元既相互竞争又相互合作。最近的几项研究进一步提出内部单元的联系是由同时发生的合作联系和竞争联系组成的,子公司本身参与到这种相互间的竞争合作中,比如在通用电气有四个研发实验室,可以相互学习,这样就可以从其他单元研发的新知识中获益,同时它们之间为了获得关键资源又要相互竞争。这种二重性对跨国公司来说已成为一个巨大的挑战,因为它要不断寻求如何管理组织间的知识流,如何将全球协作的运营内部化,通过不同的战略角色来区分不同的子公司。

(一)子公司间的竞合概念与范围

竞合(coopetition)是将合作与竞争进行整合的一种现象或者过程。合作将创造更大的商业馅饼,而竞争将其分割。合作竞争强调一种基本的二重性:创造价值是一种内在合作,而捕捉价值则是一种内在的竞争。为了创造价值,各单元间不能彼此孤立。它们必须认识到它们之间的相互依赖。在跨国企业中，单元之间的竞合与同时发生在两个或多个分布在不同地理区域的子单元之间的合作与竞争有关。子公司间的战略上的相互依赖既包括讨价还价的因素，又包括合作的因素，具有竞争与合作的双重目的，竞合的观点并不是一种二分法，即合作与竞争分别位于其两端(完全竞争或完全合作)。相反，此观点认为，单元间的战略连接是由两个相互关联而又彼此分离的箭头——竞争与合作组成的，是一种同时的、相互包含的、相互依赖关系。

合作与竞争共存是因为子单元主动或被要求参与合作，但同时它们又有冲突，源于有限的母公司资源、公司支持、全力委托、市场扩张、全球地位等方面的竞争。在合作与竞争交织的资源跨国界相互依赖条件下，合作得以巩固，位于不同地区的子单元其交易项目不同，所扮演的角色也不同，从而导致在一些项目工程或知识开发中要相互合作，而在另一些中则要相互竞争。即使在同一母公司的保护伞下，子公司之间也无法在所有方面时时刻刻保持利益一致，因为地区响应与国家适应能力不断被强调从而存在竞争压力，尤其是跨国公司强调全球或多国战略时。全球战略试图寻求全球效率与局部响应度，通过一个整合的网络使子公司具有相同的目标和责任，而多国战略中战略与运营决策权下放给了单个国外子公司，同时为了追求协同作用与效率必须进行单元间的知识转移与共享，这些知识支撑着他们各自的竞争优势。

1. 合作的领域

在合作竞争主题下，子公司间的合作表现为四个方面：技术、运营、组织与财务。技术上它们共享流程创新与产品创新方面的知识，在各自的市场中改进其竞争优势，追求各自的运营规模经济。这种知识表现为多种形式，其中包括：新发明，秘密工艺，研发能力，产品开发指导方针，复杂的机器设备，产品流程规划，技术信息系统，程序与代码及其他(Kogut and Zander, 1992)。如果技术知识共享或合作开发是在母公司总部的规划、安排、监督下进行的,那么合作通常是通过研发组、技术转移、设备的重新布局、资源的重新配置、国外工程师科学家的轮岗完成的,所有的活动都是在总部的协调下进行的(Ghoshal and Nohria, 1989)。如果这些活动不是由总部组织,这意味着技术转移、设备布局、资源配置都是在补偿的基础上进行的,按照子公司间所达成的协议与合同进行。

(1) 运营方面的合作。

子公司间运营方面的合作是指联合开发,共享与利用各自的运营资源与能力。全球分销渠道,供应基础,质量控制程序,增产经验,关系建立知识,广告和促销技巧,定价策略,客户信贷政策,担保和服务标准及其他,这些通常都是共享的(Govindarajan and Gupta, 2001)。同类子公司运营合作的规模和内容会随着子公司的不同而不同,这依赖于子公司自己的运营需求与该网络中其他子公司所提供的运营资源的吻合程度,因为运营能力的大多数要素体现在经验和惯例上(Kogut and Zander, 1996),在大多数情况下分享这些能力是得不到补偿的,除非子公司之间有契约上的说明。进而分享运营能力通常体现在子公司之间一组长期的综合的相互依赖上,这些子公司共享许多普通的价值链功能(比如供应原材料和全球分销)和许多市场特征(比如客户利用市场参数和竞争环境)(Govindarajan and Gupta, 2001)。

(2) 组织方面的合作。

子公司在组织中的合作表现为:开发、共享和利用一系列管理经验和组织能力,比如处理当地商业资金管理者的经验和做法,改善公司内成员间的关系和法律地位的经验及做法,克服文化差异等国外劣势的经验和做法,设计组织结构和适应于当地运营的管理监管的经验和做法,管理当地人力资源的经验和做法,例如招聘,激励、培训、再培训和解雇。同时,子公司要合作开发、转移和共享管理知识,例如管理信息系统、团队合作项、输出控制和管理规则及程序,可能要分别制作标准使得每个子公司能够适应它们所在国的实际情况。而且,它们自身转移的经验和做法也是跨单元合作的一个关键要素。在转移当中的一些有利做法使得那些鼓励、监管和奖励跨单元合作和共享的程序成为惯例或标准。根据科斯托瓦(Kostova, 1999)在转移战略组织惯例中的一些有效的做法或经验,对跨国公司而言尤其重要的战略组织惯例是那些对取得战略目标具有主导和关键作用的做法。

(3) 财务方面的合作。

在财务方面,子公司的合作表现为公司内部的融资、转移定价、外汇互换、内部财务优先权,以及共享在现金流管理,规避外汇风险,运营风险的套期保值,以及规范运营资金管理的可用政策等方面的经验。公司内部的融资可以与在同一国家的子公司进行也可以与位于不同国家的子公司进行,是子公司之间财务合作的一个普遍方法,可以使子公司减少当地的税务负担,保持较高水平的留存盈利。现金可以在跨国公司内部流动而不影响总的负债或者权益总量。转移定价用于跨国公司的内部交易,对于那些位于重税区的子公司来说,可以降低税务、关税和外汇控制方面的负担。子公司间的外汇互换不仅能够降低外汇风险,而且能够节约融资成本,改善财务状况。财务优先权,像提前或者滞后(提前是较早支付,滞后是较晚支付)可以通过控制资金转移的时机来降低外汇风险。净值法的做法是按照子公司之间负债额的净值偿还,而匹配法的机制是公司要将其外汇流入和外汇流出的对应于数额、时间和单位进行匹配。两种策略都有助于降低运营风险,尤其是对那些在像中国这样的远期、期货、期权和互换等外部套期保值工具无法使用或者使用成本很高的国家中运行的子公司。在管理现金流、资本结构、运营资金、外汇和资产上的经验通常可以在国家之间转移,假定跨国界子单元有充足的机会来共享相关的经验教训、策略、程序、软件和方法。

2. 竞争的领域

跨国公司鼓励子单元之间的相互合作和知识共享,来实现规模经济,同时它们也鼓励子单元间的相互竞争,已取得效率(Hill, Hit and Hoskisson, 1992)。在竞合的主题下,子公司为争夺母公司的资源和支持,在系统中的地位,和市场扩张的竞争。首先,它们要争夺母公司的资源,来降低它们对本国资源的依赖,加强它们在当地市场中的竞争优势(罗亚东,2003)。当子公司依赖的不可替代资源被当地的所有者所控制,一种依赖的格局就产生了。子公司争夺的母公司资源是多种多样的,从技术,设备和关键人才到资本,供应和工艺都有涉及。如果没有母公司的资源,子公司不得不依赖于当地的资源,这就面临着更大的不确定性(罗亚东,2003)。如果它可以利用母公司的资源来减少对当地资源的依赖,那么其经济风险和交易成本就会有实质性的降低(Kostova, 1999)。而且,母公司资源能够支持子公司的竞争战略,像产品差异化,这使得这些资源能够强化它的竞争地位,升级产品和服务来迎合当地市场的特定需求(Gupta, 1987)。之所以会出现竞争,是因为这些资源数量是有限的,配置这些资源要依赖于母公司的全球战略(Birkinshaw and Morrison, 1995)。这些资源大多都是有专属权的,它们的配置也和出于安全防护的考虑有关。

公司的服务也是子公司争夺的母公司资源中的一部分。为了使得子公司的特定任务能够更好地按照母公司的期望来完成,该子公司需要可以让子公司无成本遵循的一些标准。服务也可以增加子公司组织和管理行为的可预测性,因为子公司的经理很可能从他们所接受的培训学到一些指导方针。母公司提供的其他的一些服务涉及派遣某些特定领域的专家和离国工作人员,如产品设计、数据管理、外汇管理、会计信息系统、维修和工程、后勤协调。当然，不是所有的母公司提供的服务都是受到资源限制的。比如，公司的内部网络系统和客户关系管理方面的经验，一旦建立，就可以无限地在全球使用，使得公司有机会在全球范围内扩大这些能力。然而，许多母公司的服务像培训，都是活动导向的，每次这些活动发生，都会产生新增的附加成本或费用。此外，很多程序导向的服务都要通过派遣离国工作人员来完成，对母公司而言这将产生额外的费用。不管哪种情况，只要公司的服务受到资源限制，或者这些服务对母公司而言涉及额外的费用，子公司为了获得更大份额的公司服务支持势必发生竞争。

其次，子公司为了其系统地位而竞争，即战略角色和在整个跨国公司系统或网络中的地位。每个跨国公司都是内部不同的系统，其中由各个子公司充当的战略角色是不同的。子公司的战略角色和地位大部分是由总部从整个公司全球整合需求和每个子公司的强弱考虑后决定和安排的。然而，每个单元不论强弱，都可以表达和要求自己在跨国公司全球网络中希望取得的地位，以此来适应它自己在国外的活动，或者在新的位置中根据外部环境来配置它的竞争力量和独特的能力。当局部的运营要求实质性的适应能力和响应力度的时候，当它们的能力和外部环境不能很好地匹配的时候，这种要求的表达就显得尤其重要和必要。

子公司通常有四种相关类型的地位：价值链地位、知识流地位、能力杰出地位、影响力地位。争夺价值链地位是为了支配价值链的某些基础关键活动（比如内部物流、生产、外部物流），这些通常都是由总部全球整合。占据某些价值链的关键活动，使得其他的共享全球价值链的子单元更加依赖于这个子公司，对该子公司的 CEO 来说，这种支配有助于提高他的名誉、影响力和在公司中的地位。对于子公司来说，这种支配能够改善它们的战略重要性和讨价还价的能力，使得它们在使用母公司资源时具有优先权，争夺知识流地位是为了确保公司成员的关键知识能更多地流向该公司，通过将其向系统贡献的知识资本化来提升他在系统中的名誉和影响力。

最后，子公司在市场扩张中存在竞争，通过全球组织结构，通常都是由总母公司来协调各个子公司的市场焦点，然而这些焦点都是在地区水平上设计的（如亚太、北美、欧洲、拉丁美洲），而留给子公司一定的自主权来决定他们在给定地区内的销售和营销计划，当不同子公司同时对某一市场感兴趣或向同一客户群提供相同的产品或服务时就会产生竞争。母公司或地区总部通常会允许甚至鼓励这种竞争，因为在某些领域（如营销、质量改进或降低成本）有协调的竞争，会改进这些领域中的经济效率。一些子公司可能会寻求相同的新跨国市场，或者相同的新客户群，如果这些子公司具有比较独立的自主权——独立完成价值链上的某些活动，将其产出销往相同的目标市场，竞争会更加激烈。

（二）子公司间竞合关系的影响因素

子公司间的竞合既不是自发的，也不是内生的，相反，它们是变化的行为，要求和内部外部环境相连接。一个子公司所面临的环境条件就是它与系统中其他子公司竞合水平的决定因素。动态地讲，当这些决定因素改变时竞合的水平也会相应变化。根据内部配置观点，罗亚东（2005）认为单元间的合作随着战略上的相互依赖程度，技术上的连接程度的增加而增加，随着从合资向全资子公司过度而增加；单元间的竞争随着局部响应度、市场交叠、能力退步（即缩减或关键资源和能力的减弱）的增加而增加。这些决定因素在本质上是偶然的，受环境变量，包括环境复杂程度、敌对状态和不确定性（外部环境），还有跨国公司的全球整合需求和子单元的战略角色（内部环境）的影响。

另外，罗亚东（2005）认为竞争压力和产品相似性会同时增加竞合水平。在局部市场的竞争压力使得子公司对母公司资源、公司服务、地域分散程度的需求增加,以增强在当前市场的竞争力量或操纵新的市场,因此强调竞争。为了缓和这种压力,子公司通常会和同类子公司共享知识获取帮助或在其他方面进行合作。同样产品相似性一方面产生了合作的机会另一方面带来了竞争,相似性意味着子公司在产品研发、流程创新、质量控制上有着更多的共同点,这些都是合作的重要领域。同时,产品相似性增加了在母公司资源或公司服务方面的竞争,增加了向新市场扩张的竞争。

1. 合作的决定因素

(1) 战略上的相互依赖。

合作很大程度上是由全球整合的水平决定的。战略上的相互依赖与工作流程上的相关程度有关。这种相互依赖的水平是由该子公司和同类子公司之间流入和流出的战略资源(如技术)和主要的产出(如产品)占该子公司整个资源流或产品流的百分比来决定的。例如,摩托罗拉在天津的子公司和其他子公司之间存在较高的相互依赖程度,因为它分享这些成员的关键技术、工艺和设计,同时向它们提供大量的零件和半成品。这种跨国战略的选择很大程度上是由子公司之间的相互关联程度决定的,单元间竞争合作的战略上的相互依赖关系背后的原因可以追溯为子公司各自的战略角色不同。因为跨国公司所追求的战略不同包括多国战略,全球战略和跨国战略(Bartlett and Ghoshal, 1989),每个子公司所扮演的角色要和整个公司的战略相吻合,子公司间的战略连接是以相互依赖关系的程度为特征的,和公司活动的全球网络紧密相关的子公司,表现为对全球网络价值链较高程度的依赖(Gupta and Govindarajan, 1986)。这些子公司和其他公司的连接,可以简要概括为,一个子公司和其他公司成员间的频繁的资源流动。这种反复的交换,创造了较高程度的相互依赖关系,要求较高水平的协调和合作(Roth and Morrison, 1992)。因此,具有较高程度战略相互依赖的子单元和同类子单元之间,可能要更积极地分享组织知识。

(2) 子公司的形式。

根据交易成本经济,一个被充分控制的实体模式,如一个全资子公司,可以用来内部化知识和专用资产的转移(Williamson, 1985)。这种合作在全资子公司中可能要比在国际合资和合作联盟中要多一些。在全资子公司中,商业流程与母公司或者其他子公司紧密整合,协同运作。它们的组织结构趋向于由母公司经理进行相关的控制。在这种设计模式下,母公司经理监管子公司的运营和管理,其工具或者以官僚为基础或者以信息为基础,像手册、规划图和信息系统。这些工具详细说明了子公司要遵循的规则和程序。当跨单元之间的合作变得越来越重要,母公司愿意选择全资子公司的形式,在协调效率、内部效率、跨国公司系统内部的知识防护和资源共享等方面,它要优于合资公司。然而有一个例外,就是当合资公司可以获得外国合作者的知识时。在合资或合作联盟中,两个或者更多的跨国和跨组织合作者之间存在着一个大的不可复制的知识库,用来补充公司网络中的现存知识储备。像英克彭和迪努尔(Inkpen and Dinur, 1998)所提出的,合资公司是一种可以获得合作者公司的知识、经验、做法的方式,可以满足公司的需要,补充公司的核心能力。尤其是这种方式可以用来获得合作者的解决问题的知识和程序,这些可以在全球范围内跨国公司网络中被其他子公司使用和共享。合资子公司涉及一个或多个合作者,其文化背景、商业习惯都有所不同,这就提供了一个很好的"相互影响领域"的学习机会(Nonaka, 1994)。因此,合资公司容易和母公司及同类子公司共享所获得的知识和信息,反过来可以过滤数据,并且与自己的知识重组,在其他市场使用。

(3) 技术上的关联。

技术上的关联关心的是一个子公司的创新和生产对其他子公司提

供的技术知识和援助的依赖程度。战略上的相互依赖关系，涉及资源流和纵向整合两个方向的相互作用，而技术上的依赖是一个方向上的依赖。战略上的相互依赖关系很大程度上是由母公司所分配的子公司的角色而形成的，而技术上的依赖主要是由子单元本身的运营需求所决定的。某一特定子公司的技术任务和新产品的开发如果不借助于其他公司的技术支持，将很难顺利完成。技术供应上的依赖使得组织指导方针和做法上的共享成为必要，以保证技术能够得到充分的利用。以西门子为例，建立了西门子管理机构(SMI)和西门子技术管理培训中国有限责任公司，用以促进这种做法。合作的很多因素都与组织产品，运营和改进生产率的管理活动有关。当一个子公司更加依赖团队小组的技术时，它就要求与同类子公司之间更多的合作，尤其是如何整合转移过来的知识，增至自己原有流程，以及如何组织的运营和管理以最大化技术驱动的收益。众所周知，联合利华公司的核心业务是个人用品、洗涤产品和食品，这些业务看似关联不大，但它的很多重要的革新来自这些不同业务的多种技术的相互融合。一种新牙膏的开发得益于清洁剂研究中减少咀嚼菌的想法；一种唇膏的开发得益于脂类技术的研究成果。虽然组建总部实验室是为了支持各业务集团，而且每个业务集团都有一个协调各业务公司研究需要的流程，但是联合利华的实验室没有严格按产品类型划分，这有助于技术的融合。

2. 竞争的决定因素

(1) 地区的响应度。

地区响应度所关心的是一个子公司对当地国家条件的理解、响应和适应程度，这样它对相关国外子公司的决策和政策可以适当调整以适应当地环境的特殊参数(如消费需求、政府法规、竞争动态和商业文化)。所要求的地区响应度比较高时，国外子公司就要更加依赖它们的战略资源和当地的对手竞争，尤其是那些已经建立起很强的客户—供应商—分销商网络的公司。母公司的资源支持，弥补了子公司的对当地市场突发事件的脆弱性，确保了子公司沿着母公司的目标发展。通过降低对原材料、资本、中间产品等当地资源的依赖可以稳定子公司的运营。因为国内市场无法提供国外商业所需的所有资源，母公司的支持将增加子公司在行业中的竞争优势。但是这种支持缺乏或不足时，子公司不得不依赖于当地资源来满足运营的需求。这种依赖将导致子公司组织上的不稳定。支持子单元局部响应度的母公司资源毕竟是有限的，因此子公司之间为了这些资源势必会产生竞争。杜邦在中国沿海城市如深圳、上海和广东的一些子公司要和其他国家的同类子公司进行竞争，来取得母公司的再投资和技术支持，以加强地区的适应程度。当所在国的环境条件受到限制或者不稳定时(如政策变动、政府参与、市场波动、外部资源的成本增加等)，这种竞争就会更加强烈，因为在这种受到限制的情况下，子公司需要系统资源和公司的支持来改善它的地区适应能力。

(2) 市场交叠。

市场交叠是指几个同类子公司在同一市场出现的程度，可以用该子公司在该市场中的销售或者从该市场中取得收益占这个子公司所有销售或者收入的百分比来衡量。这种交叠决定了它们是否为直接的竞争对手，以及这种竞争的强弱程度。AT&T 在北京的子公司和中国邮政通信行业公司合伙，面临着来自韩国、中国台湾和新加坡的几个强有力的竞争对手。它们在一些共同市场如日本、东南亚和美国的有线和无线电话市场、数字对答机、可视电话和传真机市场都存在着竞争。从竞争的角度看，不同市场有着不同集合的竞争者，每个竞争者的竞争力量也会随着市场而有所不同。从战略的角度看，每个市场在每个公司交叠的市场组合中所起的作用是不同的。如果公司在很多的市场上都有竞争，或者说，它们都是市场上的关键参与者，那么它们就是对手，它们之间的关系就比较紧张。在跨国公司背景下，同一地区或者不同地区的子公司通常会竞争销售增长或者在某些共同市场中有交叠，尤其是当这个市场的前景很好，或者发展很快，母公司允许甚至鼓励多个子单元参与，以取得较大的市场份额，或者取得尽可能多的集团收入。如果每个子公司都有充足的资源和能力，并且这些资源和能力足够有力能够获得市场机会，那么这种竞争就会得到鼓励。在交叠市场中的竞争，可能是因为各个子公司向新的领域寻求市场扩展过程中自发产生的，它们的消费者相比那些原有领域中的消费者有着相似的效用函数和需求函数。

（3）能力退步。

如果说因为市场交叠而引发的竞争是一种冒犯性回应，那么因为能力退步而导致的竞争则是一种防御性行为，寻求更多的母公司资源的支持来弥补子公司能力的倒退。如果越来越多的子公司因为能力减弱而在关键市场中失去其竞争优势，那么对公司资源的竞争就会愈加的激烈(Dixon, 2000)。这种能力减弱可能是由子公司自身能力升级失败而导致的，也可能是因为母公司在能力配置及应对所在国家各种环境动荡变化时的失败导致的，例如雅芳的直销能力因为中国政府1998年4月颁布的对直销运营的禁令而变得很过时，中国子公司纷纷要求母公司新增投资来建立中国的批发产出。不论子公司的类型和角色如何，在这种情况下，它们都会因为母公司的资源和公司支持而相互竞争，也有可能一些子单元转而会相互合作来加强它们的能力，但这通常会发生在它们取得母公司资源的支持之后，因为母公司资源通常是单向流动的，而且是免费的。进一步说，对核心资源和核心能力而言，因为它们会在竞争环境下巩固其竞争优势，所以从母公司获得要比从其他子单元获得要容易些(Hedlund, 1994)。

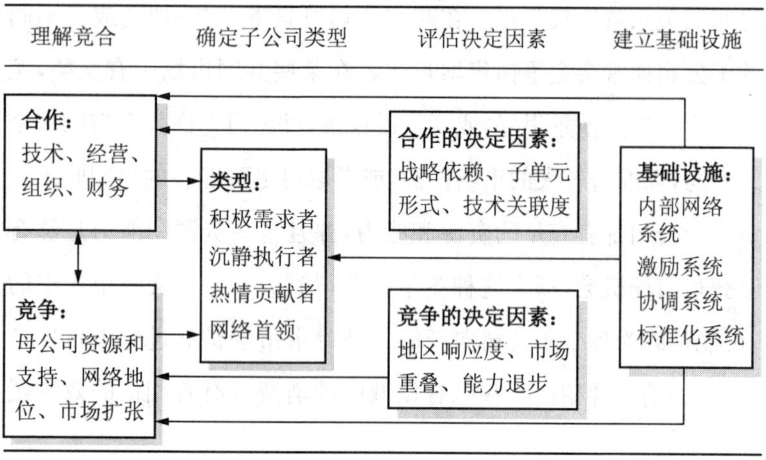

资料来源：Yadong Luo, "Toward Coopetition within a Multinational Enterprise: a Perspective from Foreign Subsidiaries," *Journal of World Business* 40, 2005, 71—90。

图 4.2　跨国公司子公司之间竞合关系模型

（三）子公司间竞合关系的类型

跨国公司是一个存在内部差异化的网络，其中的外国子公司的战略角色是由总部分配的，它们的运营活动是由自己来设计的，也是不同的(Ghoshal and Nohria, 1989)。这些角色和活动在这个组织中不是相同的，而且存在着系统差异，这样可以适应不同国外子公司所面临的不同的环境和资源的不确定性。子公司间的竞争与合作，一部分是被动的，是由总部安排的，总部要在全球范围内协调一系列复杂的商业活动；一部分是自发的，是子公司经理们所希望的，他们在不断增加的局部响应度压力下，为应对自己的运营需求，与其他子公司的竞争合作的程度不同。其中一些合作与竞争的程度都很高，一些参与到了较高的合作中，而竞争比较低，还有一些与之相反。罗亚东(2005)将外国子公司分为四类(如图 4.3 所示)，并解释了每一类公司所面临的一般状况，为跨国公司更好地处理全球计划和协调提供了一些经验。他们是：

(1)积极的需求者(高竞争低合作);(2)沉静的执行者(低竞争低合作);(3)热情的贡献者(低竞争高合作);(4)网络首领(高竞争高合作)。国外子公司所面临的市场和环境不依赖于这个矩阵中的维度,但是它们在一定程度上可以解释为什么不同的子公司有着不同程度的竞争和合作,从而和它们的公司成员间存在着不同的关系。

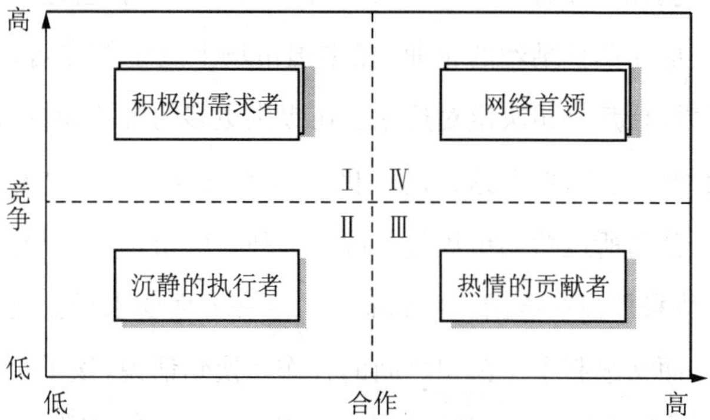

资料来源:Yadong Luo, "Toward Coopetition within a Multinational Enterprise:a Perspective from Foreign Subsidiaries," *Journal of World Business* 40, 2005, 71—90。

图 4.3　跨国公司子公司之间的竞合类型

1. 积极的需求者

作为积极需求者的子公司,它们很激进地向母公司组织要求更多的公司支持和资源,而这些资源也是子公司所需要的,同时它们和其他子公司间的竞争程度较高而合作程度很低。在内部,它们争夺跨国公司的有限资源,在外部,它们努力在市场中的表现超过提供同类产品和服务的其他单元。因为它们很大程度上依赖于母公司的资源和支持,它们很少和同类子公司合作协调。从子公司角度讲,这些需求者就是想取得较组织中其他子公司更有影响力、信誉或者权力的一种地位。其做法是操作它们的在网络中的特殊地位(如新建或者运营一个充满生机的市场),或者是利用特殊的与母公司的关系(如当地经理和总部执行官之间很强的人际联系)。从总部的角度看,这种需求的产生是允许的,因为这些需求者在整个跨国公司运营中起着很关键的基础作用(如新产品或者新业务的领导者),或者子公司所运营的市场前景非常好,对这个公司的长远利益非常重要。这种情况下,总部就会提供更多的资源和支持给这些子公司,而这些资源和支持是不能由子单元之间的合作来代替的。以杜邦在中国深圳的子公司为例,它是一家生产X射线底片、尼龙单纤维丝的企业,在中国市场上属于领先者,因为巨大的市场潜力,杜邦公司决定对这家公司提供更多的资源和投资。

在两种情况下,拥有这样的积极需求者对这个组织是有益的。第一种是:子公司所运营的市场是关键而且独特的市场,可以建筑和维护其竞争优势来加强在该国的特殊能力。这一方面要求母公司更多的支持,另一方面又限制了子公司之间的合作。换句话说,该子公司运营所在国对跨国公司来说具有战略作用,子单元需要更多的依靠公司支持来发展其特有的能力,在这个市场发挥其特有的作用。市场的独特性减少了跨单元转移和共同经验和做法的分享。第二种是:需求较多的子单元在开发特殊技术和特殊能力中处于非常重要的领跑地位,这些在适当的市场中(而不是全球市场)中都很重要。总部要更多地支持子公司,尽管存在其他子公司对这些资源的竞争,这样子公司的积极性才能得到充分的发挥。

2. 沉静的执行者

作为沉静的执行者的外国子公司,它们的角色相对比较独立,因为它们所处的市场不是很重要,处于相对孤立,受限制地位,和其他子公司间的竞争和合作程度都比较低。在这种身份下,总部委任这些子公司独立的完成一些附属功能,比如在所在国营销跨国公司设计或者生产的产品,生产或者在一个相对不是很重要的市场销售标准化产品,或者在一个夕阳产业运营。它的一个重要特征是一些具有高效增值作用的活动如研发、工程、产品开发等都是由总部来完成的。由它来完成的功能通常不需要与其他子公司间很强的合作和联系。在运营上，这种子公司也比较孤立。而且，作为一个在相对孤立、受限制、不是很重要的市场中的附属子公司，它不需要和同类子公司争夺关键资源。在这种情况下，和其他子公司间的知识共享和信息共享都很少。

另外，母公司的对沉静的执行者的运营资源支持势必很低，因为这个市场对跨国公司来说不是很重要。随着在这个市场的收益不断减少，这种资源分配还可能降低。这种子公司不是局部创新者，因为当地的市场重要性在下降，也不是自主单元因为母公司分配给它的从属功能很有限。另外，它们不与其他子公司争夺系统地位和市场扩张，因为它们的角色，目标和活动都已经由母公司提前设定好的。以吉列在墨西哥的子公司为例，它生产双边刀片和刮胡刀主要在墨西哥和中美一些国家销售，它所使用的设计、生产和营销方法都是在美国开发的，它没有研发能力，都是根据总部的指示、设计、标准和要求来运营。尽管有着相当的规模，但是墨西哥不是吉列的高端刮胡刀和其他高端产品的市场。单边刀片在墨西哥很受欢迎，因为那里的男人不是每天都刮胡子。它也生产从美国引进的管状剃须膏，其价格是气化剃须膏的一半。这个子公司相对孤立的战略是吉列处理受到限制不是很重要的市场的从属子公司的一个典型做法。

3. 热情的贡献者

作为热情的贡献者的国外子公司，拥有和其他子公司共享的能力，和其他子公司保持着较高的合作，而竞争较低。因为它们掌握着一些特殊的资源和知识，它们不需要和其他子公司争夺母公司资源，它们在某些特定领域有着很好的表现(如技术、生产、供应、分销和工程)。它们的做法、资源和知识可以由位于其他国家的子公司来扩张和商业化。每个这样的子公司都体现了一系列能力，这些能力在母公司看来可能不是创造价值的重要来源，但是可以在跨国公司的其他子单元中分享和使用(Frost, Birkinshaw, Ensign, 2002)。拥有杰出的专业知识，使它们成为跨国公司网络的贡献者。花王是日本主要的肥皂和化妆品生产商，在新加坡有一个子公司，是母公司产品向西方和非日本市场的产品和资源及知识的出入口。新加坡市场比较小，但是它拥有很好的战略地位，位于亚太中心，是东西方联系的桥梁，因此被总部视为开拓外部更广阔市场的有利途径。飞利浦在 LE Mans 的子公司是公司在无线电话、传真终端方面的主要资源贡献者。它在通信终端方面拥有很强的专业知识，为其他飞利浦集团的子公司所共享。在每个中心都有一小部分人来负责知识的更新和维护，以埃森哲为例，拥有很多的能力小组，每个小组由二三十人组成，他们都拥有各个实际领域的杰出专业知识，为全球网络提供建议或提供解决问题的方案。

热情的贡献者在某些领域具有超常的能力，而被总部认为是这个领域的冠军，因此它们与其他子公司在系统地位和市场扩张上的竞争就比较少。为了这些能力贡献资本化，母公司给予这些子单元在公司权利、地域分散方面的优先权，允许甚至鼓励它们在执行总部授权过程中占据主导或者优势地位，更好地挖掘它们的特殊能力。以默克医药在加拿大的子公司为例，它是白细胞三烯领域的佼佼者，获得了公司在这个领域的首要负责人的地位。最近，它开发的这个领域的产品并不在加拿大生产，而是在爱尔兰生产，这样可以同时在北美和欧洲获得市场效率。同样，惠普在新加坡也有一个这样的子公司，它可以有权处理惠普在全球范围内的信息产品(如移动打印机、计算器等)的研发、生产和销售。这些全球范围内的授权促使了它与其他子公司之间的合作。

4. 网络首领

作为网络中首领的国外子公司，它们拥有可以在跨国公司范围内共享的特殊的能力，在重要市场和产品领域占据着重要地位，与其他子公司保持着较高的竞争和合作关系。它们同时具有几下几个重要特征:第一，它的地位对跨国公司全球战略和全球业绩很重要;第二，是一个很有能力的子单元，但是它的战略领导者地位不可能有它自己来完成。相反，它的价值链流程和总部协调系统中的其他子单元是不可分割的。因此，它们之间的合作是双向的，要求相互的支持和双边知识和资源的共享。第三，它所运营的市场相当重要，其竞争优势对跨国公司的增长都至关重要。由于市场中的竞争和机构压力，它们要和其他子公司争夺母公司资源，公司支持和市场扩张，用来最大化从当地市场机会中取得的收益。第四，它有很高的自主权，但是要在财务上对自己的表现负责。产出控制指标(如 ROI 和销售增长)被总部用作主要的控制机制(盈利中超出目标的剩余部分归子公司所有)。非财务方面的指标，如知名度，可以激励它们与同类子公司合作。第五，它们同时承担着局部响应度和全球整合的责任，很多活动都需要高度的局部化和整合，但是这些活动的完成通常都需要与跨国公司的其他单元进行合作。同时发生的局部化和整合导致了同时发生的竞争(局部化)和合作(整合)。最后，在组织和技术领域的知识共享对它们的持续增长来说很重要。

网络首领的运营既要适应环境，又要受到环境的制约。它们可能和其他子公司争夺母公司资源、公司支持、系统地位和市场扩张，它们的能力不足以自给自足，它们是战略上的领导者但不是独立的，其在关键市场中运营，但是这些市场只是跨国公司整个市场组合的一部分。本田在美国的子公司就是这种类型的例子。它在美国的运营中开发生产和设计能力，增加它现存的市场和分销能力。要这样做，它必须依靠母公司资源的支持，尤其是在工程和设计方面的支持。作为本田最大的收入贡献者，它是公司的战略领袖，在世界上最重要的汽车市场中运营。然而，本田还拥有其他的重要市场，从欧洲、拉美和亚洲等新兴市场，尤其是中国和印度，那里的子公司需要各种各样的支持，从财务到技术。美国的子公司要和这些子公司竞争，以取得在地区市场上的扩张。它要出口更多的思域到地区中的其他市场中，如墨西哥和加拿大，到地区外的市场中，如日本和韩国。这就导致了与这些地区的子公司之间的相互竞争。同时，美国子公司又在很多方面与这些子公司进行合作。它将雅阁和思域的一些关键技术和工艺转移到加拿大和中国的子公司，与之共享在刹车、悬挂等方面的研发成果，还有一些程序上的知识，如质量控制等。

第五章
跨国公司子公司间知识转移的机制

正如前面几章所讨论的那样,知识转移远不是一个自然而然就发生的过程,尤其是当知识从外围流向中央时。跨国公司内部仅仅是存在某种知识并没有什么用,只有当这些知识是可获取和可利用的它才是有价值的共同资产,它的价值还会随着可获得性和可利用性的增加而增加。为了支持子公司间的知识转移,跨国公司必须形成一套有效的组织机制。而有学者认为关于知识转移没有哪一种单个的组织设计形式是最优的,不同的机制作为补充而不是替代。本章将就一些种类的组织机制对子公司间的知识转移产生的影响进行分析。

一、子公司的寻租性与知识转移的激励机制

(一)母公司管理子公司知识转移面临的挑战

1. 子公司知识转移的理想状态

福斯和佩德森(Foss and Pedersen, 2002)认为对于母公司来说,子公司知识转移的理想状态是:(1)公司所有子公司对决策相关的信息都知道得相当清楚(完美的信息);(2)公司的所有子公司都共享公司的整

体目标(完美的目标);(3)所有互补性的活动都被共同考虑在内(完美的协调)。理想的状态是和公司的每一个代理人的模式相对应来说的。由于和理想状态的偏离带来的三种类型的损失和相应的成本(如表5.1所示),母公司的关键任务就是利用自己对流程缺陷效应的估计来选择一种组织模式,使得影响知识转移的不良影响最小化。

表 5.1(a) 过程缺憾的影响

损失类型	损 失 原 因
基于知识的损失	公司成员没有最适用的知识所导致的损失。可能是由于地理距离或认知距离导致的知识转移损失或知识交换的动机障碍导致的损失。
决策目标的损失	成员追求自身目标,子公司目标或者是团队目标而不是整个公司的目标导致的损失。
协调损失	当互补行动没有被一致选择导致的损失。可能是由于参与者缺乏互补行动的相互作用的意识,或者是有关影响活动条件的知识不完全造成的。

表 5.1(b) 过程控制的成本

成本类型	成 本 原 因
知识成本	获取和转移知识的成本。
动机成本	公司采取的激励措施的成本。这可能包括激励方案的成本,监督员工行为的成本、培训成本以及引导员工采纳公司的价值观和目标所设计的"社会化"过程的成本。
协调成本	互补行为或者是合成互补行为的沟通成本。

资料来源:Peter J. Buckley and Martin J. Carter, "A Formal Analysis of Knowledge Combination in Multinational Enterprises," *Journal of International Business Studies*, 2004, 35, 371—384。

2. 母公司对子公司知识管理面临的挑战

因此,福斯和佩德森(Foss and Pedersen, 2002)认为,母公司在对子公司进行知识管理时面临以下挑战:

(1) 分配决策权、权威以及责任的问题。合适的配置很大程度上取决于和活动相关的最有价值的知识。一个简单的例子可参见巴克利和卡特（Buckley and Carter，1999），他们将两种情况进行比较，一种是生产决策由生产部门做出，且是基于它们的成本理论做出的；另一种是该决策由营销部门做出的，且更好。通常情况下，把决策权下放给那些具有与决策相关的最有价值知识的组织会最有效。然而，有些时候并不成立。例如，当一些知识具有粘性（不易流动）时，此时要将决策权下放给粘性知识的地方，而且还要将其他与决策相关的知识转移给这个地方（Von Hippel，1994）。另一种重要的情况是协调不善带来的损失很大。一般情况下，可以通过设置一些平级的协调机制（例如协调小组）或者是通过使得最终决策权中心化以确保前后一致性，这样责任会被更好地共同承担。

（2）知识边界划分的问题。母公司决定哪些专业知识领域需要被整合，需要做哪些划分。只有对知识的深度和宽度之间的权衡有一个很好的理解，对边界内部知识共享的成本和收益之间的平衡有一个很好的理解，对跨越边界带来的知识损失和成本有一个很好的理解，才能够分析性地完成这些决策。重建知识边界的例子可以参见巴克利和卡特（Buckley and Carter，1999），在他们的例子中创造新的、重叠的“实践社区”不仅改善了知识组合的效率，而且有助于相互独立的决策之间的协调。

（3）动机框架问题：公司理想的状态是使得参与者达到马尔萨克和拉德纳（Marschak and Radner，1972）描述的团队状况：即所有的参与者追求的是公司作为一个整体时的总的报酬函数。这可以通过建立广泛的信任，激励参与者使其目标和公司整体目标相一致而实现。福斯和佩德森认为知识的扩散增长了权力，一旦子公司确立了自己作为某一领域智慧的来源，那么接受者就需要回报并再次向他们索取资源。只要这些知识的来源有成功的历史或者有成功的预期，那么它的地位就得到加强。而与这种“知识就是力量”相反的观点认为，知识局限在某个人手中就可以赋予其权力。在个体或者群体层面上更加外在化的激励,可以是鼓励其做决策并进行与公司目标相符的行动。

(二)子公司间知识转移的讨价还价与寻租行为

1. 知识、讨价还价与寻租

跨国公司不是被机械地朝着价值最大化方向驱使。传统等级结构的松散和子公司作用的增强跨国公司更像是政治的联盟(Holm and Pedersen, 2000)。阿萨卡瓦(Asakawa, 2001)指出,子公司知识基础的增加也产生了关于知识控制的紧张局面。安德森、福斯格伦和佩德森(Andersson, Forsgren and Pedersen, 2001)指出,子公司的竞争力加强了其在跨国公司内部影响决策的作用。其他单元越是能够吸收和利用它的知识,竞争力就越强,这对其在跨国公司内部的地位有积极的影响。克鲁格(Krueger, 1974)、奥斯本和鲁宾斯坦(Osborne and Rubinstein, 1990)认为,理论上这些影响能被作为联盟内部的寻租成果来理解。

子公司最初是由母公司按照特定的目标和要求设立的。很明显子公司管理的本质与最初投资的激励相关。但是,另一个同样重要的因素是子公司的职责随着时间发展,而这种发展可以在两个方向上发生(Birkinshaw and Hood, 1998)。一些子公司获得了更多的特权,反之另一些在跨国公司内部的重要性下降甚至消除了。子公司扩张特权的很多方面必须处理知识资产的控制。运用科菲(Coff, 1999)的分析,子公司在跨国公司内部的地位是母公司——子公司讨价还价的结果,并且子公司控制了跨国公司的研发资产就拥有很大的讨价还价能力。相反地,子公司控制这种资产受限则在处理与母公司的关系上只有很少的讨价还价能力。

一个知识资产被跨国公司其他子公司广泛使用(和创造价值)的子

公司在公司内有很强的讨价还价地位。这是因为，其他子公司（和总部）不与这个子公司合作的机会成本是很高的。相反的情况是，一个知识资产同样庞大但不能被其他单元使用的子公司在跨国公司内只有很弱的讨价还价地位，因为忽视它的机会成本很低。因此，穆达毕和纳瓦拉（Mudambi and Navarra，2004）认为，子公司总的知识输出越多（包括向母公司和其他子公司），它在跨国公司内部讨价还价的能力越强。

子公司是独立的法人时，法律地位表明了它对有形资产的控制只能通过判断力的形式——母公司一直能收回对这种资产的控制。一个子公司的讨价还价能力必须基于资产权力无法明确定义和执行的无形资产，这种资产是以知识的形式存在（Nonaka and Takeuchi，1995）。知识和知识创造的潜力因此成为了子公司讨价还价能力的关键资源。知识密集的子公司拥有强的讨价还价能力，并对母公司控制其资源的意图有强的抵抗力。因为子公司的讨价还价能力上升了，母公司拥有否决权的决策范围减小了。控制跨国公司重要知识的子公司在与母公司关系上拥有强的讨价还价能力。穆达毕和纳瓦拉（Mudambi and Navarra，2004）发现，不仅仅是知识密度，知识流动的模式是决定子公司讨价还价能力的关键因素。尤其是对跨国公司其他单元有大量知识输出的子公司具有很强的讨价还价能力，反之，那些接受知识输出的单元有很少的讨价还价能力。

子公司在公司生命周期中所处的阶段是不同的。贝尼托和格里皮斯鲁德（Benito and Gripsrud，1992）认为一个企业的运营存续时期是与组织知识联系在一起的，也就是说，长期的运营倾向于较高的这种知识水平。研究显示，老的跨国公司的子公司比相对新的子公司更容易得到投资（Mudambi，1998b）。这暗示了子公司长期的运营历史转化为对其有利的母公司政策影响力的增长。子公司的运营存续时间越长，在公司内它的讨价还价能力越强。

爱德华兹等(Edwards et al., 2001)认为有大的外部倾向的公司(例如通过出口和不同市场的活动)比关注本地的公司拥有更稳定的现金流和适应低迷时期与市场波动的更好的能力。子公司的外部倾向水平是不同的,外部倾向越明显的子公司越是提供了有价值的服务,巩固它们的竞争优势。因此,穆达毕和纳瓦拉(Mudambi and Navarra, 2004)讨论了外部倾向提供了子公司相对其他子公司的优势即子公司的外部倾向水平越高,它在跨国公司内部讨价还价的能力越强。

跨国公司母公司在子公司层次上对生产流程的控制程度是不同的。子公司对生产流程的高水平控制是一种运营(相对于战略)依赖的模式。这种运营依赖提供了子公司在公司内更大的优势。有两个原因导致了这种情况:第一,这种子公司在关于设计和实施生产流程上有更多的自主性(Levinson, 1983)。第二,这种子公司比由母公司控制的子公司在关于生产流程的优势、弱势和成本方面有更多详细的信息(Schroeder, 1993)。这种信息不对称对子公司的讨价还价能力是有贡献的。因此,穆达毕和纳瓦拉(Mudambi and Navarra, 2004)认为,子公司实现的流程控制水平越高,它在跨国公司内部讨价还价的能力越强。

关于内部资金市场的文献提出,在有多个子公司的跨国公司,母公司要为子公司的管理者提供激励使其为公司整体利益而合作。而且,因为子公司变得分散了,合作性目标的追求在子公司自身的目标上变得越来越耗费成本了。母公司通过减少公司内部的财务分散程度加强了对子公司合作的激励。这包括从财务绩效好的子公司到财务绩效差的子公司的资源转移。通常这种转移破坏了股东的价值,而且会遇到绩效好的子公司管理者的反对。有关内部资金市场的一些研究发现并支持了这个观点。例如,在石油公司的样本中,拉蒙特(Lamont, 1997)发现在石油产业萎靡期间,从非石油分部到石油分部进行了资源的转移。穆达毕和纳瓦拉发现在合并了讨价还价能力的影响之后,拥有低水平讨价还价能力和与母公司产品线不一致的子公司从母公司得到了更多的资源；财务绩效好和讨价还价能力都高的子公司更多地保留了自己的利润，向外转移的很少（如表 5.2 所示）。

表 5.2　子公司利润率与子公司讨价还价能力

子公司讨价还价能力	子公司当前利润率	
	低	高
低	一些从利润高的子公司向内的利润转移	相当多的子公司利润向外转移到利润低的单元
高	相当多的从利润高的子公司向内的转移	非常多地保留子公司利润向外很少的转移

资料来源：转引自 Mudambi and Navarra, "Is Knowledge Power? Knowledge Flows, Subsidiary Power and Rent-Seeking within MNCs," *Journal of International Business Studies*, 2004, 35, 385—406。

2. 对子公司寻租行为的限制

在形式上，母公司和子公司之间的关系能够被定义为委托—代理关系。从这个角度，大家认识到子公司追求的是自己的利益，而不仅仅是母公司意愿的一种机械的实现工具。更重要的是，子公司自身的利益不总是与母公司或跨国公司整体利益相一致。在这个框架下，代理人（子公司）与委托人（母公司）讨价还价以最大化它们在跨国公司范围内租金的份额。

子公司管理者受到公司的股东、公司利益和个人目标的共同驱使，他们的个人目标通常与他们的子公司而不是整个公司更一致。管理者为公司股东价值最大化目标（利润追求）的服务与最大化他们在公司内讨价还价能力（寻租）的尝试是不容易共存的。寻租之后的资源分配不只取决于能够被子公司活动影响的讨价还价能力的大小。因为一个子公司的讨价还价能力增强，有利于跨国公司整体利益的及对其他单元支持的资源就减少了。因此，穆达毕和纳瓦拉指出，子公司在跨国公司内部讨价还价能力越强，则租金占用水平越高。拥有强讨价还价能力的子公司的寻租从公司整体角度来讲是无效和损害股东利益的。战略独立的子公司在增加知识流入和学习上起了重要的作用，因此能保持和发展竞争优势。问题变成了如何减少战略独立性增加的子公司管理者的寻租行为。

弗雷(Frey, 1998)指出，个人都是被外在和内在激励的。标准的效用最大化只是外在的激励。内在的激励来源于从事为了自己的目的而进行的活动的满意度。在公司，它提升了公司战略目标的认同程度，共享了目标并满足了它自己的需要。内在激励在需要创造性的知识密集活动相关任务上尤为重要，这能被用来限制子公司管理者的寻租行为。合作(基于共同目的的协议)和个人关系(建立感情忠诚度)是培养内在激励的两种建议的方法(Osterloh and Frey, 2000)。在母公司和子公司管理者之间共同目标的设置是推行前一种方法的途径。子公司内部的团队结构能被用来推行后者。子公司交叉团队和任务推行被认为能够增加内部单元的沟通，并且多种沟通方法的使用在知识转移中是非常重要的。这些方法都能缓解子公司管理者分散的忠诚度，联合他们并影响他们表现得像“双国籍公民”(Asakawa, 2001)。内在激励理论为介绍关于使用团队和整合者来解决组织和子公司目标之间的紧张局面提供了理论基础。跨国公司内部知识流动的模式是子公司管理者追求和占用租金能力的指示器。这种机会主义行为的程度对组织的设计是敏感的。换句话说，在培育强组织文化和内在激励的公司中，子公司管理者应该经历低水平的寻租活动。

(三) 子公司间知识转移的相关激励机制

在知识转移中一个基本问题是激励子公司转移对其他子公司有用的知识，因为子公司可能由于一些原因诸如跨国公司内部权力斗争不愿意这样做。如前所述，拥有知识垄断的子公司在跨国公司内部能控制一定水平讨价还价能力，因为它控制了一项关键的互补性资产，转移知识等于放弃了这种权力，而这是非常没有吸引力的(Gupta and Govindarajan, 2000)。考虑到知识转移，研究人员认为理想的激励机制是可以用来把子公司的行动和总部的目标结合起来。

1. 子公司绩效的评估标准

通过把知识转移联系到对子公司绩效的评估上来进行控制，可能与转移当地市场知识正相关。在一定程度上，子公司之间的知识共享对于子公司的利润能够产生不同的作用，受子公司绩效评估的管理层也倾向于从事相当多的讨价还价，因为他们自己的利益是与他们所拥有的子公司的利润联系在一起的。当预期的讨价还价成本过高时，子公司将只有很少的意愿来进行主动的知识贡献(Milgrom and Roberts, 1990)。而且，既然他们将发展不同的吸收能力，子公司合作成本的增长在关于知识存量和竞争方面也变得更加多变。

母公司用来评估子公司绩效的标准很有可能会影响其经理人注意并聚焦于他们自己的操作。当委托方(母公司)和代理方(子公司)之间的信息不对称非常严重使得总部的直接监督难于实施时，用来评价绩效的方法就尤为关键，这种情况在跨国公司里很常见。例如，如果子公司经理们察觉到母公司强调知识要转移到跨国公司其他单元，出于利益考虑他们会特别注意这个问题，因为他们知道根据他们的子公司在这一维度表现好坏，他们会明确地或至少含蓄地被上级评估。换言之，子公司经理对于母公司把知识转移作为绩效评估标准这一用意重要性的察觉，很有可能会促使他们与跨国公司的其他实体共享知识。

应该注意到对把知识转移作为衡量子公司绩效的标准，也很有可能在母公司与子公司之间没有利益冲突时影响子公司的决策。正如亨德利(Hendry, 2002)所指出的那样，代理方可能缺乏对委托方所持目标的认识，通过子公司贡献一定资源来说明其与母公司目标的一致性，作为评估其绩效的标准，委托方（跨国公司母公司管理层）可能会引导代理方（子公司管理层）与自己的目标保持一致。根据这一推理，比约克曼、拉斯马森和李（Bjorkman, Rasmussen and Li, 2004）认为在评估子公司绩效时，越是能觉察到母公司用知识转移作为标准的用意，该子公司向公司其他单元转移的知识就越多。

2. *子公司管理层薪酬*

除了评定海外子公司绩效的标准，跨国公司母公司可能会设置薪酬系统来鼓励子公司间的知识转移。在代理理论中，委托方可以设计一个激励系统来鼓励代理方去努力实现委托方的目标。子公司管理层的奖金不仅根据该子公司运行结果，还要根据跨国公司地区以及全球绩效。由于向跨国公司其他单元转移竞争力很有可能会有助于它们的业绩，以知识转移来积极参加跨国公司其他实体是出于子公司经理们自身利益的考虑。比约克曼、拉斯马森和李（Bjorkman, Rasmussen and Li, 2004）认为，除了对子公司总裁自身而言的薪酬激励系统外，子公司高级管理层团队中的其他成员如何在经济上得到补偿，也很有可能会影响子公司的知识共享行为。因此，他们提出地区和总公司绩效对于子公司高级管理层报酬评估越重要，越多的知识会从子公司转移到公司的其他单元。

然而，子公司绩效评估标准和全球以及区域跨国公司绩效作为子公司管理层报酬评估标准的应用，在减少母公司—子公司关系的代理问题中仍然是不完美的机制。首先，事实上子公司向跨国公司其他单元转移了多少知识对于母公司来说很难衡量和贯彻。代理理论者们认为，在很难衡量结果的情况下，委托方应该使用监视作为控制策略。其次，跨国公司的区域以及全球绩效除了受所关注的子公司转移来的竞争力的影响之外，还受到其他很多因素的影响。假设存在这些缺陷，跨国公司的总部可以使用在代理理论著作中称之为监视或行为控制策略来确保代理方的行为与委托方的利益一致。向国外子公司派出经理人被视为总部监视子公司的策略。

3. 派出子公司经理的应用

最近在有关跨国公司的著作中，经常从代理理论的角度来广泛研究派出的使用。从总部控制的角度来看，比约克曼、拉斯马森和李(Bjorkman, Rasmussen and Li, 2004)认为至少有以下几个原因使派出的海外子公司经理比当地的经理会被认为更代表委托方的最大利益活动。首先，与当地经理相比，派出经理未来的职业前途更有可能受到母公司对子公司对于整个公司效益贡献多少的评估的影响。其次，由于派出经理比当地经理对该子公司的认同度低而更容易被社会化于母公司，他们更不愿意在决定子公司活动时采取狭隘的子公司视角。再次，知识的转移是在发送和接收单元人与人之间的人际关系中完成的，并且派出经理比当地经理更容易积极参与知识转移的过程有几个原因：第一，派出经理与母公司和跨国公司其他单元的经理更有可能有更强和更长期的社会人际关系。第二，和第一点有关，其他子公司可能认为派出经理比当地经理更可信赖。因此，接受知识单元的经理更愿意把知识转移给由派出经理负责的子公司。第三，派出经理可能会被任命为更好的职位来理解子公司知识库对于跨国公司其他部分的附加值。最后，在派出经理和他们在跨国公司其他单元的同事之间可能会存在较少的沟通问题。因此，比约克曼、拉斯马森和李提出假设并验证了派出经理的人数越多，从子公司向公司其他单元的知识转移越多。

（四）案例：联合利华激励子公司间横向连接的人力资源管理机制[1]

联合利华在管理那些在不同国家经营不同业务子公司之间的合作

与协作方面拥有悠久的历史。它成立于1930年，当时由荷兰一家生产人造黄油的公司 Margarine Unie 和英国的清洁剂生产公司 Lever Brothers 合并而成。其产权结构、公司总部一直由荷兰和英国两家公司分享。公司分为四大全球业务集团——食品、洗涤产品、个人用品和特种化工产品。

联合利华的人力资源管理是在产品集团之间建立横向连接，以及培养一种适宜横向连接的文化氛围的关键。联合利华的人事部负责制定总公司的政策，比如要求经理们必须具有在一个以上国家或产品线的工作经验，所有的经理均须经过评价鉴定；组织大规模的管理培训活动，每年有来自世界各地的400名经理聚集一堂；管理着使联合利华庞大的海外系统保持有效运行的政策；还参与工资和薪酬的管理，使其处于一个合理的可比较的状态；负责协调职业生涯规划过程并影响所有跨行业的人员任命。

母公司在录用大学毕业生工作的最初阶段就开始介入。联合利华联合董事长之一马吉斯强调了人员录用管理和早期培训的重要性。“人员录用的最大挑战是发现适合本公司的最好、最聪明的人才。我们当然不要一个模子刻出来的联合利华人，但是，对于我们那些业务公司中的国际性职业来说，我们要用的是具有团队精神并理解合作与行动一致性的价值的人。为此而做的准备包括在职工作经验和培训课程。实际上，很多人都开玩笑説，联合利华是一所由肥皂和人造黄油资助的管理教育学院。”联合利华一年要招募大约1 000名管理专业的毕业生，它们在50多个国家为该公司工作。

这些毕业生进入管理人员序列之后，联合利华的母公司负责四个等级管理人员的考评。最低一级包括全球大约15 000名经理；第二级4 000名；第三级1 400名；最高一级包括所有销售额在5亿英镑以上的业务公司的总经理和较小公司的总裁。人事部掌握着每一级经理的名单，并注明有潜力进入上一级的人员。对于每一个职位需要什么类型的跨地区和跨职能部门的经验都有相应的标准，并帮助那些可能晋升更高一级职位的经理们的发展。例如，人事部在每个公司的年度人事考核上充当了秘书的角色，年度考核由负责此项工作的总公司董事主持。由于联合利华的营销文化品牌主管或营销经理的任命特别引人注目，因此，有关葡萄牙的营销经理的任命问题可能会在年度人事考核会议上讨论。如果内部没有适当的继任者，那么就要列出来自其他国家和产品集团的候选人名单。当地经理对这份名单最具影响力。但是，人事部也有权在这份名单上填写自己的候选人，特别是那些与这个国家或产品集团有所接触并从中获得利益的经理们。然后，高级人事管理经理们每三周就所有的空缺讨论一次，并可能在这份名单上填写新的候选人。最后，每六周，欧洲区的总公司董事们再审核这份名单并可能填上别的候选人。

联合利华的人力资源管理系统通过向其业务单位提供适当的管理人才创造了直接的连接利益。它也是推动其他连接的一种机制。通过培养一种共同的文化、形成网络和使经理们获得更广泛的经验，联合利华的人力资源管理系统加快了产品知识和最佳实践的传播速度。它减少了因管理人员能力较差或眼界狭隘形成的连接阻力；它促进了经理的利益与公司的国际商业目标之间的统一；它降低了相互交流的门槛。

联合利华的人力资源管理流程，既先进，又复杂。它是经历了多年的逐步发展而形成的。与此相反，在发展中国家，它管理业务单位之间连接的方法和结构却很简单，而且几乎公司刚一成立，它们就已经到位了。在发展中国家，不同的业务单位（除化学业务）只向该国的经理报告，而在小一点儿的国家，不同的业务则集中到一个业务单位。各国的经理再向地区经理报告。因为在发展中国家业务单位之间的连接机会更多，所以联合利华在发展中国家的结构不同于发达国家；在发达国家，业务集团是报告的主线。与德国的洗涤剂业务单位相比，在肯尼亚的洗涤剂业务单位与同在该国的食品业务单位之间可共享的东西更多，它们可以共同使用紧缺的管理人才、联合销售和供货、共同利用与政府的良好关系，并在该国建立品牌意识。

二、子公司的自主性和知识转移的控制机制

（一）子公司间知识转移的自主性要求

子公司在决策权上有一定的“拥有权”，而不是完全归于母公司。子公司拥有判断力混合的自主决策权（母公司承认）和讨价还价能力形式的自主权（子公司发展），都是难以避免的。也就是说，以上讨论的子公司讨价还价行为也是一种自主权形式，是基于其自身角度的寻租行为的考虑，不是基于母公司的判断力角度的考虑。在战略独立子公司和内部资金市场方面的文献都提到了子公司的自主决策。但是，在文献中子公司决策的自主性是按照威廉姆森（Williamson，1996）的判断力被分类的。子公司授权决策的权力是“暂借而非拥有”（Foss et al.，2002）。母公司拥有否决权——也就是，否定任何子公司决定的能力。

子公司间知识转移过程中，跨国公司母公司关切的是授予子公司多大的自主权。里森认为导致巴林银行倒闭的根本原因在于自主权的授予问题。克鲁克尔和莫里森（Crookell and Morrison，1990）指出，全球化必然导致子公司与母公司之间权力之争的结束。怀特、罗德里克和波因特（White，Roderick and Poynter，1984）也曾指出，跨国公司的子公司不重要的地位和身份，可导致子公司较低的效率。同样，在子公司演进的模型中，我们可以看到子公司有着明显的自主愿望，自主权可以超越母公司的控制，引起对闲置资源的很大兴趣，激发子公司的积极性和创造性。

埃格豪夫(Egelhoff, 1982)等人提出了一个有趣的看法,强势母公司较弱势母公司的业务要好得多,具有清晰授权的子公司比模糊授权的子公司发展水平要高。授权的本身可作为一个相对固定的基础,子公司只有依赖这个基础,反对母公司的控制才能发展,这也必然导致子公司发展的重要程度与母公司政策目标之间的冲突发生。

在一个网络中的权力均衡能够被创新动摇,一个子公司能够通过市场创新来更新其在多单元组织中的地位(Gulati, Nohria and Zaheer, 2000)。因为对权力均衡潜在的影响,研发能力通常都是最后一个被转移到子公司的,并且研发能力的国际化经常会导致跨国公司内部紧张(Asakawa, 2001)。因为海外研发实验室需要自主来促进创新,而母公司经常坚持权力要对等和控制海外子公司的活动。并且研发是昂贵的,需要集中于母公司知识库的支持,不得到母公司的妥协,子公司很难进行研发活动。对子公司研发主动性过度的限制会导致子公司的疏远,尤其是当子公司位于普遍"学习"的地区。

跨国公司的控制结构包含了在传统上通过集中化实现的合作和激励之间的微妙平衡,来源于对子公司自主性目标的追求。很多文献都记载了在跨国公司存在一种分散化的"母子"关系。巴特利特和戈沙尔(Bartlett and Ghoshal, 1989)分析了松下在20世纪90年代的发展,这段时间它超越了飞利浦——其主要的竞争对手。松下的组织结构是非常集中化,子公司只有很少的权力。相反,飞利浦被定义为拥有分散化的组织结构,子公司对它们自己的命运有很大的控制权。赫伦德(Hedlund, 1986)将研究聚焦于决策权和讨价还价能力都集中在母公司的跨国公司,该文献主要是关于辨识战略上独立的子公司带给跨国公司整体的优势。

赫伯特和普拉哈拉德等(Doz & Prahalad, 1981)指出,相对于母公司的管理系统或文化控制来讲,形式上的控制常常是低效的。金和莫伯尼(Kim and Mauborgne，1993)对此进行详细的解释，指出：尽管增加了母公司权力控制技术，形式上控制机制变得越来越难以实施。奥东尼尔(O'Donnell，2000)证实，对现代化的跨国公司控制来说，监控和激励措施已显得力不从心。罗斯和莫里森(Roth and Morrison，1992)从文献的研究趋势上推断出，母公司与子公司所划分的彼此关系将越来越让位于更加合作的关系。赫伯特和普拉哈拉德等(1981)提出的母公司对子公司控制的权力将逐渐退化的理论，由加瑞(1992)、哈尔姆和约翰森(1995)通过验证跨国公司瑞典子公司在当地布置的网络和战略独立性方面的结果，为退化理论提供了强有力的支持。还有许多学者提出，母公司用适宜的过程方法作为一种主要的控制方法来替代形式上的控制。

案例：跨国公司善用集中管理技巧[2]

自从世界上最早的跨国公司兴起以来，几百年来根本就没有全球市场这个东西。对于英国早期的东印度公司或者联合果品公司来说，它们只关心国内的市场。经理们都是居住在国外的本国人，他们被派去监督国外的子公司。子公司的工作就是去榨取资源、种植植物或者利用廉价劳动力进行生产，然后运回祖国。

这样的时光已经一去不复返了。现在几乎每个国家都存在有利可图的消费品市场。制造、销售和研发的过程越来越远离总部。不过，集中管理的时代并没有消失。实际上，根据 Hay 集团与《财富》杂志一起所做的最受人尊敬公司调查，在全球化时代，一些传统的集中管理技巧仍旧有用。

为了更好地了解公司如何在全球的运营情况，Hay 集团对 74 家公司的经济进行了调查。调查把公司分成两大类：在本行业有效开展全球业务的排名中位列前三甲的公司("全球领先公司")以及其他公司(普通公司)。结果很清楚，不过也许出人意料：最受人尊敬的公司更加注重整个企业的管理目标，而不太关心当地的计划，在集中管理方面做得更好。90%的“全球领先公司”表示，它们成功地把子公司置于一个共同的战略构想周围，普通公司中的比例为78%。87%的“全球领先公司”表示，它们的绩效管理系统注重整个企业的目标，普通公司中的比例为63%。

雀巢公司的业务反映了调查的结果。雀巢公司的总裁兼董事长主席彼得·包必达说：“根本没有全球消费者这种概念，所以我们要让每个单独的业务有自主权，这是有道理的。消费者想品尝、看见、感觉或者听到什么，这些东西必须由当地做主。但是与此同时，国际竞争压力迫使我们对企业的上游部分进行合理化调整。”他说这意味着雀巢公司的总部根据赢利能力来决定一项国外业务是收缩还是扩张。

在瑞士制药商诺华公司，集中管理也很重要，特别是在开发领域。总裁魏思乐说：“研发工作从某方面说已经全球化了。”1996年该公司某方面成立时情况并不是这样。他说：“那时很少有全球间的协调，那是一种巨大的浪费。”全球领先公司比普通公司更倾向于(64∶53)在总部开发出新的做法，然后扩散到子公司。

澳大利亚必和必拓公司的执行总裁迈克尔·萨拉蒙表示，让总部来控制高层管理人员的去向对于所有部门来说都是不错的。他说：“子公司可能会说这样做太官僚了。但是，我们每个企业都可以面对一个有10万人组成的人才库。”和许多“全球领先公司”一样，在必和必拓公司和雀巢公司，驻外的经历是高层管理人员的一个先决条件。共同的企业文化也是受人尊敬的公司的另一个明显特点。90%的“全球领先公司”表示，它们在所有部门里已经建立了企业文化，而普通公司的比例只有71%。

但是，全球企业网的总裁埃蒙·凯利说：“集中管理的方式实际上让当地业务拥有更大的权利。”凯利认为，整个企业的目标为海外的经理制定了明确的业绩目标，为当地的创新能力和灵活性创造了空间。实际上，69%的全球领先公司成功地把地方的创新项目拿到全球共享，而普通公司的比例只有55%。魏思乐说："如果你制定了组织纪律，那么所有的框架、过程以及标准都不会让领导人为难，而会让他们有活动的自由。自由只有在范围内才有意义。"

（二）母公司的判断力与子公司的自主性

不幸的是，如果不采用一些选择机制来排除一些自主性的活动，那么有可能使得跨国公司迷失方向，进行一些偏离公司目标的资源配置活动。相反，若扼杀所有的自主性活动，则意味着得不到任何这些活动的潜在好处。这两种极端的情况，即要么任意的供给资源给自主性活动，要么一律制止自主性活动，使得跨国公司必须能够建立一种机制，用以区分哪些自主性活动对提高公司的竞争优势有帮助，哪些没有帮助。

伯金肖和胡德(Birkinshaw and Hood, 2001)通过研究大型跨国公司的最优秀的操作模式，提出了几个机制来解决以上的问题。其中包括为子公司提供源资金，使用正式的请求从子公司那里获得建议，鼓励子公司培育自己的一些资源，并帮助子公司在跨国公司内部建立国际网络。社会化因素，即一些子公司通过开展的自主性活动并取得成就而获得声誉，并在整个公司范围内获得认可。声誉的因素不能被低估：每一个成功的自主性活动不仅对相关子公司的能力增长有帮助，而且也有助于总公司看清子公司自主性活动的挑战能力的提升。这暗含着跨国公司内部一个共同进化的过程，即随着时间的推移，通过对自主性活动的管理，有限理性的约束给母公司带来的影响减轻了。

根据子公司创造和开发知识及导致跨国公司整体竞争力发展的潜力和能力，可以感觉到其日益增加的价值。跨国公司是一个复杂的网络系统，子公司的自主性活动可以被看作是公司信息的主要来源，这个视角对于埃格豪夫(Egelhoff, 1982)关于战略和环境的传统的更加复杂和充满不确定的研究来说是一个补充。然而,从这种跨国公司的信息处理角度也不能完全涵盖自主性活动管理所需要的所有知识。

逐渐增加的知识转移范围是自主性活动的动因之一,同时它也要求公司管理从提高信息管理水平来获取战略知识。从事自主性活动的子公司需要利用四个类型的知识集合:本区域的公司特有优势(FSAs),非本区域的来自跨国公司网络系统或者来自母公司的FSAs,非本区域的由子公司自己产生并通过跨国网络公司进行扩散的FSAs,子公司特有的优势,该优势可以在全球范围内被利用,但其自身在内部很难扩散开来(Rugman and Verbeke, 2001)。这些知识束的独特的组合存在于子公司内部使其产生由下至上的而不是由上至下的自主性活动。

这一问题在跨国公司的信息处理挑战的主流管理文献中被大大的忽视了,因为基于子公司的知识的研究在这些文献中不是重点。例如,在关系不紧密的多样化程度高的跨国公司里,公司的管理层被要求只需有很低的信息处理能力。因为在这种情况下,每一个功能子单元都包含自有的盈利单位,各子单元之间很少需要协调。而且这种类型的跨国公司是建立在一个内部资金市场基础之上的,对各个子单元的控制很大程度上依赖它们的绩效表现,而不需要考虑实际运营情况。这里,一个设计良好的内部资金市场使得母子公司在信息搜集和判断力上趋于一致。而相反,对于那些联系紧密的多样化程度高的跨国公司来说,情况就复杂得多了。在该种情况下,有许多个相似的盈利单元,国外子公司之间的协调以及控制不仅基于绩效标准,还要更多地应用主观的衡量(Hill, Hitt and Hoskisson, 1993)。而且,这类跨国公司的外在特征可以跨越许多子单元,公司的管理层需要对资源共享的影响和决策的再传达进行监控。子公司自主性活动的存在使得母公司更加需要进行信息管理。

各种各样的组织工具，再加上内部市场机制，都可以用来改善子公司自主性活动的管理。然而，有两个因素在组织重组的大部分研究中被忽视，即在运营区域的选择上越精确，管理层的规模越大、越具有多样性，就越有助于减轻有限理性障碍带来的约束。鲁格曼和维贝克(Rugman and Verbeke, 2004)也主张重视公司运营范围的选择，因为实证研究表明，大多数财富500强的企业一旦进行国外投资时，它们的非本区域的FSAs就迅速衰减。这种衰减表现为，和在本国相比，在投资国的市场占有率更低，市场地位更弱，进而使得母子公司产生巨大的制度上的差异性。最后，增加公司管理层的规模和职能上的多样性同样有助于改善母子公司的互动效果。

要想成功地运作子公司的自主性活动，就必须引入一些新的特有的管理机制。基于鲁格曼和维贝克的研究，维贝克和袁文龙(Verbeke and Yuan, 2005)拓展了他们在培育子公司自主性活动时内部管理机制所起的作用上的视角，以及在如何减轻有限理性因素的约束上也做了延伸。维贝克和袁文龙分析可以得出以下四个结论：

第一，之所以鼓励子公司从事自主性活动是基于这样的假设，即在已建立的跨国公司内部知识转移的程度很大，同时该子公司拥有与众不同的竞争力。如果该子公司的知识集不具有足够的多样性特征，那么这些自主性活动的成本必然大于它所带来的潜在收益，因为这种情况会产生中心的缺乏，成本的叠加以及消极的跨国公司网络的外部影响。

第二，现有的知识管理的研究都认为知识所在位置是已知的，因此他们分析的重点在知识转移上。而实际上自主性活动面临的组织上的障碍显示，认识到子公司特有优势的存在性需要通过管理重组使管理层在心智模式上有所改变。

第三，自主性活动会促成内部控制机制的动态性。在传统的交易成本研究中，内部管理机制的改变是基于上级的效率评估的，而在修订过的鲁格曼和维贝克的研究中，子公司的自主性活动实际上有可能引起控制机制的变化，这种变化是由双方的联盟合作带来的。

第四，设计任何控制工具来管理自主性活动代价都是昂贵的，而如果不加选择地对自主性活动全部扼杀代价同样很大。是迅速否决子公司提议的赢利性机会，还是继续将那些需要投入大量资源回报潜力又不大的项目进行到底，还在这些活动上投入大量的资源，在这些选择之中，跨国公司应该做好权衡。

（三）关于控制子公司自主性活动的构架

1. 管理子公司自主性的机制要求

维贝克和袁文龙认为随着信息选择和解释的集中化概念的产生，在管理自主性活动时，以下概念显得尤为重要。

第一，程序上的公正，它是指跨国公司战略决策过程在子公司的高层领导看来具有的公平程度。被认为的公平程度依赖于双向沟通的质量、子公司经理挑战母公司决策的可能性、母公司管理层对于当地情况的熟悉程度、公司决策的透明度问题(尤其是母公司是否愿意解释他们自己所作的决策)，还依赖于公司决策程序是否具有连贯性。这五个因素被认为是决策制定过程的影响因素，它能够减少管理层面临的理性受限问题。双向沟通让双方有机会各自聆听和陈述自主性活动的基本原理及具体内容。子公司管理层对母公司战略决策合理的挑战有可能使得母公司在做信息选择时考虑到子公司的因素。对当地情况的熟悉，使得母公司在决策时与子公司的外部环境、内部机遇和限制因素相协调。决策制定透明化也就是说由过去的决策能够推断母公司对于自主性活动的判断情况，这样也有助于子公司了解公司管理层的认知地图。最后，子公司之间决策制定程序的连贯性可以为不同的自主性活动提供很好的比较基础。在组织系统沟通和控制工具上程序的公平性所包含的因素有助于克服母公司和子公司之间的分歧,只要它们能够注意到对相关的信息方面进行选择和判断。

第二,价格机制也可以被使用。经理们有可能仅仅按照价格来制定决策,而不去搜寻新的信息。利润中心、转移价格、博弈、投标等概念的使用使得市场机制合格化。如果母子公司的管理层都把价格因素看作制定战略决策考虑的重要信息,那么在解释这些信息时也不会产生什么分歧。然而,由于和市场相关的因素以及技术因素存在着大量的不确定性,尤其是自主性项目更是如此,这使得价格机制很难应用。在这种情况下,即使母公司和子公司的管理层获得一模一样的信息,当考虑到该项目是否会增加公司未来的收入流以及是否有益于公司竞争优势的提高,母公司和子公司就不大可能做出一样的预计。这里,关于该项目的期望经济收益的内部管理判断,很大程度上依赖于基于经验的知识,变得非常关键。

第三,公司管理层的因素也很重要,已经有大量的文献就高层管理人员人口统计学上的差异(例如年龄、教育背景)进行了探讨,他们主要关注集体的特征带来的影响,而不是某个个人产生的效应,这里假设最相关的变量是认知能力、态度及专业化程度,而且还认为群体品质和个人品质对行为的影响是相互独立的。也就是说,公司管理层整个群体所具有的特征会影响他们的理性受限问题。一个被普遍接受的公司管理层的群体优点是具有多样性。公司高层管理人员的背景具有多样性意味着他们具有不同的认知基础(Wiersema, 1992),而且这种多样性水平越高,信息选择的渠道就越多,信息制定过程的视角也就越宽广。跨国公司的高层管理人员会从不同的渠道搜集信息,也会从不同的角度考虑问题,这样就增加了问题各个方面的融合度。大量的实证研究已经证明差异性的存在有助于创新,因为创造力需要将事实和思想以新颖的方式结合起来。然而,这种优势不会因为管理人员年龄、任期和教育背景专业上的差异而产生(Wiersema, 1992)。公司管理层的规模也会影响理性受限的问题。规模越大,就越少受到理性受限约束,见钱德勒(Chandler, 1991)。关于跨国公司高层的组成结构的实证研究目前还不多,但从上述的研究可推知,大型自主性活动取得成功与公司管理层的规模较大且具有多样性有关。

2. 基于有限理性的子公司自主性控制框架

如果将有限理性做如下定义,即母子公司在选择信息和解释信息上的不一致性带来的管理困难,那么"通过设计使得二者趋于一致"意思就和传统的基于经济学思考的交易成本理论不同。这种思想还说明在有效的组织内部要延伸广阔的信息处理的视角。信息处理理论认为信息处理的质量决定了公司的绩效。一个组织的信息处理能力,通过组织结构的运营能力,都应该符合公司信息处理的要求,这一要求是由外部环境和公司战略施加的。若不能吻合会产生两个问题。第一,没有足够的信息来做出合理的决策。第二,信息冗余,效率低下。埃格豪夫(Egelhoff, 1982)在他的突破性研究中就引入了信息处理理论来探讨跨国公司组织模式的选择。他提出四类基本的跨国公司组织结构,它们在处理信息能力上是基本不同的,这四类是世界范围的职能分支机构、国际分支机构、地区分支机构、世界范围的产品分支机构。这种信息处理能力反映了这类公司的信息关注点(关注国内、关注除了本国以外的世界其他国家、关注某一区域、关注产品)以及它们对信息处理能力的重视程度,也叫做战略或战术重要性。

维贝克和袁文龙认为有两个因素决定了跨国公司要如何管理子公司的自主性活动,它们是关于这些活动的特定知识集的选择,以及母子公司对于信息判断上产生的差异。第一,信息选择参数度量了公司管理层对于自主性活动的基本原理以及子公司经理们对该活动描述的内容的熟悉程度。这一信息选择可以是"本身具有一致性的"、"分歧性的”或是“通过管理模式的设计使之具有一致性”。“本身具有一致性的”信息选择是指母公司的管理层对于子公司经理们自主性活动的原理和内容具有强烈的认同感。“分歧性的”信息选择是指由于母子公司在选择和战略决策有关的信息时存在明显不同，从而对于自主性活动严重缺乏共同的理解。“通过管理模式的设计使之具有一致性”的信息选择是指公司管理层即使不是完全同意子公司所作的草案，但通过使用前文所提及的那些机制使得信息选择具有一致性。这里，选择性的干涉可以产生局部的但是高度相关性的信息，使得母子公司的管理层关注相同的信息方面，讨论它们的相关性和限制因素，并共同估计公司的自主性活动是否会给竞争优势带来显著影响。

判断力上的分歧体现了母公司与子公司在估定子公司自主性活动的价值时产生的隔阂（或高或低），即使是它们选择了一模一样的信息束。这里所指的信息选择和判断力分歧都是在自主性活动发起阶段产生的。这样，图 5.1 的框架描述了母公司的管理层处理子公司的自主性活动时面对的六个互不相同的理性受限情况。

判断差异 \ 信息选择	内生收敛的	分散的	通过设计收敛的
低	1	3	5
高	2	4	6

资料来源：Verbeke and Wenlong, “Subsidiary Autonomous Activities in Multinational Enterprises: A Transaction,” *Management International Review*; 2005; 45, ABI/INFORM Global, p. 31。

图 5.1　跨国公司管理子公司自主性活动的框架

在单元格 1 中，公司管理层对于子公司自治性活动的基本原理和内容都很认同，而且对信息的理解也是一致的。这种情况可能是因为母公司的管理层和子公司的管理层具有相似的经验知识。当子公司坐落于公司总部的相邻国家且管理模式的社会化程度很高，在人口统计学上母子公司的管理层拥有很多的相似性，此时，单元格的情况最有可能发生。这里，子公司的自主性活动最有可能得到公司管理层的强烈支持。

在单元格 2 中，公司管理层对于自主性活动的内容和基本原理也是支持的，但是该活动被认为和母公司的总体目标相悖，即考虑到对每个商业项目或者市场进行合适的资源配置。这可能由于公司缺乏足够的资源来支持所有的自主性活动，而不是因为子公司所认为的投机主义的原因。这里，自主性活动中途夭折的原因很明显，可以外在表现出来。这种情况最终会使得自主性活动的内部化，只要该活动被认为是有价值的但又和跨国公司的战略优先级不一致。单元格 3 和单元格 4 反映的情况更加有疑问且是可以观察的，在此公司的管理层常常会扼杀子公司的自主性活动因为他们在信息选择上有分歧，这一点尤其可参见伯金肖(Birkinshaw, 2000)。这时，自主性活动对于公司竞争优势的潜在作用如何，母公司管理层是否满意，他们和子公司的判断基于的信息都是不同的。

单元格 3 的情况是，对于母公司管理层所选择的信息，母子公司经理们对其的理解是一致的(例如子公司所在国货币兑换率的不稳定所带来的风险)，但是子公司的管理层此时并不认为这类信息和评估自主性活动对竞争优势的贡献大小有关。这里子公司经理人员认为那些被母公司管理层忽略的问题应该得到重视。截然相反的是，在单元格 4 中，总公司过度地应用自身的抗外界干扰系统，对于子公司经理们提交的自主性活动的草案，他们一律认为具有投机主义倾向，而且和总公司的战略优先级相悖。母公司管理层对自主性活动的典型反应就是“我们知道哪些信息是相关的,并且知道如何判断这些信息"。母公司管理层用以评价子公司的自主性活动的信息与子公司所流行的视角完全不同,甚至有可能与可提交的自主性活动毫不相关,这一切都是因为双方在制度上、组织结构上、管理层组成人员背景上存在差异。

在单元格 3 和单元格 4 中,由于管理层受到理性受限因素的约束,使得他们在选择和判断信息上和子公司存在差异。这里,自主性活动被迫中止有可能导致子公司丧失进取心,打击它们未来再次提交自主性活动的积极性。

在单元格 5 和单元格 6 中,管理层试图通过采用新的机制使自己和子公司管理层的观点一致,从而减轻单元格 3 和单元格 4 中有限理性问题带来的影响。这种机制一般可以使得母公司和子公司在选择相关消息上意见一致,而且对于相同的信息面它们的解释也会是无差异的。例如,由于子公司之间存在竞争性,那么它们会被要求提供完整的标准化的项目企划书,这种机制就有助于管理层决定哪些活动应该得到支持,哪些不应该。

单个的跨国公司可能要面对许多个子公司的自主性活动,这些活动散布在图 5.1 的各个单元格中。从标准化的角度来看,减少单元格 3 和单元格 4 的决策过程的发生很重要,尽量将其转入单元格 5 和单元格 6。维贝克和袁文龙得出的主要的信息就是在单元格 3 和单元格 4 中所面临的有限理性问题可以通过"设计"来减少,然后转变为单元格 5 和单元格 6 的情况。这一点对于距离母公司所在国家比较远的子公司来说尤为重要,因为它们和子公司在信息选择和理解上不可能存在像图 5.1 左手边描述的那种情况,即具有先天的自然而然的一致性。

(四) 案例:第一银行子公司间分享最佳实践的控制机制[3]

第一银行是一家独特而成功的银行控股公司,它位于俄亥俄州的哥伦比亚，主要从事服务于当地社区的零售金融业务。在过去的 25 年中，第一银行并购了 100 多家银行，并成为美国最大、最成功的银行之一。

第一银行没有将所并购的银行全部纳入单一的组织，而是保留了一定数量各具特色的独立实体（1993 年有 81 个）。其首席执行官约翰·麦科伊说："我感觉一个分权化的机构比一个强有力的、权力集中的机构要好。我们的管理结构是高度分权化的，由总裁统领各分行，每个分行都有自己的董事会、自己的业务规划和在当地市场的营销战略及产品定价策略。所以，每个分行的总裁直接负责本行的业绩。"所有的分行都可以较为自由地针对当地市场设计自己的营销策略并制定价格。

但是，尽管有分权化的哲学，由母公司促成的联接在指导分行的地方决策上仍发挥着重要的作用。所有的分行都以第一银行的名义经营，并遵循某些共同的政策。例如，要求所有分行的经营重点是服务当地社区，并关注以下三项服务质量指标：顾客保有率、对顾客要求的反应时间和"高度满意"客户的比例。它们的办公系统已改为标准的第一银行程序，所有的数据处理都转移到俄亥俄州斯普林菲尔德总部。到 1972 年，它已成为全美第二大自动清算行和交易处理机构。所有分行都采用了"统一产品线"（uniform product line），即第一银行的产品和服务范围标准。对较为专业性的服务，如公司金融服务、信用卡管理和信托服务，采用集中管理或者交给具有特殊能力的当地分行管理。各分行的经营重点牢牢地锁定在为当地用户服务和营销上。除了统一产品线以外，还鼓励各分行因地制宜地提供产品和服务。

在这样的框架内，各分行都有转移最佳实践的强烈要求。在普及最佳实践的过程中，第一银行独特而详细的月度报告系统，即管理信息计算机系统(MICS),发挥了关键作用,它使所有分行能够参照主营零售银行业务的其他类似分行判断自己的业绩,从中发现可以提高业绩的领域及“优良实践”(good practice)的潜在领导者。它所提供的信息包括详细的业绩评价标准,涉及至少40个不同的产品和市场变量。这种做法鼓励了“分行之间生气勃勃的竞争”。麦科伊认为,及时而有效地分享优良实践的机会是价值的一个重要来源:“大多数人都不是自己跟自己比。我们让我们的伙计们看看谁做得更好,人家是怎么做的。”统一产品线的实施提高了信息分享的价值。正如一位副总裁所说的:“除非所有的分行都采用同样的系统从事统一产品线的经营,否则我们就没有统一的标准和业绩数据来进行跨行比较。”

每个月都要考核各分行的MICS业绩统计数据。每个分行的业绩都是公开的,任何其他分行都可以得到。业绩差的分行排在前面,业绩好的排在后面,不同的业绩变量排列顺序亦有不同。考核的重点是预算与业绩之间的差距。这种对话的基调是讨论怎样纠正问题。数据的透明性、由此产生的同行压力和对差距不留情面的评价培养了一种业绩取向,而清晰的奖励公式则加强了这一取向。奖金是根据具有最终意义的业绩指标——资产收益率支付的。如果分行的收益率低于资产的1.1%,就没有奖金;高于这一标准,奖金按比例增加。主要分行的业绩标准以及对其差异的关注是独一无二的,但是与最好的零售银行的相似。

但是,第一银行的管理方式不只是一个导致业绩文化取向的严格的财务管理系统,其宗旨在于培育对最佳实践的关注、持续改进和技术诀窍的分享。所有的分行都可以得到MICS的业绩数据,使它们能够互相学习。第一银行的财务总监乔治·迈林解释道:“它们不必向取得最佳业绩的分行取经,那可能太吓人了。但是它们应该与条件跟自己差不多、在某些关键领域做得比自己好的分行交流想法和经验。”

其他有助于增加价值的联接机制包括会议、第一银行大学、最佳实践手册和质量委员会。会议讨论的问题十分广泛，如商业信贷等，但也包括具体的产品，如针对老年人的服务 Classic One。规模最大的会议是一年一度的零售大会，会期两天半，参加者大约有 750 人。这个会议的开法有些像学术会议，同时举行几个分会，发言者集中讨论几个问题。第一银行大学为分行的高级经理们提供高水平的履新课程。它还使经理们接触有关银行业务的最新思想，并提供了一个建立人际关系的平台。最佳实践手册由母公司职能部门(如营销部门)策划产生，针对具体的讨论如家庭股权贷款来总结整个集团公司的经验。质量委员会每年完成 500 多个项目，它着眼于与所有分行有关的问题。

第一银行的联接影响的方式比较直接。它集中于基本相同的业务单位之间明显重叠的领域。其价值不在于在不同类型的业务单位之间建立复杂或新起点桥梁，而是在促进分享最佳实践的同时保持集中性。如果第一银行进入了非常不同的金融服务领域，那么它所谓的“不同寻常的伙伴关系”的价值就会受到毁损或被改变。正如麦科伊指出的：“我认为我们的主要成就在于我们的集中性。我们倾向于把自己看作麦当劳式的零售银行业，在各地销售相同的产品：中小市场的企业贷款、家庭抵押贷款、汽车贷款、信托服务、信用卡服务等等。”

利用这种方式，母公司能够采取以下几种方式清楚联接的障碍：

(1) 机会的发现。只关注较小地理区域的业务单位可能没有意识到分享最佳实践的机会。母公司的经理们能够发现那些从纯粹的地方观点无法看清的问题。

(2) 竞争。如果构成第一银行的业务单位不是统一所有的，分享详细准确的业绩数据的系统就失去了存在的基础，因为相互之间缺乏信任或对竞争不利的担心会阻碍这一系统的正常运行。旨在保护竞争的反托拉斯立法也将阻碍已达成协议的各种形式的合作。

(3) 惰性。没有 MICS 施加的同行压力和排行榜，通过考察其他业务单位而改善业绩的机会极可能未被发掘出来。建立清晰的比较基准方面的困难会使很多经理把时间花费在其他问题上。

(4) 专有技术。第一银行的方式使母公司在诸如营销领域创造了专有技能，这类技能有利于好的创意在分行之间传播。

很多业务公司在分支机构一级采用了第一银行的联接方式。这些分支机构是由不同地区或国家的类似业务单位组成的，各分支机构总部的目的是鼓励这些业务单位之间的联接。例如，美国的 Cooper 和英国的 TI 等公司都从利用这种方式的联接中获益。由于业务单位彼此相似，资源或最佳实践的共享机会就多多。

三、子公司的融合性与知识转移的协调机制

考虑到子公司创造新知识的能力在增强，在全球的网络中转移这些知识的能力也在增强。尤其值得注意的是，跨国公司子公司之间知识转移的过程已经吸引了人们对于“子公司自主性”和“子公司融合性”的关注(Foss and Pedersen，2002)。的确，战略的知识转移倾向于通过特殊的组织设计结构来表现，这些组织设计拥有不同程度的自主性和融合性(如图 5.2 所示)。具体来说，自主性强有益于子公司知识创造和转移，因为独立的子公司有自己的战略管理方式，它支持子公司对当地的特征做出反应，并支持子公司汲取当地资源产生新的知识。而从另一方面说，因为知识创造要从母公司所在地以外的其他地方获取资源，这就要建立对跨国公司其他分组织的联系和依赖，使得跨国公司能够得到来自不同地域的知识资源。

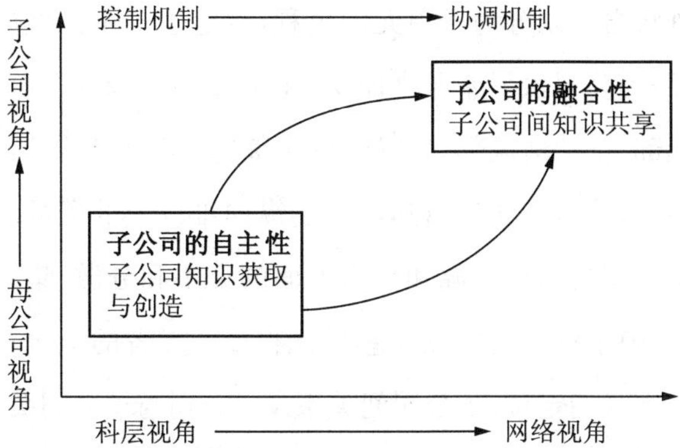

图 5.2　基于知识转移视角的子公司特性演变

在某些跨国公司的体系结构中，子公司的自主性和融合性是并存的。例如，当需要通过国外的子公司来接触当地的知识集合时，有利于产生自主性的机制会更受欢迎。反之，当国外子公司的活动产生影响或者受到跨国公司内部位于其他国家的子公司活动的影响时，有利于产生融合性的机制则利于子公司间的知识转移。然而，要在与子公司革新能力相联系的自主性以及与子公司成为整个跨国公司网络一员相联系的融合性之间达成权衡，必然导致进行跨国公司组织形式设计时产生一些矛盾。

（一）子公司间的纵向与横向依赖关系

跨国公司国际分工的深化和一体化全球竞争战略的演化意味着跨国公司内部各种要素之间（包括子公司之间）关系结构的演化。一般来讲，企业组织结构中的各种要素（人员和机构）之间的关系有两种基本类型，一是横向部门和人员之间的交流沟通和协作关系，二是纵向上下级隶属关系，规定着资源和权力的集中或者分散化配置结构，即使在扁平化组织中仍然存在这种垂直的关系结构。

横向维度上的资源和权力配置是跨国公司如何以职能、地区或者业务为基础将自身划分为子单元的过程，规定着子单元之间的关系状态，反映了跨国公司水平差异化程度。理论上讲，这种横向配置能够形成全球职能部、全球地区部、全球产品部和全球矩阵结构等纯粹的组织结构，并决定着跨国公司的营运状态。纵向维度上的资源和权力配置决定着母子公司之间在资源和权力方面的集中和分散、集权和分权的关系状态，反映了跨国公司纵向差异化程度。二者的综合作用规定着海外子公司本身的定位、子公司间关系及母公司与子公司关系。

这种横向和纵向的关系使得跨国公司各成员间可能通过有形资产、技术、信息资源等资源保持一种内部网络化连接，而子公司又嵌入由当地顾客、供应商和政府等组织组成的外部网络之中。在内部网络化连接中，子公司之间和母子公司之间可能形成资源互相依赖的关系。这种资源互赖关系一般存在三种基本形态(Baliga and Jaeger，1984)：共同依赖型(pooled interdependence)关系中，跨国公司组织成员(例如母公司或者子公司)之间彼此分享资源，但各自都具有很强自主性；结果依赖型(sequential interdependence)关系中，跨国公司某些组织成员的产出满足其他组织成员的必要需求；互惠依赖型(reciprocal interdependence)关系中，跨国公司组织成员相互提供给对方所必需的资源。

具体来看，这种依赖型关系又突出表现在横向和纵向两个维度。在横向方面，基于达夫特(Daft 1999)对公司中部门相互依赖性的划分方法，海外子公司在资源(包括生产资料、信息和知识等)方面的相互依赖性主要有以下三种差异化情形。其一，联营伙伴间的相互依赖性。子公司之间相对独立，尽管共享一些诸如广告和财务资源，但是平时的经常性交流和来往很少。它们之间主要采用管理系列化、规程规范化和规章制度等协作形式。其二，相继的依赖性，一个子公司的产出可能是另一个子公司的投入，一个子公司执行自身任务需要其他子公司在准确的时间提供符合要求的投入，它们之间主要采用计划、定期会议和联络等协作方式。其三，互惠的相互依赖性，子公司之间的产出和投入都相互依赖，它们之间的主要协作方式是非定期会议、团队、任务小组和项目经理等形式。

这种相互依赖性是利用范围经济的重要条件（见表5.3），也是共享学习的重要来源。由于作为无形资源的知识和能力具有高度的隐含性，市场化的手段难以转移这种隐性知识，特别是难以转移国际范围内分散的隐性知识。隐性知识只有在信任的环境中才能有效转移，所以跨国公司内部知识的吸收和创造需要子公司之间经常密集的联系。子公司之间经常、密集的相互依赖关系是子公司之间重复互动的结果。这种关系不仅为公司协调知识转移过程所必需，而且也是创造新知识的手段（Hallen et al.，1991）。因为子公司之间的互动越是密集频繁，子公司就越是嵌入所在的商业网络。这种嵌入程度越强，子公司就越是可能吸收其中的新知识和修改或者创造其中的能力资源。

表5.3　相互依赖性与范围经济的来源

获取手段	相互依赖性与范围经济的来源	
	产品部子公司之间	地区部子公司之间
分享固定资产和有形资源	拥有能够灵活制造多种产品的柔性系统	全球商标名称和拓展
分享外部关系	对多种产品使用同一分销渠道、采购部门和库存设施，集中谈判力量	在全球范围内服务各国消费者
分享学习成果	在不同产业分享研发成果，共享技术诀窍	汇集不同市场开发的知识，联合创建新的业务

资料来源：改编自 Bartlett and Ghoshal, *Transnational Management: Text, Cases and Readings in Cross-Border Management*, Irwin Mcgraw-Hill, 2000。

在纵向方面，由于母子公司之间在资源和权力上的差异化配置，母子公司之间的依存性也存在三种差异化情形：子公司独立于母公司、子公司依赖母公司、母子公司之间相互依赖（Bartlett and Ghoshal,

1989)。其一，在子公司独立于母公司的情况下，子公司很容易保持对当地环境的敏感回应，母公司仍然依靠子公司经理和总部高层之间的个人联系或者依靠财务控制对子公司保持适当的控制；其二，子公司依赖母公司的情形有助于企业发展协调化的国际战略并获取全球规模经济效益，但是容易失去子公司独立于母公司情形下对当地市场需求的高度敏感性；其三，在母子公司相互依赖情况下，它们的行为和结果相互影响，促进形成一种多中心、具有高度协调性的跨国公司网络。

（二）子公司间从分散性向融合性的转变

1. 分散模式与融合模式的比较

从跨国公司发展进程来看，最初母子公司关系是公司关系网络中的主要组成部分，子公司之间呈现分散独立性的关系模式，子公司之间关系高度松散，跨国公司内部网络一体化程度很低。这会产生高成本的重复性产品开发、缺乏效率的生产规模和缺乏协调的营销战略，竞争活动明显多国化，子公司之间的资源流动和相互依存度都很低，从而很容易受到竞争对手的攻击。

尽管子公司作为新的知识和能力来源的地位不断上升，但是子公司之间相互独立的状态只会将这些宝贵的知识和能力局限在创造者的本地。如今，超越国家束缚，跨越民族、国家和地区限制的无国界经营并实现局部优化基础上的整体优化成为跨国经营的新潮流，越来越多的跨国公司已经将自身发展成为全球性网络。全球一体化地使用蕴含在海外子公司之中的资源和能力及促进子公司之间知识和学习经验的转移、共享、整合甚至再创造，已经成为跨国公司战略管理的重要目标。

跨国公司需要更多地通过组织学习、知识管理和加强协作能力整合分布在子公司人员和流程之中的知识和能力才能有效应对知识经济的挑战。不同定位的子公司具有差异化的能力基础，意味着通过知识和能力的转移与共享可以改进整个公司的业绩。不仅如此，由于能力随着利用而不断升值，子公司之间协调和一体化程度的增强将有利于一家子公司的资源和能力转移到其他子公司并得到有效共享和利用，并实现能力增值和对跨国公司总体特有优势的贡献，子公司之间协调和一体化程度的增强意味着它们之间的关系模式从分散性向融合性的转变。

表 5.4　分散模式与融合模式的比较

维　度	分散模式	融合模式
市场战略导向	将海外子公司视为一系列独立业务的组合	整合的全球战略，分布于全球的子公司对整个企业网络具有不同的贡献
资源配置	资源分散，海外子公司自主经营	子公司拥有分布式的、专业化而且相互依赖的资源和能力
组织结构	以母公司为核心的线性结构，非正式的母子公司联系加之简单的财务控制	子公司之间多方向、多维度连接的网络结构，在共享决策的环境中进行复杂的协调与合作

资料来源：转引自侯仕军：《海外子公司定位、协调与控制研究》，2005 年。

不断强化的相互依赖关系促进跨国公司子公司之间从分散的关系演化到相互融合的关系。这种演化就是用子公司之间相互协调的联系取代传统的战略、资源和组织上的相互独立性（Bartlett and Ghoshal, 1989）（表 5.4 分散模式和融合模式的比较）。在分散模式中，子公司控制大部分资源、人员和决策权在各个不同的主要市场上自主经营，并在以母公司为核心的关系结构中接受总部简单的财务控制，子公司之间很少存在资源的流动和交换关系，即使子公司之间存在一定的关联，也主要是一些必要的被动的技术性关联，这就形成“孤岛型”子公司间关系状态。而在融合模式中，资源不再被重复分散配置在各个国别市场，原来自主性很强的子公司转变为满足全球需要的专业中心，在多维的网络结构中接受总部复杂的协调和控制，同时子公司之间相互依赖，存在密切的横向交流和沟通，在技术资源、经营技巧、组织管理经验和财务资源方面加强合作，这当中涉及大量的中间产品、技术、资金、服务及各种无形资产的流动，而且这种流动不再局限于母公司与国外子公司之间，而且越来越多地发生在子公司之间。例如，美国跨国公司子公司之间的贸易占到公司内部贸易的比重 1977 年达到 37%，1985 年为 53%，1996 年则上升到 60%。

2. 子公司融合性的外部环境与内部组织条件

子公司间知识转移需要相互之间建立依赖和融合的关系。而从分散模式到融合模式的转变是一个逐渐演化的过程（Malnight，1996），既需要外部环境条件的支撑，又需要有内部战略和组织结构的调整。

（1）外部环境方面。贸易投资自由化及其技术进步为跨国公司实现子公司之间的整合提供了十分有利的条件。首先，贸易投资的自由化使得市场和生产全球化成为理论上的可能。第二次世界大战之后，尽管存在诸多层出不穷的非关税壁垒，全球贸易和投资自由化仍然成为世界经济的主流。在 GATT 和世界贸易组织的框架下，越来越多的国家和地区融入经济全球化的潮流之中，推动自由化的贸易投资规则的谈判、制定和执行，不断降低关税和减少非关税壁垒，促进各国各地区市场的开放，不断提升全球贸易和投资的自由化程度。到 2004 年 7 月，世界贸易组织的成员数量达到 147 个。到 2002 年底，发达成员的平均关税水平下降到 4%，发展中成员降为 10%（世界贸易组织秘书处）。除了减少贸易壁垒，许多国家逐步取消对外直接投资的限制。根据联合国的统计，到 2002 年底，全球共有双边的投资协议 2 181 项、避免双重征税协定 2 256 项。贸易投资的自由化减少了人员、技术、资金和货物的跨国界转移的障碍和成本，扩大了跨国公司的市场活动空间，并有利于把价值创造活动配置到全球最有利的区位和加以有效的整合，从而促进跨国公司市场和生产经营的全球化发展。

其次，技术上的进步使得跨国公司的全球整合转变为现实的可能，二战以来，全球在电信、信息处理和交通运输技术方面取得了长足的发展，这种发展导致信息处理、信息联络及人员与货物的转移效率大大提高，很大程度上促进了跨国公司管理和整合分散全球的子公司系统的效率。例如，美国德州仪器公司利用包括 300 多个遥控的工作记录终端、8 000 多个查询终端、140 台主机电脑在内的卫星系统协调分布全球 19 个国家和地区的 50 家工厂的生产计划、成本会计、财务计划、营销管理、人事管理和用户服务活动。

(2) 组织条件方面。在转变过程中，需要逐步调整战略导向、资源配置和组织，而且各方面的调整重点应有阶段性变化（Malnight，1996）。在战略导向方面，跨国公司应根据目标市场从强调地理市场导向逐渐过渡到强调产品或者顾客导向，基于顾客或者产品的战略导向更容易把价值创造活动集中在关键地区，而且实现地区之间核心能力的转移及新产品的全球同步上市。

资源配置方面应从各个地区市场之间资源重复配置转变到各地区资源的合理化，最终形成子公司之间分布式、专业化但是相互依赖的关系，获取全球整合、当地回应和全球学习等竞争优势。在组织方面，将一个基于当地自治的组织转变为一个基于专业化、分布式资源和职能活动的组织，这需要加强企业内部的横向交流并代之以新型的协调管理机制。

案例：联合利华形成网络联系的协作部[4]

联合利华在影响跨产品集团联接方面的成功取决于业务单位之间存在的重要共性。其属下的业务单位之间共享营销策略、共同的管理技能，并具有共同的技术利益。鉴于公司的历史与文化，探索利用这些机会适当的机制，这种挑战至少已存在了30年。由于母公司的经理们具有在所有或大部分主要产品集团工作的经历，它们对这些产品集团有着深入的理解，所以能够取得成功。为了使联接方式有效运转，在跨产品集团之间应当存在某些尚未挖掘的重要联接机会。较小的机会很少能补偿此类联接的成本，除非所采用的联接机制尽可能轻度、自愿和低成本。母公司的经理们必须对不同的产品集团具有充分的理解，这样才能评估联接机会并建立各种能够利用开明自利的联接机制来消除沟通障碍、相互竞争和其他妨碍联接发生的阻力。

联合利华致力于促进不同地区相似业务单位之间联接。例如，联合利华的个人用品业务单位在30多个国家销售洗发香波和护手霜一类的产品。在这些国家中，业务单位之间的联接包括产品与市场信息的共享、内部交易、最佳实践创意的交流、人才流动（特别是产品经理）和协作研究。由于每个国家的环境和消费者的消费习惯不同，联合利华不能为其业务单位建立统一的标准，但是提升标准和促进信息共享的目标是一致的。如联合利华的一位经理所解释的："我们不是为了标准而标准，我们是要寻找最佳实践的标准。"联合利华使用了多种系统和程序。例如，每个业务单位按照统一格式制定战略规划；每个月，将一盘关于新的全球广告计划的录像带发到所有相关国家；每种全球性产品尽可能只采用一家广告代理商；等等。

在产品线的多元化方面，除了个人产品业务，联合利华还有食品业务，包括销售人造黄油、茶、冰淇淋和其他食品；洗涤产品业务，这包括销售洗衣粉、清洁用品；化工业务，向公开市场和许多自己的业务单位销售化学原料。虽然每一个业务集团都有自己的特点，但是联合利华还是试图在它们之间创造有价值的联接。联合利华在四个领域对不同业务集团之间的联接施加其影响：一是研究和营销等职能领域；二是生产化学产品的业务单位和其他业务单位之间的供应关系；三是欠发达国家的多种业务经营;四是管理人才的开发和共享。这种联接是在高度分权的管理哲学指导下形成的,负责一国业务单位的总裁在决定接受还是拒绝母公司经理的建议方面拥有广泛的权力。母公司之所以能影响这些跨产品集团的联接,其依靠的是创造一种相互协作的文化,在不同业务单位经理之间建立复杂的网络和横向关系,对职业生涯的管理和人员晋升决定进行严格的控制,影响业务单位的战略发展,以及在必要时进行重组。

联合利华的目标是形成网络联系,并且不靠官僚体制或保持庞大的母公司来实现协调,它必须在平衡全球性跨产品集团之间的协作与地方自主权两方面进行努力。分权化的结构赋予各国当地经理特别是欠发达国家当地经理以极大的自主权。但是,各地的业务单位又被许多鼓励建立网络联系和协作的机制联接在一起。这些机制包括人力资源管理过程、海外干部管理、公司文化,其中最重要的当属产品集团的"协作"。

新近退休的董事长迈克尔·安格斯爵士说:"在我与销售经理之间一般只有四个管理层级,对于这一点我感到很骄傲。"协作部(coordination,在正式的管理语言中叫做产品部)发挥着关键作用。例如,个人用品协作部有大约 15 名员工,其中 10 多名是高级管理人员,被称为协作部"成员",他们以前是销售主管或业务公司的总裁,而且可能在协作不工作几年后再回去做原来的工作。这些成员没有直接的下属员工和范围广泛的明确责任。譬如,一名营销成员可能负责世界范围的护齿产品和所有拉美国家及印度的个人用品业务单位的联系工作,为履行职责,他或她可能需要与五六十位世界各地的总裁、销售主管和产品经理建立直接的联系。这样的工作量使他不可能再过多地承担其他事务。这一作用为不同国家业务单位的联接、指导世界范围的产品战略和最佳实践的转移——一种轻度的联接影响提供了载体。协作部还为所有业务单位提供有关其他业务单位业绩和实践的信息。由于这种文化，轻度的联接影响效果很好。安格斯说:“在联合利华有个不成文的规矩，你做出的特别决定也允许别人修改。”因此，“协作部”一词既恰当，同时也中肯地说明了语言运用的重要。

此外，联合利华在两个关键职能领域的管理特别有效。在研究和产品开发方面，联合利华在母公司控制的研究实验室和分权化的预算控制之间保持着非同寻常的平衡。总部实验室不得不说服业务单位继续资助他们。该公司还有一套使研究、营销和市场研究部门共同参与产品开发决策的流程，而且异常有效。结合它在脂类技术领域所拥有的专有技术，以及高级经理们对何为适当研究投入的感觉，联合利华保持着优异的产品开发记录。

该公司还开发了世界领先的面向大众消费者市场的概念营销技术。通过擅长市场研究技巧、专业营销和促销及广告的母公司营销部、精心培养的产品经理以及营销文化的培育，联合利华在全公司建立了一种世界公认的最佳营销技能。但是，如同母公司的其他职能部门一样，营销部并不是一个传统的、权威式的职能部门，它只是一个为业务公司提供服务的机构，并且只有在业务公司认识到这种服务需要时，它才能获得对其新创意的支持。协作部的营销员与营销部人员每个季度召开一次会议，并与广告策划人员开一次类似的会议。这些会议决定需要优先做的事情和采取的行动。

（三）跨国公司营运框架及协调关系模式

按照结构跟随战略的基本原理，相应于跨国公司全球一体化竞争战略的演化及跨国公司子公司的战略定位，跨国公司采用相应的营运框架组织内部的资源和权力的配置。目前主要存在四种不同的跨国公司营运框架(Bartlett and Ghoshal, 1989)，它们分别是多国国内战略导向下的分权联邦型（decentralized federation）多国化营运框架、简单一体化战略导向下的协调联邦型(centralized hub)国际化营运框架、集权枢纽型(centralized hub)全球化营运框架和正在出现的复合一体化战略导向下的第四种新型营运框架——整合式网络营运框架(integrated network)。在不同营运框架中，子公司之间的关系及母子公司之间的关系都存在显著的差别。

1. 分权联邦型多国化营运框架

分权联邦型多国化营运框架形成于第二次世界大战期间，主要为当时不断国际化扩张但是却面临关税壁垒和歧视性立法的欧洲公司所采用，反映了多国国内战略导向和地区中心主义的管理心态(图 5.3)。这种营运框架通常基于地区分部而组织，由此而形成地区型子公司结构，并涉及地区总部的结构安排。地区总部负责协调本地区之内公司的所有价值活动。

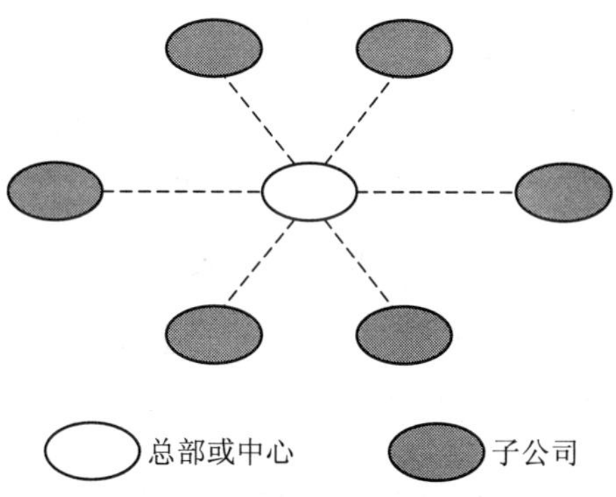

资料来源：Bartlett and Ghoshal，*Transnational Management*：*Text*，*Cases and Readings in Cross-Border Management*，Irwin Mcgraw-Hill，2000，p. 250。

图 5.3　分权联邦型多国化营运框架

在这种营运结构中，特殊的政治、经济和社会环境驱使跨国公司将许多关键的资产和责任分散配置在众多的海外子公司之中，每一个地区或者子公司很大程度上是独立自治的实体，拥有自身比较完整的价值活动体系，因而国内外的子公司及其经营活动也没有在同一条价值链上形成统一的有机体。子公司经理具有很强的地区战略计划能力，其主要职责是自主地感知和利用本地的商业机会，决定哪些产品和业务最为重要并让自己的产品组合适应当地的条件和要求。海外子公司作为独立的利润中心，在内部开发并保留知识和能力，可能向总部提交本地区内的环境数据。

海外经营业务被视为众多独立业务之间的组合，子公司之间很少存在横向的协调关系，母公司主要采用非正式的人员协调海外子公司，但是本地区之内的子公司则可以创造更多获取规模经济的机会。例如利用广告溢出效应，地区内部技术转移成本较低，地区内部子公司之间运用 JIT 原理降低经营成本和增强经营灵活性。同时，地区内部物质、文化教育和经济发展水平的相似性给地区型子公司提供了降低协调成本的机会，而子公司在掌握发挥地区内协调作用所需信息方面具有优势。

另外，该营运框架实行多元中心型的控制模式。欧洲跨国公司浓厚的家族主义色彩决定了对海外子公司经理的任命主要偏向选择家族内部的成员或者精通经营管理并且受到家族绝对信任的人员，该营运框架产生的初期受限于当时比较落后的交通、信息沟通状况，母公司介入和控制子公司的意识和能力受到限制，但是随着这些方面障碍的减少，母公司能够掌握公司总体的战略决策权和财务，并使用简单的财务控制手段控制海外子公司，海外子公司的经理直接向母公司的最高层汇报经营情况。海外子公司则拥有本地区的经营领导权和与每项价值创造活动相关的战略决策权，包括有权决定产品设计、生产、销售、市场开发等重大经营问题。

这种营运框架的主要优势在于国别子公司能够通过深度的当地外

部嵌入有效回应当地差异性的需求，从而具有较强的能力基础。主要劣势在于，总体上支离破碎的结构和重复的资源配置削弱了地区之间的规模经济效应，减少了地区之间知识和能力的流动，海外子公司没有能对总部或者姊妹公司做出能力上的贡献。特别是在 20 世纪 60 年代末 70 年代初，面对日本和美国跨国公司大规模生产和低成本竞争优势的威胁，实行分权联邦型多国化营运框架的欧洲跨国公司逐渐转变传统的分权思想，注重母子公司之间、子公司之间的全球性整合。

2. 协调联邦型国际化营运框架

协调联邦型国际化营运框架是 20 世纪 50 年代和 60 年代美国大型公司主要采用的形式，反映了国际化战略的导向和母国中心主义的管理心态(图 5.4)。美国公司利用美国作为世界上最大和最发达市场的优势，在国内锻炼出全球化运作所需要的规模、服务、人才、财务、产品开发及制造等核心竞争能力因素，然后吸收世界各地优秀的人才复制这些国内已经形成的很好的系统和流程及技术或者市场营销上的公司特有优势，实现海外经营和扩张。这种营运框架通常基于产品分部而组织，由此而形成产品型子公司结构。

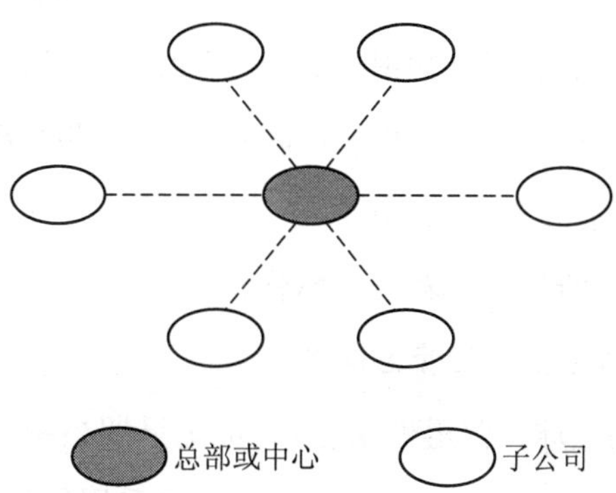

资料来源：Bartlett and Ghoshal, *Transnational Management: Text, Cases and Readings in Cross-Border Management*, Irwin Mcgraw-Hill, 2000, p. 250。

图 5.4 协调联邦型国际化营运框架

这种营运结构中，总部集权控制产品开发和产品设计等核心竞争能力环节，产品经理在总部控制所有生产和销售，而许多非核心的资产、责任、资源和其他决策权分散配置在海外子公司之中。因此，子公司仍然在一定程度上拥有重要的战略和营运自治权。

子公司的主要作用是在当地建立自成一体的体系，调整和利用从总部转移而来的技术、品牌、专利和管理知识与能力，服务于当地市场的需求。同时，海外经营业务被视为核心业务的国内业务的补充，子公司之间同样很少存在横向的协调联系。

母公司主要采用正式计划、预算等正式控制系统及提供技术、资本维持对海外子公司的控制，确保公司全球统一协调行动。通常总部控制研发和营销或者二者取其一，而把产品引进、制造和销售等方面的经营决策权下放到海外子公司，但是整个公司的主体结构仍以母公司运作为主。

这种营运框架的主要优势在于子公司能够通过深度的内部嵌入有效利用并保护总部开发的知识与能力，特别是容易将总部开发的完善的原则和操作方法扩散到全球。主要劣势在于，回应当地差异化需求的能力较弱，规模经济效应也不明显，较弱的当地外部嵌入性意味着子公司的组织学习动力不足、知识获取能力不强。同时，子公司尽管与当地的供应商、分销商及金融机构有所联系，但是这些联系与公司系统整体的价值增值没有多强关系，由此，子公司本身开发知识和能力的努力并不受总部重视，难以产生较强归属感。

3. 集权枢纽型全球化营运框架

集权枢纽型全球化营运框架是 20 世纪早期福特和洛克菲勒等公司及七八十年代日本公司国际化过程中主要采用的形式，反映了全球化战略导向和母国中心主义管理心态(图 5.5)这种营运框架通常基于产品分部而组织，由此也形成产品型子公司结构。

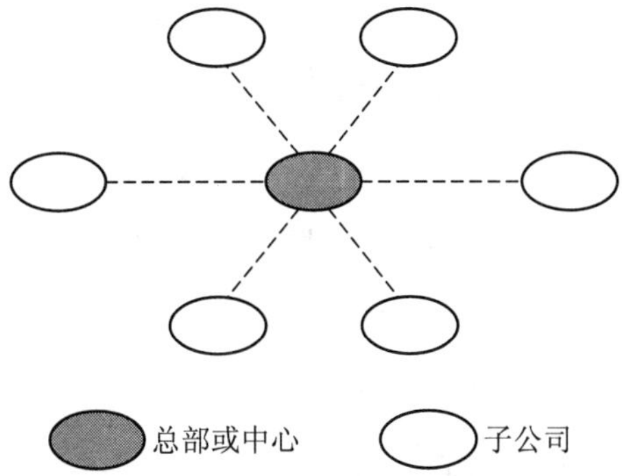

资料来源：Bartlett and Ghoshal，*Transnational Management：Text，Cases and Readings in Cross-Border Management*，Irwin Mcgraw-Hill，2000，p. 250。

图 5.5　集权枢纽型全球化营运框架

这种框架中，大多数战略性的资产、资源、责任与决策权集中在母公司，海外经营业务被视为向全球统一市场输送（装配和销售）产品和服务的管道。在日本跨国公司国际化的初级阶段，母公司将基本经营理念、基本行为规范及质量管理、营销系统、决策调整系统、信息共享系统、员工教育系统、员工评价系统等基本管理系统大规模转移到海外，海外子公司的主要作用是执行总部制定的战略、计划和政策，几乎没有决策自治权。

子公司之间存在很少的横向协调关系，但是子公司之间可能产生强烈的资源和权力冲突。因为全球一体化压力是主要关心的压力，集权的压力很大，有些子公司可能为了母公司或者姊妹公司的利益而失去一些关键的资源和能力，最后完全沦为简单的战略执行者。

该营运框架实行母国中心型的控制模式。母公司严格控制海外子公司的决策、资源和信息，知识和能力在总部开发并保留，严格限制子公司创造新产品、制定新战略或者修改既有产品的自由。

这种营运框架的主要优势在于容易内部管理，能够有效开发全球性产品以利用全球规模经济效应，主要劣势在于，海外子公司当地外部嵌入性弱，学习积极性不强，回应当地差异化需求的能力很弱，子公司本身开发知识和能力的努力不受总部重视,子公司很少有动力开发自身的管理技能。这种劣势在软件和"量身定制"型产业中尤为严重。随着跨国公司海外发展进程的深入,近年来越来越多日本跨国公司针对这种劣势,不再进行母公司管理方式的硬性转移,开始充分尊重当地的管理方式以回应当地环境和资源状况。

4. 整合式网络营运框架

以上三种营运框架模式各有优势和劣势,但是在当今动荡竞争性的环境中,跨国公司面临建设同时具有三种模式优点的营运框架的巨大挑战。在高强度国际竞争环境下,公司开发跨国化组织能力的能力是区分成功者和仅仅维持生存者的关键因素(Bartlett and Ghoshal, 1989)。作为国际分工发展到高级阶段的产物,整合式营运框架就力图开发这种跨国化组织能力,能够同时保持全球效率,有效回应当地需求及充分利用全球学习的潜力,成为正在兴起的新型跨国公司营运框架(Bartlett and Ghoshal, 1998)(图 5.6)。

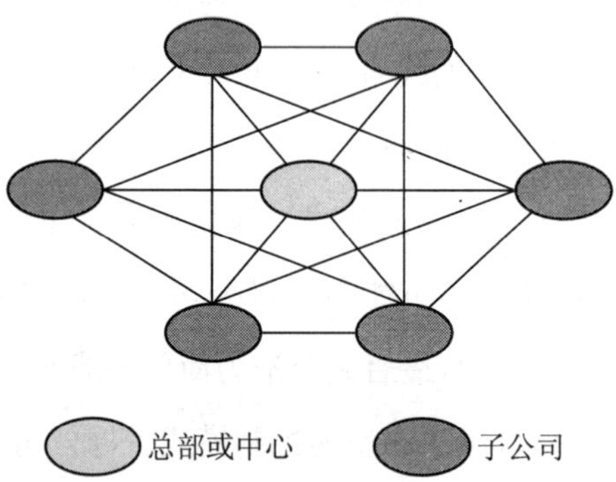

资料来源:Bartlett and Ghoshal, *Transnational Management: Text, Cases and Readings in Cross-Border Management*, Irwin Mcgraw-Hill, 2000, p. 250。

图 5.6　融合式网络营运框架

在整合式网络营运框架中,专业化的资源和能力分散配置但相互依赖,反映了跨国化战略导向和全球中心主义管理心态。这种营运框架通常基于矩阵结构的原理而组织，尽可能地平衡公司业务、地区和职能活动之间的关系。这样的跨国公司营运框架不仅避免了依赖单一或分散的国家资源的传统限制，而且体现出一种在全球范围有效利用并整合全球要素的分工协作关系。通用汽车、福特和IBM在20世纪80年代就开始建立了具有明显实效的全球性网络生产体系，在不同国家、业务之间形成网络式分工协作体系。20世纪90年代以来，日本和美国制造业特别是汽车和家用电子产品产业的跨国公司均在世界范围内建立起国际分工和生产体系，形成了全球产业网络系统。其主要特点是逐步将各地的子公司紧密结合起来构成网络，增强生产经营一体化程度。

子公司的主要作用不再只是公司产品的输送管道、母公司战略的执行者或者公司战略的调整者，而很大程度上是在全球范围内合作开发并共享知识和能力，为公司全球一体化经营提供差异化贡献，从而同时具有很强的内部嵌入性和外部嵌入性。这些遍布全球的子公司作为整个公司网络中的一部分，构成有益于跨国公司总体的思想知识和技能的潜在来源，利用独特能力做出独特的贡献，例如成为全球卓越的生产中心、研发中心或者营销中心。

同时，相互依赖的子公司之间存在广泛的多方位的物流（零部件、原材料）、资源（资金、技术和人员等）和信息的流动，这是跨国公司实现全球学习的重要基础。子公司之间不同性质的资源流适用于差别化的协调手段，例如，物流比较稳定而且比较容易准确地预测，比较适用于明确的程序和严格的制度等正规的管理流程，资金、技术和人员等资源的流动代表着公司战略上的选择，而只有对公司全局具有全面了解的高层经理人员才能做出这些关键的决策，所以对这些资源的协调比较适用于集权式的协调手段，具有相当多样性和可变性的信息和知识使得正式和集权式的协调手段不那么有效，而比较适用于社会化的协调方式。

另外，该营运框架实行全球中心型的控制模式，母公司在共享决策的框架下对子公司实行多种形式复杂而灵活的协调和控制，以确保分散的增值活动形成完整的最终产品。由于跨国公司总部在战略问题例如全球目标上具有更强的信息优势，而海外子公司在经营性问题上具有更强的信息优势，所以在整合式网络中，母公司通常在战略问题上集权控制，而在经营性问题上则较为分权，可以在母公司授权范围内自行制定具体的实施计划并调配资源。为了实现区位经济效应和全球规模经济效应，母公司在一定程度上集权控制全球的研发和生产中心，但是为了具有地方回应性，母公司又把许多经营决策权特别是营销决策权下放到子公司。这样做的主要好处在于能够满足更加复杂的经营环境下速度、弹性、成本控制及企业当地化和员工归属感等方面的要求，不过对于这种整合式网络的运作，需要在不同的子公司配置同样水准的人才和信息管理能力。

(四) 案例：ABB 子公司间矩阵联接的协调机制[5]

ABB 是世界上最大的电气公司之一，1993 年收入约为 280 亿美元。1988 年 2 月，通过合并 1883 年创立的瑞典公司 Asea 和 1981 年成立的瑞士公司 Brown Boveri 后成立了该公司。虽然公司成立时间不长，但是它所继承的遗产却跨越了一个多世纪。公司有大约 5 000 个利润中心，平均每个利润中心大约 40 人，总共有雇员 206 000 人。这些几乎不能独立生存的利润中心又被纳入 1 500 个地方公司。然而，它们在 ABB 内以各种不同的方式连接在一起。

连接维度之一是每个利润中心都被划入某个业务区，业务区在世界范围内集中从事某种特定的产品或服务，例如，动力、处理工程、水力发电厂、空气污染控制、大众传输工具和信号装置都能够业务区。1993 年，大约有 50 个业务区(或“BAs”)，在某种程度上，每个业务区可看做是一个全球化的企业。

然而，在另一个维度上，每个利润中心又是某个地区公司的一部分，譬如，在德国的 Asea Brown Boveri Aktiengesellschaft 和在美国的 ABB 公司。这些国别性或区域性的公司代表着另一种连接方式，它们一般反映了构成 ABB 的国家历史渊源及其侧重的业务（例如，瑞典的 Asea 公司，在德国和瑞士均有基地的 Brown Boveri 公司，芬兰的 Stromberg 公司，美国的 Combustion Engineering 公司）。

这样，ABB 同时采纳三种不同的业务定义，每一种均包含着不同的业务侧重点和规模。第一种定义体现在组织矩阵中心的"原子"单位。它们有很大的自由度和权责来决定为完成预算和规划做什么和不做什么，而且它们作为个体的身份使员工具有归属感和所有感。用首席执行官帕西巴尔微克的话说："我们是分权化的狂热信徒。我们组建地方公司时，总是力图建立独立的法律实体。独立的公司才能使人们真正对现金流和股利负责，并创造真实的资产负债表。独立公司还能以更有效的方式聘用和激励经理人员。人们在那些规模小到可以理解并可以控制其发展的公司，才能看出明确的职业晋升之路。因此，这些业务单位在某种更真实的意义上来说实际上就是'企业'。"

然而，第二种定义则侧重于每个业务区内部的全球性整合。在有的业务区，譬如建设发电厂，相同的竞争者几乎为每一份合同展开竞争。巴内微克坚持认为："实际上，国界已经没有意义了。"在这种情况下，业务区必须发挥全球性企业的作用，并整合所属企业。

第三种定义强调一体化的当地业务所产生的价值，以及基于这种价值的区域性或民族性：首先是一国的劳动力资源（例如，在同一国家通过跨业务地提供职业发展计划来吸引人才）；其次体现在顾客方面（例如与之保持更多的接触）；最后体现在政府和社区方面（例如，作为当地的大企业期望得到政府的支持并享受某些优惠，特别是在该国一些敏感或感到自豪的领域)。

虽然这种多元方式似乎没有必要搞得那么模糊和复杂,可是它却以某种方式为ABB员工们减少了复杂性。地方公司的人相当清楚他们的具体业务单位应该做什么,而且他们将地方公司的经理看作决策的焦点人物,他是可见的,而且就在他们身边。地方公司的经理们虽然必须接受并担负着双重报告责任,但他们不必是“全球性的经理”。负责一国或地区的经理要管辖范围广泛的业务;但是他们的职能主要是使这些业务单位按照已经达成的预算行事。他们无需了解所有的全球性成本选择或每一个业务的具体技术变化,但是要求他们确保短期的财务业绩达到预期的目标并设法使地方关系有利于公司。如果财务业绩不能达到预期目标,他们将立即与相关的业务区和业务单位负责人制定改进方案。

业务区的领导人确实处于一个更具全球性、也比较尴尬的地位。他们的工作涉及不同的国家,他们鼓励资源流动、产品专业化、分配出口,对单个业务单位来说,这些问题都非常敏感或具有威胁性。而且,他们没有直接的权力或资源。典型的例子是,业务区的领导人要负责有该业务区来自全球各地最大公司的总裁组成的管理委员会。业务区领导的参谋人员通常都是经验丰富的经理,一般有6名或更少,他们在世界各地关注知识共享、优化或推广最佳实践的机会。业务区领导取得成绩的能力更多地取决于其影响力而非权力,因此他在这种结构下处于最困难的地位。而且他还会更困难,因为从历史上看,构成现在ABB的很多公司在母国都具有很强的民族性,由此产生了不易驾驭的既得利益问题,例如在把重大的生产力从一国转移到另一国时就会遇到这样的问题。

业务区要保存资源的历史配置现状而不是挑战它,管理层在设计这种矩阵结构时已经考虑到这种危险了。正如瑞士巴登的一位高级副总裁所描述的:“起初,我们试图将业务区的管理层设在某项产品或服务领域最强的国别公司中。可是，这却产生了偏袒本地区的问题。因此，我们让业务区脱离各个国家而使它们更独立。但是这又产生了别的问题，由于业务区不能直接控制资金或人员，它很可能会沦为一具空壳。如果一个世界范围的业务区经理说'右'，而德国的经理说'左'，那么业务区经理就无计可施了。由于公司的法律结构是根据区域设计的，使这种矩阵类型在很大程度上偏重于区域。"结果，很多高级经理都戴着"两顶帽子"，即拥有横跨矩阵两个维度的责任和资源，尽管这种做法的可取性到 1993 年才成为该年度的回顾主题。

虽然这一矩阵具有模糊性和复杂性，但很多经理仍然感到它可以导致更好的总体决策。正如 ABB 在德国的一家地方公司的总裁描述的那样："矩阵的优点很多。由于是从两方面来考虑所有的问题，决策的质量比传统体制高多了。此外，决策一经做出就很少更改，所以连贯性很强。"北美一家公司的副总裁则总结道："要使这种矩阵结构运行良好，需要地区和业务区管理人员之间的争论。这取决于三个因素：冲突、配合和信任。目前由于我们还是一个非常年轻的公司，可能更多的是冲突，有健康的也有不健康的。我们现在必须发展能够支持这种矩阵结构的共享价值、共同语言和共同文化。"

虽然很多 ABB 的评论者都把焦点放在矩阵结构和母公司把各业务单位连接在一起的作用上，但是，ABB 更具实质性的成就在于它打破了历史上的帝国式公司和等级管理制度，使它们成为可管理的模块。在这种背景下，矩阵提供了一个框架来防止业务单位因"原子化"陷于崩溃和彻底的混乱。它不是一种使先前结合在一起的业务实现有序分离和重组机制，而是为已经分离的业务单位重组联接的系统。ABB 是由一系列以等级管理方式治理的不同国家的强大公司拼凑而成的。如果只是简单地并购或合并这些公司所有权，那么其中就会产生很多阻止它们进行有价值联接的障碍。

首先，如果没有详细地衡量业绩的标准，使公司难以评估甚至无法察觉联接的机会。清晰透明的集团财务报告系统提供了ABB所有5 000家分权化利润中心的数据，改进了各业务单位的透明度。而且，内部交易遵循市场价格，而不是人为的转移价格，并注意向那些特别成功的企业学习。第二个障碍是等级制的决策过程，它限制了各地方公司利用原来分立的公司之间的联接。自相矛盾的是，新并购的大型公司是通过分解方式得到整合的，而不是把它们建成一个更大的一体化公司。在Brown Boveri与Asea合并以前，曾在Brown Boveri工作的一位经理评论道："在Brown Boveri时代，我们甚至从未使我们在巴登和曼海姆的两家大公司实现配合。但是，分权化使ABB的各业务单位结合为一个公司。"第三，业务区的存在超越了公司的国家界线，消除了签约障碍并打破了僵局。例如，当决定不同业务单位——处于广泛的产品范围内——的经营重点或划分出口市场时，业务区的经理能够迅速地帮助业务单位获得专业优势而无需繁琐的多方协议，而完全独立的公司或完全分立的部门之间则需要这类协议。业务区还能够为实现采购的规模优势而进行协调，对供货商来说，这种采购既经济又可靠，而且可以授权职能专家来负责剔除不必要的重复和偏差。

采用网络方式的价值取决于很多因素。就其业务单位的特征来说，其多维度的联接必须既有价值，又具有可变性；如果不是这样，较为明确且不那么灵活的结构即可满足需要，而且易于管理。在某些条件下，这种方式的效果可能更好。作为一种打破复杂等级结构的有序方式，它具有解放意义。作为一种联接原先独立业务单位的系统，网络方式看上去可能过于复杂。这种方式的成功也取决于母公司的特征。如果母公司既官僚化又庞大笨重，那么业务单位将被规则和成本吞没。理想的情况是，母公司既具有发挥促进作用和有效施加影响的能力，又无需承担等级制的负担。

四、案例研究:广州本田雅阁的子公司知识管理机制[6]

在管理学研究中案例研究被广泛使用,广州本田在很多方面能为本书的研究目的提供服务。首先,从潜力来看,中国是世界上增长最快的市场。其次,日本汽车制造商成为管理学学术界分析的焦点,这是因为日本汽车工业在 20 世纪 70 到 80 年代成功打开了原本是欧美主导的全球汽车市场。对管理学学术界,特别是战略管理学者而言,本田扮演了重要角色。再次,广州本田自成立以来受到传媒、分析家,更重要的是顾客的强烈追捧。在中国,广州本田快速崛起成为汽车行业成功典范之一。相应地,在最近的管理学文献中它也被广泛提及。数据来源包括权威出版物,如中国汽车制造协会刊物、中国经济日报等。在考虑数据来源时,某些网站信息也被用于研究。

(一) 广州本田概况

中国是潜在的世界上最大的增长市场。中国对汽车的需求以显著的比例增加,这种需求似乎没有极限,汽车产量在过去 10 年一直在增长。这种繁荣无疑加强了跨国汽车制造商对中国的承诺。

1998 年 6 月 1 日,广州本田在广东省广州市奠基,由日方本田摩托和中方广州汽车集团各投资 50%,职责是通过制造汽车为中国汽车市场服务。注册资本为 11.6 亿元人民币,合同期限为 30 年。本田公司自从在 20 世纪七八十年代成功进入世界汽车市场而成为一个高水平的汽车制造商,并吸引着学术界和实物界特别的关注。广州汽车集团——中方合伙人,也是一个知名的汽车制造商在中国汽车行业扮演着非常重要的作用。

广州本田一开始以小规模投资启动,而没有考虑大规模投资。例如,建立了同行业中新型的工厂等等。广州本田收购正在亏损的广州标志——一家成立于1985年的中法合资企业。随后，广州本田集团发起了对经营了13年的制造设备和厂址进行大规模改良的计划，目标是使企业扭亏为盈。结果，广州本田的汽车以合理的价格销售，满足了中国汽车市场的需求。实际上，广州本田在中国汽车市场上留下了很多第一。例如，它是在中国中层和奢侈汽车制造上第一个达到年销量30 000辆的厂商。

即使是在爆发了SARS的2003年，广州本田依然保持持续快速的发展。2003年4月，广州本田生产了11 367辆汽车，销售11 255辆汽车，都是那个月同行业中的最高纪录。本田也达到日产500辆汽车，创造价值1亿元。在2003年1月15日，本田举办2.4iVTEC(雅阁第七代)下线庆功活动。到2003年1月27日，广州本田累计产量达到20万辆。到2003年7月，本田汽车累计产量超过435亿元而累计利润和税收达到165亿元人民币。广州本田的发展速度鼓励了它扩大在中国的投资。5月29日，公司在中国广州经济技术发展出口加工区成立了本田新客运轿车工厂(本田汽车股份有限公司)。打算开始投产小型1.0—1.5升客运轿车，年产量5万辆，主要针对海外市场包括欧洲和亚洲。

表5.5　广州本田2003年1—3月经济指数

	2003年1—3月	2002年1—3月	增长比率
汽车产量	27 615辆	17 182辆	162.22%
所售汽车	27 075辆	15 901辆	158.73%
产量价值	57.13亿元	23.9亿元	141.86%
利润和税收	18.65亿元	5.4亿元	128.8%

资料来源：Li Gang, "Strategic Knowledge Management in MNCs Subsidiaries: A Case of GuangZhou Honda," *The Journal of the Study of Modern Society and Culture*, No. 28, 2003, p. 25。

在过去15年中，广州本田致力于保持领先地位，做一个在中国有价值、有责任的公司。这或表现在财务或公益捐献上或表现在特色和服务上。广州本田和当地政府和社区建立了很好的关系。例如,当本田收购广州标志时,没有开除大部分员工。与当地政府合作,本田使旧制造设备和厂房焕然一新。更重要的是,本田将它们转换成有益于当地社区的多产、多工作机会的综合体。在2001年4月28日,广州本田和中国其他三个本田分公司捐赠300万元给中国绿色基金会。2003年4月28日,当中国处于SARS阴影下时,广州本田投入100万元给广州红十字会用于研究SARS的防治和治疗。结果,广州本田被认为是在中国投资最受欢迎公司之一。例如,2002年在投资中国的最受欢迎公司中,广州本田排在前20位。

尽管有很多原因可以解释本田的成功,但战略知识管理在决定本田经营业绩中起着十分重要的作用。广州本田战略知识管理在三个方面表现明显:战略上计划知识管理;经营知识管理网络代替分割的知识管理活动;在全球一体化情况下,下放当地知识管理权。

(二)子公司的战略知识管理计划

自从20世纪70年代以来,跨国公司子公司成功进入世界市场,并通过长期计划在市场上有能力占据一定地位,这受到世人的赞许。很明显,本田在其中是佼佼者。本田的成功可归功于它的战略计划知识管理。战略知识管理不仅在传统的等级制度低层次创造收益,而且通过头脑风暴法在高层次人群中改善协作创造新知识。在2000年对北京青年的一次采访中,当时广州本田副总经理原中荣证实战略计划在本田的发展中扮演了非常重要的角色。例如,本田已经制定它的商业发展计划到2010年,其中包括具体的产品计划、发布日期及财务安排。

中国汽车市场是一个新型市场。在这样一个商务环境中,广州本田计划知识管理一步一步伴随着中国汽车市场发展而增长。这也与如下的结论一致。知识有一个生命周期，通过理解这个循环过程，组织能够裁减知识管理的技术用于它们所处的特殊生命周期阶段并从知识资产中得到更大的价值。

例如，广州本田在一开始主要关注所生产的雅阁(第六代)知识传播。1999 年 3 月 26 日，第一代广州本田制造的雅阁下线庆功。不久它就被证明是对中国汽车市场的一次冲击。当广州本田在 2002 年 12 月 4 日停止生产雅阁(第六代)时，累计销量已达到 139 000 辆。雅阁的成功为本田发展奠定了基础，并通过增加雅阁款型扩大生产线。到 3 月 22 日，广州制造的雅阁款型达到 3 种。它们分别是 2.3Vti-E 奢侈型、雅阁 2.3Vti-l Common 型及雅阁 2.0EXI 环保型。一年以后，又增加了本田 Accord 新款。到 2001 年 4 月 10 日，举办第一辆广州本田雅阁3.0V6下线活动。到 1 月 12 日，广州制造的雅阁累计产量达到 100 000 辆。

当与雅阁生产相关知识管理成熟时，广州本田通过增加一系列轿车迅速扩大了生产线。到 2002 年 4 月 10 日，广州本田举行投产奥德赛的下线庆典。仅仅 8 个月以后，奥德赛精细版就引入中国。奥德赛为司机和每个乘客提供个人最大化的舒适和性能，这超过了很多需求非常挑剔的顾客的预期。奥德赛的建设是在继承本田领先设计基础上生产的，并且运用了顾客想要的和合适的领先技术。但是雅阁的发展不因奥德赛的生产而有所阻碍。到 2003 年 1 月 15 日，广州本田举行投产全新雅阁 2.4i-VTEC 的下线庆典。广州制造雅阁 2.4i-VTEC 属于雅阁(第七代)，同时本田在世界范围引入。虽然全新广州制造的雅阁是根据雅阁美国版生产，但是很多改进还是考虑了中国当地的使用习惯和道路条件。全新广州制造雅阁提供了优良的驱动设计和功能，保持了本田质量传统并达到更高的质量、可靠性和安全性水平。通过达到欧洲 3 号排气标准，全新广州造的雅阁变得更环保，运动款变得更有吸引力。与生产雅阁和奥德赛相关知识管理为本田公司发展奠定基础，并进一步扩大生产线。

广州本田有一套能不断推动它向前发展的理念。这些理念勾勒出广州本田通过提供高质量产品和服务，以一种有道德和负有责任的方式传递价值给它的相关利益者，并制定一套有助于本田在本领域生存和发展的标准。这些理念有助于本田汽车不断继承它，并推动它走向一个更成功的未来。例如，当致力于推出雅阁新款时，广州本田还坚持这些理念并在改善业绩方面实现最高质量。

（三）地方知识管理权力下放

跨国公司面临的一个很重要的问题就是如何在保持子公司灵活性的同时维持各部门知识管理的效率。通过分析 34 个美国跨国公司、23 个英国子公司、50 个东南亚子公司的高层访问资料发现，处于高度控制下的子公司往往表现平平（Richards，2000）。知识管理过度地集权将会导致系统的瘫痪，相反，过度地权力下放而缺乏全球化整合也会导致混乱。当对子公司的知识管理具有相当的灵活性时，战略整合需求便变得十分重要了。对子公司权力下放得越多，就越有必要进行协作化战略整合。相应地，企业应该建立一套致力于知识管理整合与权力下放的独特的管理方式。

在讨论公司在国际商务领域所获得竞争优势中，波特采用了基于四个因素的钻石模型。这四个因素是需求条件，要素条件，相关支持公司，公司战略、结构和竞争。在公司层面上，有人指出内外部网络在决定公司经营业绩上扮演重要的角色，这些公司都直接在国外投资。广州本田知识管理与这些发现一致。例如，处于当地网络高层的顾客如图 5.7 所示。在最近管理文献中，强调客户的交互作用对捕获价值的重要性。为了更好地为当地顾客服务，广州本田引入特许权销售服务系统，其特征是四合一系统。本田是中国第一个引进四合一特许销售系统的公司。不像其他系统，这是由广州本田直接开发的特许销售系统，将四个商务功能整合成一个组织。四个商务功能分别是指：汽车销售、售后服务、零件供给、顾客沟通。正是该系统保证了顾客的满意，这开启了经销权制度。充分利用四合一服务系统，本田特许经销商在形成全面的客户经验(从购买到满足售后服务需求)方面起到积极作用。该系统在获得、处理、分析市场信息方面也扮演重要作用。这有助于广州本田在一开始向它的客户提供最好的方案满足其需求。如图 5.7 所示，到 2003 年 8 月 7 日，广州本田建立了 140 个特许经销店，触角遍及中国各领先地区。

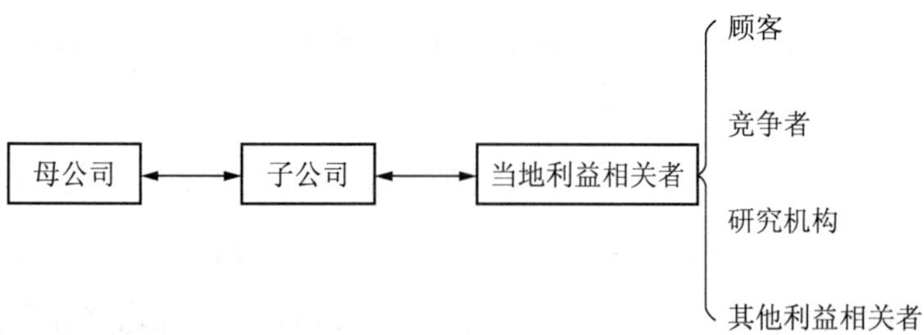

资料来源：Li Gang, "Strategic Knowledge Management in MNCs Subsidiaries: A Case of GuangZhou Honda," *The Journal of the Study of Modern Society and Culture*, No. 28, 2003, p. 25。

图 5.7　子公司所处情境模型

根据图 5.8 情境模型所示，研究机构在当地网络系统中也起了作用。通常，同当地研究机构合作可以充分享受规模经济，减少相关风险。在同当地独立研究机构合作过程中，广州本田平衡了依靠自身研究和信赖外部研究合伙人之间的关系。例如，代替依靠自身的研究，广州本田相信有着科研风险的海南摩托测试研究机构可以去测试广州制造雅阁的可靠性。海南摩托测试研究机构是一个历史悠久独立的研究机构，为中国汽车制造商进行了很多试验。该机构在崎岖不平的道路上进行了 20 000 千米的行驶。在崎岖不平道路上行驶 20 000 千米相

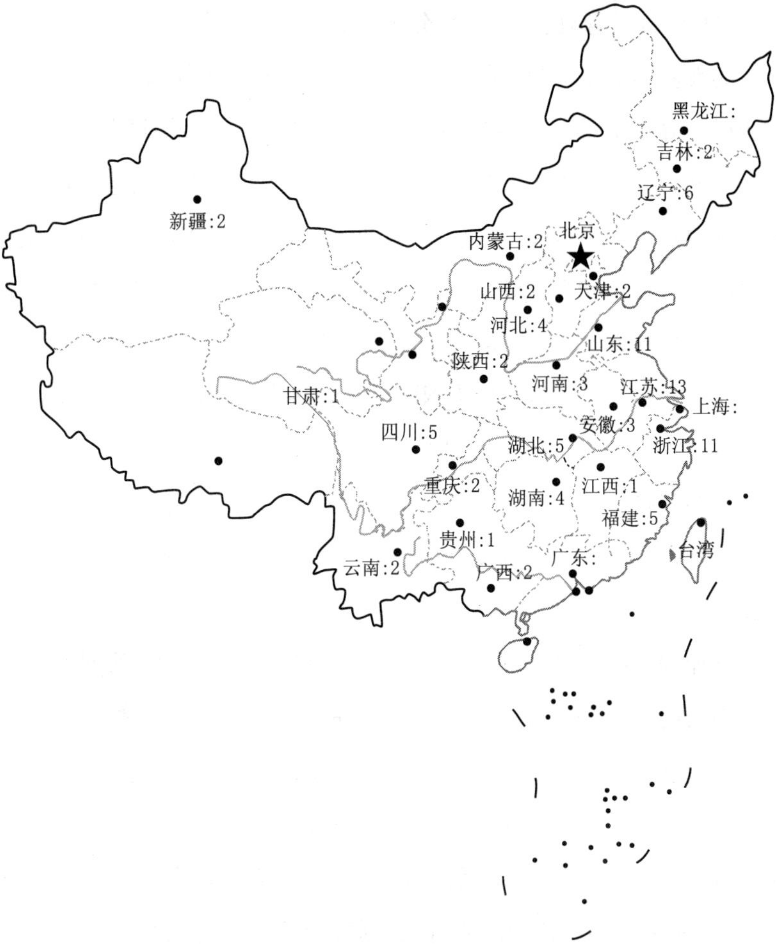

图 5.8　广州本田在中国的分支机构

当于在正常道路上行驶 26 000 千米。海南摩托测试研究机构提供一些专家执行该项研究。这种与当地研究机构合作的方式可以帮助广州本田执行相关试验使它的汽车跑得更快,并达到更高的规模经济。虽然当地知识精华被认为是跨国公司子公司发展的一条创新路径,但是很明显,广州本田还处在初始状态。2003 年,本田摩托研发中国股份有限公司已经在中国启动摩托车的研发工作。

（四）知识管理网络代替分割的知识管理活动

随着协作的全球化，平衡知识管理，各子公司和各部门之间的关系就变得十分重要了。广州本田通过在2000年建立NGH机制来应对这一问题。NGH代表着新一代的广州本田。出于共同利益，本田的员工自觉地管理着NGH，作为一种商业运营的新模式，NGH的目标就是通过团队合作和自律建立一个和谐而富有活力的工作环境。交流、协作和创新在NGH中通常处于优先地位。NGH已经同NHC很好地结合在了一起。NGH在推动NHC的全球化高水准发展方面扮演着非常重要的角色。广州本田知识管理得益于这种运作机制成功地同本田企业融合在了一起。

一开始就有38个NGH团队和244个参与者。不久，NGH团队的成员数量就增加到175个。参加NGH的员工也由占员工总数的12%增加到45%。本田的NGH团队对创新性观点有着强烈的热情，生产创新的动力源于竞争而带来高产量。通过这样做，本田的NGH团队将注意力集中于通过已有的经验获取指导将来的方法。以Diamond NGH团队为例，该团队的口号是“没有金刚钻就不揽瓷器活”。这句口号意味着人们对艰巨的任务仍保持着足够的信心。Diamond NGH团队以车轴调校为研究对象。通过一系列艰苦的工作，Diamond NGH团队通过分析问题的各方面，努力寻找解决之道而将这一任务完成。通过协作努力，Diamond NGH团队在2002年本田NGH会议中夺得奖章。

NGH同本田NHC有着密切的联系，NHC代表着新的本田运作模式。NHC已经在本田的成长中扮演了很重要的角色。尽管表面上看起来NHC只是个普通的模式，但本田NHC还是有一些与其他协作组织不同的特征。这些特征包括成长关注、自我问题定义等等。NHC的核心是通过与本田有着共同利益的本田员工自行管理NHC。通过一系列的技能方法，NHC 的目标就是应对最富挑战性的工作。通过非官方机制，NHC 的成员有自由选择研究对象和钻研方法的权力。NHC 涉及应对困难问题、改进业绩、培养员工等。与各自分开相反，NGH 同 NHC 步调一致。NGH 扮演了推动 NHC 开展全球化活动的重要角色。比如，来自 7 个合作机构的 300 多名代表参加了本田 2002 年 8 月 4 号于广州举行的 NHC 中国地区会议。本田在 2002 年建立了 610 个 NHC 团队，分散于各子公司中。占雇员总数 29.7%的 3 812 名雇员参加了 NHC 的活动。在会议期间，21 个团队展示了它们的研究成果。这些成果囊括了质量控制、技术、成本、管理和经营效率、机器维修等等。本次会议的胜利者包括 Diamond NGH 团队，赢得了参加 NHC 全球会议的机会。得益于此种规则，在广州本田的知识管理同本田企业完美地融合在了一起。

注 释

[1] 改编自(美)迈克尔·古尔德、安德鲁·坎贝尔、马库斯·亚历山大:《公司层面战略》,黄一义等译,人民邮电出版社 2004 年版。

[2] 资料来源:美国《财富》双周刊 2006 年 3 月 6 日文章。

[3][4][5] 改编自(美)迈克尔·古尔德、安德鲁·坎贝尔、马库斯·亚历山大:《公司层面战略》,黄一义等译,人民邮电出版社 2004 年版。

[6] 改编自 Li Gang, "Strategic Knowledge Management in MNCs Subsidiaries: A Case of GuangZhou Honda," *The Journal of the Study of Modern Society and Culture*, No. 28, 2003, p. 25。

第六章
跨国公司子公司间知识转移的社会化基础

如果一家子公司是作为一个利润中心来管理的,其目的必然是保持绩效控制和低成本,子公司的自主权是关键。然而,这导致了高水平的内部子公司协调和对一个子公司利润最大化有害的知识共享。一些学者强调经理们的机会主义行为倾向也可能受社会化的影响。因此,一些学者建议用社会化和标准化的控制方法来促进知识的共享。戈沙尔和巴特利特(Ghoshal and Bartlett, 1988)从社会化的角度提出跨国公司的子公司知识转移应该通过规范的整合来完成,这是对促进创造集中并合作的母子关系社会机制的一个重要发展。

一、社会资本与其三个维度

跨国公司网络促进了知识转移,然而知识转移确切发生的程度可能会受到单元间网络关系的影响并由其决定。为了促进更多的跨国界的合作与协调以及跨国公司单元间有价值知识的流动,网络关系结构和相关属性对于跨国公司内知识的创造和转移都是很重要的资源。纳哈皮特和戈沙尔(Nahapiet and Ghoshal, 1998)把这些网络资源称为社会资本。在关于社会资本的文献中,早先的研究主要关注的是社会资本作为管理合作关系的一个有价值的资产所起到的作用。社会资本被视为是资源交换和价值创造中的一个促进因素。跨国公司社会资本角度研究的潜在贡献是它为内部单元的关系和认知维度提供了框架,这些经常是以诸如"内部单元的相互作用"或者"控制和协调机制"为题目的跨国公司研究中的目标,因而对社会资本角度的应用可能为我们对跨国公司内部单元知识共享的理解做出很大贡献。

社会资本的概念植根于布尔迪厄关于权力和资源的思考。不同类型的"资本"(例如经济的、社会的、文化的等等),被视为或多或少容易互相转变,构成了布尔迪厄社会学的关键要素之一(Granovetter and Swedberg, 2001)。例如,经济资本(物质财富)可能在一定条件下被转变为文化资本(知识、技术或其他文化产出)(Thompson, 1991)。布尔迪厄一开始在他的教育社会学中所使用的社会资本表示"实际或潜在资源的总和,这些资源与相互获得和认知的或多或少制度化关系的持久网络的所有权相关。或者换言之,是在一个群体中的会员资格——它向其每一位成员提供集体所有资本的支持,一个可以使他们彼此信任的'凭证'。"(Bourdieu, 1986; Granovetter and Swedeberg, 2001)纳哈皮特和戈沙尔(Nahapiet and Ghoshal, 1998)基于布尔迪厄(Bourdieu, 1986, 1993)和帕特南(Putnam, 1995)提出的定义——社会资本是总的实际和潜在资源,它们存在于、获得于并产生于由个人或社会单元所拥有的关系网络。

纳哈皮特和戈沙尔将在公司的背景下的社会资本区分为三个相互联系、重叠但不同的维度:结构的维度、关系的维度、认知的维度(见图6.1)。蔡和戈沙尔(Tsai and Ghoshal 1998)把结构维度冠以术语"社会相互作用",把认知维度冠以"共享的视野"并把关系维度称为"信任"。社会相互作用指的是在关系双方之间规范整合的程度(Ghoshal and Bartlett，1988)。信任关系指的是相互作用由声誉信任发展和对相互作用的期望所标记的程度(YLi-Renko et al.，2001)。共享的理解指的是普遍商业观点和相互理解(Dyer and Singh，1998)。实证研究说明社会资本的这些性质影响单元间的知识交换(Tsai and Ghoshal，1998；YLi-Renko et al.，2001)。他们也检验了这些维度和在一个大的跨国公司内15个单元间的资源交换和联合模式的关系。他们的研究结果表明跨国公司内部资源交换和联合实际上随着社会资本的水平增长。蔡和戈沙尔将资源交换和资源联合作为一个概念讨论，因为“资源联合过程经常与资源交换一同发生”。

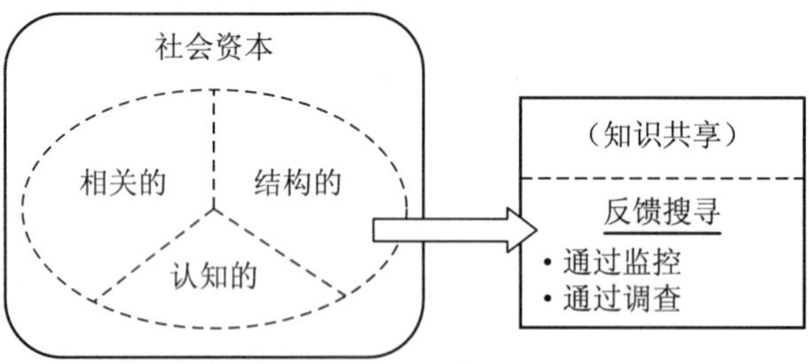

资料来源：LiLi et al. (2003)。

图 6.1　反馈搜寻对知识共享的作用

对社会资本的关注可能因为两个原因会对理解跨国公司内部单元知识共享有价值。第一，正如纳哈皮特和戈沙尔(Nahapiet and Ghoshal，1998)所说的，它可能有助于在一个共同的概念框架下把目前的洞察作为知识系统联合进组织的属性。第二，李立等(2004)认为社会资本方法能阐明内部单元关系的某些维度，其具体指的是与信任、一致性、认同、观点、价值等与知识共享有关的问题，如纳哈皮特和戈沙尔所概念化的社会资本的关系和认知维度。在跨国公司早先的研究中，考虑到结构上联系的存在，关系和认知的联系很多被假设存在，其中结构联系在如“内部单元相互作用”或“控制和协调机制”的标题下被检验过了。相比之下，纳哈皮特和戈沙尔采纳的社会资本概念，结构维度仍然在一定程度上被视为关系和认知维度的驱动。

国际商务研究一直倾向于关注规范整合的具体机制，比如雇员的转换、国际培训项目和设计组，及来自不同国际地区经理们有计划的会议。当研究这些广泛符合社会资本结构维度的机制如何影响知识共享时，最近的研究认为关系维度和认知维度的社会资本（Nahapiet and Ghoshal，1998；Tsai and Ghoshal，1998）可能也会影响内部单元的知识转移。

总之，这些研究结果说明子公司呈现的知识水平和知识的具体特征——在跨国公司的内部单元知识共享成功的程度由所包含单元的关系特点来决定，不论是如上文回顾的和最近研究中所用到的“利益关系”、“自主性”、“频繁交流和相互作用”、“强弱联系”、“动机”、“认同”或“信任”。

二、子公司间知识转移的社会结构维度

（一）子公司间的相互作用与联系

社会资本结构维度主要考虑的是人或单元之间的客观联系，如在作用者之间网络联系的存在；根据如密度、连通程度或等级制联系的模式；为可能用作其他目的而创造的网络的存在（可供专用的组织）。

1. 子公司间的人际联系

跨国公司网络需要在其子公司中转移知识，并且这个转移过程需要广泛的单元间协调和整合。现存的单元内部相互作用联系提供了信息和资源流动的渠道。戈沙尔和巴特利特（Ghoshal and Bartlett，1998）的研究发现，有大量证据表明在子公司创造知识和转移知识与子公司和母公司规范整合的程度有正向联系。在他们看来，这样的整合是高度组织社会化的典型结果，并且通过在总部和子公司之间广泛的

社会相互作用，诸如相互访问、联合工作团队、特殊工作组和委员会来实现。蔡和戈沙尔(Tsai and Ghoshal, 1998)和蔡(Tsai, 2001)发现对社会相互作用及知识创造和资源交换之间正相关关系的支持。

转移知识模型的适用性取决于所要转移知识的类型。面对面的交流与相互作用被认为可能会更有效地转移隐性知识；而显性知识可能通过书写和像手册蓝图这样的传统媒介而更容易被转移。知识的隐性组成部分需要对转移作出更多的努力。拉赫蒂和拜尔莱因(Lahti and Beyerlein, 2000)在他们对知识转移和管理咨询的研究中注意到，隐性知识最好是通过有助于传达丰富的前后相关信息的方法来传递，如定期的公司交流、促进会议等等。其他的研究人员已经识别了类似知识能被传达的方式，例如，人员运动及个人的合作、培训、观察、复制常规和发言。此外，带有组织特有的译码结构的沟通系统能够携带大量的信息，大大便利了关键事情上取得一致。沟通的意思就是要彼此交谈，不仅要对具体情况的内容进行沟通，还需要交流各自对内容的理解(Kogut and Zander, 1996)。母子公司之间正式的和非正式的沟通系统都会对知识转移产生影响。

赫特里克(Hetrick, 2002)在把人力资源理念和实践转移应用到对波兰的研究中，发现管理风格和做事的方式通过观察被转移到当地经理那里，并且通过训练和监控而得到加强。她尤其强调了在转移过程中派出经理的作用。这样一个通过共享价值和准则的社会控制可能也可以通过派出员工来使用。例如，甘布尔(Gamble, 2003)在对从英国把人力资源实践转移到中国的研究中指出，派出经理的出现促进了标准化跨国公司实践的转移。派出经理不仅通过雇员手册、培训手册和标准运作程序这样的方法来转移显性知识，还通过管理商务的方法来帮助转移隐性知识。他也提出在不同子公司之间的建立标准是一个促进实践转移的有力方法。

2. 子公司间的非人际联系

同样，假设跨国公司内部存在着有用的知识流，要找到这些知识不是不可能的，但却是极其耗时的工作。跨国公司越来越依赖于在地域分散商业单位之间转移的信息技术，内部网络构成了组织中知识转移设施的重要组成部分。从信息处理的观点看，内部网络系统是组织间交易的基础。作为一个信息平台，连接着分散在不同地域相互合作的用户。作为信息技术硬件的中心，也促进了相互间的学习和共享。系统决定了当地经理可以多快得到信息、指示和经验。因此它影响着活动的信息成本。作为信息平台，内部网提供了一个信息、经验、习惯和知识的流通管道。没有这个基础设施，跨国公司网络不可能成为知识存储、分配、更新和共享的支持系统。功能完备的内部网络也会增加灵活性，比如可以使得多背景合作同时发生。具体说来，一个内部组织内部的信息和知识共享可以通过一个中央电子存储器来完成。内部网络系统下的交互模式，包括电子邮件，讨论数据库，视频会议可以刺激单元之间的相互合作和共享。

另外，内部网络系统有助于总部更好的协调子公司间在母公司资源、公司支持等方面的竞争。子单元可以更好地了解其他子单元的竞争目标和母公司分配的战略角色(Bernald, 1996)。因此，内部网信息的可用性、透明度、开放程度和流动的便利性，对总部协调下的子公司间的竞争是很重要的。内部竞争相对于外部竞争的一个特征就是母公司的协调，如果一个子单元的收益不会导致另一个子单元的损失，内部竞争会使整个系统的总收益更大。内部网是支持这种合作与竞争的最重要的技术设施(Spender, 1996)。

(二) 子公司间的反馈搜寻

从子公司高层经理的观点来看，反馈是能够通过一个或两个互不排斥策略获得的潜在有价值的资源。监视和调查——这两个都会带来具体的成本和收益(Ashford，1986；Gupta et al.，1999)。反馈搜寻通过监视“需要为有用的线索观察情况和其他作用者的行为作为反馈，并且因而包括了一个解释和推理之间公平的程度”，相反通过调查的反馈搜寻是通过关键个人为了他们对问题中行为的感知或评估“直接问询在(其信息环境中)的作用者”(Ashford and Cummings，1983)。通过调查得到的反馈可能比通过监视得到的反馈更容易解释(因此更容易依此行动)，但也许会需要更大的努力并面临成本损失。反过来，通过监视的反馈搜寻推理成本会潜在地更高并且得到的反馈通常是不透明的。

跨国公司差异化网络的一个特征是随着责任被转移离开公司总部，子公司日益增加的自我管理行为。作为在子公司水平上的高层决策者，子公司高层经理作为这些责任的承担者对自我管理行为方面的重要性起到了关键作用。然而，自我管理需要反馈——这些反馈可能由经理通过请求直接收到，或通过非正式线索推论得来。根据古普塔等(Gupta et al.，1999)关注的后两种自发模式，如果反馈被视为是知识的一种形式，子公司高层经理的反馈搜寻行为作为跨国公司知识共享的一个维度是高度相关的。

古普塔等证实了在公司内部社会相互作用如社会资本的结构维度和跨国公司内子公司高层经理的反馈搜寻行为之间存在正相关的关系。他们发现两种反馈搜寻行为越是频繁：(a)被研究的子公司与跨国公司其他子公司更加水平整合，并且(b)越多的高层经理参与公司社会化机制中。另外，比约克曼、李立等(Björkman et al.，2004)发现通过监视的反馈搜寻行为越多，子公司高层经理就越是频繁地与母公司的执行者交流。

统计分析的结果指出，在社会资本相关性维度和两种反馈搜寻行为中存在的重要正相关关系。这也说明认知的社会资本在某种程度上促进了通过监控的反馈搜寻，而不是通过调查的反馈搜寻。类似地，比约克曼、李立等(2004)发现社会资本的结构维度与通过监控的反馈搜寻,而不是通过调查的反馈搜寻正相关。

比约克曼、李立等(2004)发现通过监控的反馈搜寻和社会资本的所有三个维度都正相关,进一步的研究结果表明在如何决定奖金和子公司高级经理搜寻反馈的倾向之间有强的联系。两种反馈搜寻行为都和这些应答者基于他们领导的子公司的绩效所得到的奖金高度相关。通过调查的反馈搜寻也展现了一个把奖金基于地区绩效的强正相关关系,但没有与跨国公司的绩效有很大联系;对于通过监控的反馈搜寻,结果相反。

反馈搜寻对于自己控制的行为是必需的(Ashford, 1986; Gupta et al., 1999)。这对于在跨国公司差异化的网络中存在的关系来说也是事实,这个网络是一种可以把很多过去由总部处理的任务委派给子公司水平的组织。关键是子公司单元搜寻对整个跨国公司目标和策略的反馈及他们怎样和这些保持一致,并且子公司高级经理的反馈搜寻行为被认为是起到了尤其重要的作用(Gupta et al., 1999)。

三、子公司间知识转移的社会关系维度

社会资本的关系维度关注的是那些涉及人的关系、友谊,并且个人之间的相互尊重。这些关系通过一个相关作用的历史发展,也因此包括了如信任、可信赖性、规范和约束、责任和期望及一致与认同。

(一)子公司间的信任

在组织的水平上,信任和合作关系之间的正相关关系被各种对组织研究证明。通过具体观察合作的先例,史密斯等(Smith et al., 1995)注意到信任在预测组织内和组织外合作水平上是一个基础的重

要因素。另外，德克和费林(Dirks and Ferrin, 2001)对关于组织中信任作用的回顾证实了信任对所要的绩效和行为结果变量有直接或缓和作用。在他们看来，信任促进了绩效或行为的结果以及其他决定变量的效果，因为信任提供了某些结果可能会发生的条件。在努力整合关于信任如何影响组织的各种文献后，麦克维利等(McEvily et al., 2003)在更近的时候把信任定义为一个组织原理，组织提供它来组织和协调它们的活动。他们认为信任通过在作用者之间形成相互作用的模式及激励这些作用者来产生并合并资源来影响组织的过程。

在具体验证信任和共享知识之间关系的文献中，纳哈皮特和戈沙尔(Nahapiet and Ghoshal, 1998)认为代表社会资本关系维度的信任促进了智力资本的共享。他们在理论上认为信任通过创造或促进一些交换和合并所需要条件的发生来影响知识交换和合并。这个正相关共享已经由各种组织外和组织内背景的实证证据所支持。在一个组织外背景下，按照纳哈皮特和戈沙尔的理论框架，蔡和戈沙尔(Tsai and Ghoshal, 1998)从实证角度研究了社会资本的每个维度如何促进跨国公司内跨单元的价值创造和共享。他们的研究结果认为，信任对公司外部网络中资源交换和结合有显著并且正向的影响。在一个类似的研究中，蔡(Tsai, 2000)认为在一个跨国公司或多单元组织的内部，一个高度可信任度允许特殊资源的交换并形成了内部单元战略联系的模式。

同样在组织内部的条件下，麦克维利、佩龙和扎希(McEvily, Perrone and Zaheer, 2003)指出在组织内部交换关系时信任在人员之间和组织水平上起了明显的作用。信任已经被认为是一个促进合作和协调并在市场关系中产生委托行为的关系系统(Morgan and Hunt, 1994)。信任通过增加知识转移的开发程度促进焦点问题的解决来影响知识共享的过程(McEvily, Perrone and Zaheer, 2003)。

有许多基于社交的工具，主要就是公司特有的氛围所起的作用，这里可能包括公司文化、公司成员之间的信任程度以及公司内部的小团体等，这些发生在公司内部交易时。克瑞普斯(Kreps, 1998)提出了企业文化概念，这一概念是为了解释那些大的有复杂层级的组织的声誉是如何影响他们的交易，为他们带来自信，这些组织通常拥有分散的多个所有者，而且会面对不可预见的或有费用。如果组织内部存在一些特有的文化氛围，例如信任感，那么母公司对于子公司经理人员的决策就无需进行仔细再三的思考，因为公司内部认为当面临同样的问题，拥有同样的经验知识时，并且子公司的管理模式在整个跨国公司里普遍认同，那么母公司和子公司的决策人员会做出相同的决策。

（二）子公司间的一致性

关于“一致的期望”这一概念仅仅被威廉姆森(Williamson, 1975)偶然提及，它是指组织内部一个附加的优势，但他并没有对如何促成这种一致性做深入的探讨。它主要被看作是由其他机制所带来的成果，例如在改善公司社交氛围和建立公司文化方面所作的努力。

对于一致性，差异化的网络观点强调的是如果跨国公司网络想要得到适应性和柔性，等级的控制和协调机制必须用标准化的机制取代。赫伦德和科格特(Hedlund and Kogut, 1993)认为，这意味着鼓励那些让组织具有一致性的观点、价值和策略被看成是比强制和利己主义都重要的控制和协调机制。这个观点强调的是组织一致性的关键作用和管理者为了控制和协调而对它的认同。然而，最近关于组织一致性的研究(Whetten and Godfrey, 1998)认为差异化的网络角度可能采取的是过度乐观的观点，在这样的观点下组织的一致性是一个管理工具。

作为对等级机制的补充，规范的控制和协调机制的使用是跨国公司差异化网络的一个重要特征，并且在这一角度的重要文献中，组织的一致性作为一个规范控制的关键要素被强调——通常指的是乌奇(Ouchi, 1979)关于“集团控制”的想法，这可以被总结为当对共享目标、视野、价值和信仰的认同度很高时，雇员更有可能采取与整个组织利益兼容的行为。谢泼德和塔奇斯基(Sheppard and Tuchinsky, 1996)把对基于一致性的信任的讨论作为比基于威慑或知识的信任更高阶的信任，对这一争论的基本原理做了很好的表达：“当存在一个以一致性为基础的关系，有可能为其合伙人按照他或她的利益行动……以一致性为基础的信任使得一个人、组团队或公司有可能允许一个合伙人独立行动——知道其利益会得到满足，代理问题被缓和了。”

四、子公司间知识转移的社会认知维度

社会资本的认知维度包含组织的现象，如共享的观点、表述、解释、语言、代码、故事及各派之间意图的系统。

（一）子公司间共享的观点

早先的文献认为共享观点包括合作关系的很多方面。共享的概念经常用来指共享的价值和相互之间的目标及对合作关系的理解。在社会资本的文献中，纳哈皮特和戈沙尔(Nahapiet and Ghoshal, 1998)讨论了提供共享代表、解释和各方之间有意义的系统的相关资源。蔡和戈沙尔(Tsai and Ghoshal, 1998)把这些资源称为共享的观点。在他们看来，一个共享的观点具体表现为集体目标和一个组织各成员的志向。

共享观点在公司内部单元内部交换的重要性已经被写进组织合作的文献。共享观点作为一个交换所必需的条件而发生，是因为战略资源的识别和合并只能在公司拥有足够兼容性来促进协调行为的系统和

文化时才会被认识到(Dyer and Singh，1998)。知识创造要求在一个交换关系双方之间有共享价值和理解。根据纳哈皮特和戈沙尔的研究,共享的规范和一致性提高了组织成员相互理解的水平,这样反过来作为一种资源来通过合作及合并共享知识的动机来影响参加双方价值的实现。根据纳哈皮特和戈沙尔的研究,伦科等(Yli-Renko，2001)进一步强调共享观点提高了交换中知识的消化过程里相关的吸收能力并允许公司更多参加的知识获得和开发活动。共享目标价值的存在促进了总部对子公司需求的回应及帮助子公司创造一个可执行环境和知识共享的本质动机的主动性(Heweet and Bearden，2001)。

(二)子公司间的语言与编码符号

1. 子公司间的语言

如上面所注意到的,跨国公司内部网络观点强调的是内部单元的协调和整合,并且为了完成这一内容,通过频繁的面对面相互作用如小组、任务压力和跨单元会议的内部单元交流一般被认为是一个关键机制。语言技巧对于这种交流的相互作用是非常重要的,是跨国公司差异化网络观点的基础。

跨国公司是不寻常的组织因为它们几乎被定义为多语言的。但是直到最近,自然语言——如瑞典语、英语或日语——已经成为跨国公司学者进行小范围研究的主题。皮卡瑞认为语言技巧可能是在跨国公司内部单元和个人之间非正式网络出现的基础,并且可能影响跨国公司内部个人的非正式力量。这些研究结果与内部知识共享有明显联系。许多学者把语言看作是社会资本的先行要素。

皮卡瑞和她的同事的研究结果(Marschan-Piekkari et al. 1999a，1999b)认为,语言技巧可能会作为在跨国公司中单元和个人间非正式网络出现以及在跨国公司内部影响个人作用者非正式权力的基础。这些研究结果显然与内部单元知识共享有关。它们也很适合社会资本的观点，有限语言技巧能够合理地被认为是构成了对结构的、关系的和认知的社会资本的积累的巨大障碍。

纳哈皮特和戈沙尔（Nahapiet and Ghoshal，1998）在他们对社会资本的讨论中提出语言的问题，把它归为社会资本认知维度的一个方面，并把语言的效应分为三组，其中的两组在这里交待。首先，由于语言是被认为是讨论、交换信息、回答问题和指导商务的方法，共同的语言使其更容易接触到其他人和他们的信息，并且相反地，不同的语言和代码可以把人们分开并限制他们接近彼此。这个效应如下被术语称之为“直接影响”。它有关于使用特定语言的技巧给那些使用它的人以机会去接触其他人和他们的信息的程度。它关于组织内部的权力和政治有一些暗示：有相关语言技巧的组织成员可能会使用这些技巧来构建个人广泛的公司内部网络或作为权力的来源。

除了其直接影响外，纳哈皮特和戈沙尔也认为语言对感觉有更深牢固的影响，这一影响下面称之为“感性过滤”，“代码把有感觉的数据组织到感性的类别中，并提供观察和解释我们环境的参考框架。因此，语言过滤出那些其中不存在术语事件，并留下那些术语存在的活动。因而共享的语言可能会为评估交换和联合可能的益处提供一个共同的概念上的工具”。

相关地，在社会一致性理论和社会分类理论中的研究表明，对社会一致性的采用——基于例如位置因素、种族或对重要的口音——因此可能会加强所感觉到的同类的相似性和同类的差异，因而导致了集团内偏好的产生和维持（Erez and Earley，1993）。语言能力的“优越性”则高度依赖于环境：被认为是说话流利的一个人可能会因为她的口音而作为在另一个环境中不流利的语言使用者而被过滤掉，尽管语言和说话人的技巧仍是相同的。

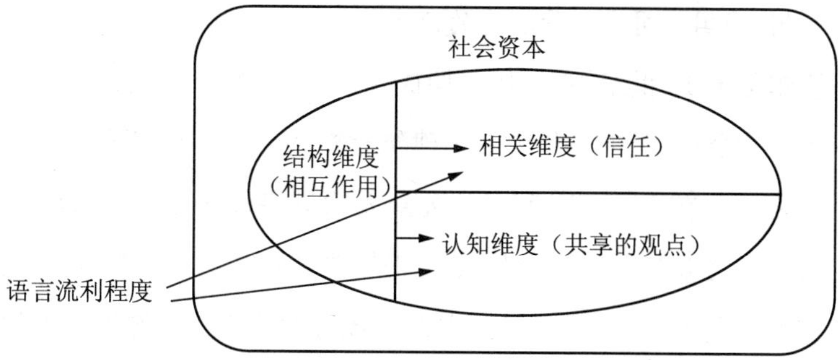

资料来源：LiLi et al.(2003)。

图 6.2　语言与跨国公司内部单元社会资本相互作用的关系

从以上社会资本的观点来看，自然语言技巧对跨国公司内部单元关系的影响能被描述为：语言的直接效应影响结构社会资本（“允许相互作用，创造网络”）和关系社会资本（基于语言技巧的合同可能转化为个人关系；相互理解使得更容易信任其他单元和个人）的水平；感性过滤同时也影响关系（个人与他人的关系、对他们的信任等等可能因为他们不被“看见”而从不发展）和认知社会资本（对共享的代表、解释和观点的“影响感知和过滤意识”）的水平。两个机制可能会按两种方式起作用，不是提高就是降低社会资本的水平。

在理论上，这些研究结果认为一个广泛共享的公司语言能通过促进内部单元交流和整合来促进跨国公司内的知识共享。然而，这一解决方法的应用性受到相当多实际困难，社会心理学认为即使很小的差别例如口音都可能带来政治化的界定的负面影响。李立等(2004)所做的是第一个对在跨国公司背景下使用语言结果的检查。他们认为语言流利程度对共享观点和所感到的可信度影响的结果，是一贯正向和高度显著的。语言的流利程度似乎是关系社会资本和认知社会资本的一个非常强的决定因素。这说明交流语言的流利程度对于内部单元关系比先前在跨国公司文献中承认的要重要得多。

案例：跨国公司高层管理者的语言[1]

沃尔考于19世纪10年代后期成立于芬兰的一个地方小镇，起初是一个采矿公司，后来演化为一个建筑材料的主要生产商和国家最大的公司之一。在1990年，闻名的公众人物贝格被任命为CEO。贝格先生是一个说瑞典语的芬兰人，他早先是瑞典人民党的高级官员，这个党是在政治上中立，主要来保护大约构成芬兰人口6%的说瑞典语的少数人的利益。该党的主要日程是保护说瑞典语公民的宪法权利来使用他们自己的第一语言来和政府和其他权威进行交流。与此同时由于贝格就职，对沃尔考建造业务的重建也开始了。初始的意图是继续保持在建筑业的状态，但是最终一系列的国际并购实际上迫使沃尔考退出经营。在这一领域公司所持有的股份以构成欧洲庞大建筑业的25%告终，在长期看来这是一个占不稳的少数位置。它被廉价卖清，只留给沃尔考大量的现金资源而几乎没有了业务。

这次贝格通过他政治上的接触听说特奥里斯——一个聚集了在机械工程三个领域的活动的不获利的芬兰国有公司将会被私有化。他让有责任的政府团体知道沃尔考会有兴趣买下特奥里斯的业务领域之一。然而，政府只会把特奥里斯整盘售出。贝格抓住这个机会，在1997年沃尔考成功买下特奥里斯。这个交易迅速由对瑞典因达斯垂的收购补充，瑞典因达斯垂是特奥里斯旧业务之一最重要的竞争对手，并且在接下来的合并作为一个主导方出现。

为了沃尔考未来的发展付出更大的努力进行整合和促进知识共享对于高级管理层来说是必不可少的。考虑到整个营运过程、财务实践、采购、产品开发、生产、销售和营销及售后服务，有相当多的协调工作要完成。其主要目标是把所收购的子公司凝练成一个联合的公司，让它们能够比各自分开时的业务更强大、更有创新力和更加节省成本。然而，高级管理层团队承担的整合工作并不总是很容易被新的子公司接受。它们中的许多有其很长的历史，并且仍旧试图把自己看作是自治的公司。这些对角色的不同感知在很多情况下被文化差异加重，尤其是在某些瑞典子公司中。尽管在芬兰和瑞典之间有很多历史上、地理上、政治上和商业上的联系，但是两国之间的文化差异也是可观的，并且芬兰和瑞典彼此的语言完全不同。

沃尔考没有一个公司的官方语言。在芬兰的工厂里语言是芬兰语，而在高级管理层中传统语言是在芬兰所讲的有口音的瑞典语。沃尔考的根源是在芬兰南部讲瑞典语的沿海地区，它的创建者是一个说瑞典语的芬兰人，并且半开玩笑地讲在公司里能流利地说瑞典语是一个前进至公司高层梯队的非正式的要求。公司里很多重要的经理都是讲瑞典语的芬兰人，包括贝格先生和他的副手。当然瑞典语也重要，因为很多重要的子公司都坐落在瑞典，并且相当比例的年销售额来自那里。然而英语的重要性在20世纪90年代随着公司的国际化越来越突出。公司的母公司做出很大努力来平衡其交流中的芬兰语、瑞典语和英语，并且很多公司交流资料是用至少这三种语言编写的。但是在资源所允许的范围内，对于多元化语言所作的努力甚至比这个还大。举个例子，一个用以支持产品开发、生产、销售和市场及售后服务过程为任务的内部单元小组按月出版的时事通讯，不仅以芬兰语、瑞典语和英语出版，还以八种其他的语言，包括韩语和两个不同的葡萄牙语版本。

2. 子公司间知识的符号编码

子公司间要想顺利共享知识需要将知识编码，存储和转换为可利用可分享的形式。顶点咨询公司是通过：(1)知识来源索引(如人、团队、项目文档)；(2)知识文档。这种文档可以是Lotus系统也可以是其他基于知识的系统。数据被放置在内部网上，索引包括记载了所有员工信息及他们工作的数据库。任何一个团队都可以很快和一个知识来源联系(人或团队)。这种符号编码系统对单元间合作的知识共享很重要，因为单元间合作的很多要素，如创新程序、品牌政策、定价战略、关系建立等都是隐性的、默会的。跨国公司需要一种内部系统，将隐性知识转化为明显知识(Nonaka, 1994)。符号编码系统涉及信息系统化和文档结构化，来建立一个存储，在需要的时候可以调出政策、程序、惯例和规则等因素。编码、更新、存储将不确定的知识、经验和做法转化成确定性的、可分享的信息，来相接上流的存储创造和末流的指示分配和共享。一旦这种知识在全球系统内合理化，成为常规与合成，则知识在子公司之间的共享是有指令可循的。在跨国公司网络中，当存在有知识导航设施时，就是人们所熟知的"知识共享组织"。主要是母公司来负责这些设施的构建，但是子公司是这些系统的主要使用者和直接受益者。

没有这种系统，一些子公司可以将公司的某些特殊资源转移到那些能增强它自己的竞争优势的企业中去，从而导致了公司资源上与其他子公司的不公平竞争。导航有助于整个跨国公司系统广泛传播那些已经有子公司成功采用的能够带来价值增值的做法，鼓励这些子单元深入开发他们的独特能力来适应当地的市场。当全球信息流从一个地点向另一个扩散知识和散布创新技术时会出现障碍，知识的统一符号编码的缺乏是导致这种障碍的主要原因。现在全球组织需要所有的子单元能够处在接受和提供信息的结构中，如果每个单元对资源的利用机会是相同的，资源就可以被最佳配置。例如，玛莎是英国最大的零售商，一开始公司没有建立起这样的系统使知识流和知识使用变得便捷，直到几年前，他们发现当信息和知识系统能变得更开放更容易文档化时，所有成员的资源使用机会是一样的，使子公司之间的知识转移效果明显增加，尤其在亚洲的子公司间知识转移的效果更加明显(Roberts et al., 1998)。

五、子公司间知识转移的社会化方法案例研究

（一）案例一：海德堡公司的内部学习系统和知识团队

海德堡水泥公司是一家德国的水泥公司，是世界上四大水泥制造商之一，在超过 20 个国家有分支机构，全球销售额超过 60 亿欧元，并拥有 3.6 万名雇员，并且公司正进入快速扩张之后的合并阶段。海德堡水泥公司在 10 年之内从不足 1 万名雇员发展到现在的规模，主要是通过并购。新购并的子公司逐步整合的一个目标就是要增加不同子公司之间的知识转移。

1. 公司内部学习系统

海德堡水泥公司建立了自己的公司大学。公司大学能够帮助子公司内部成员更好地学习，同时有助于提高那些对总公司成功至关重要的地区的竞争力。公司大学的直接目的是为了便利不同职能部门、不同地域、不同层级以及不同部门之间的沟通，在有些时候，甚至可以促进和供应商以及顾客之间的联系，这些都有助于达到最佳的实践。尽管公司大学是集中化管理，但它并不局限在某一个地区。相反，它囊括了全球网络下公司内外部的专家（例如来自一些经过挑选的大学），这些人可以量体裁衣开发项目，这些项目又和公司的战略目标相一致，同时能满足公司现有的以及新兼并的子公司的需要。而且，通过战略规划流程，这些培训的要点以及课程都融进了公司高级管理层的议程。

公司大学不仅是针对新加入海德堡水泥公司的员工的一个管理工具（例如通过公司的合并整合），它也可以使内部专家和实践活动脱颖而出，这是通过将子公司的重要员工聚集到一起实现的。为了保证所有子公司都能够了解公司的全球知识库，该公司通过局域网在公司大学里提供公司特有的案例学习，还有在线指导和跨文化培训。公司大

学的主要课程模式是“干中学”，例如工作岗位轮换以及子公司之间不同领域项目的了解。

正如在知识管理方面的研究所建议的那样，学习系统需要提供学习其他跨国公司单元的知识的渠道。只有当跨国公司的员工能够认识到存在于其他跨国公司单元的有价值知识时，他们才可以利用这些知识流。相反，当个人的知识搜寻以及接近渠道很繁杂，例如因为缺乏足够的沟通渠道或者是知识搜寻很复杂，那么从其他单元应用知识将会减少。海德堡水泥公司采用一种内部局域网的解决措施，这有助于识别专家，也可以和战略上非常重要的知识领域进行沟通。而且，知识管理委员会(包括公司高层的高级代表、技术专家以及子公司的领导人)能够在不同的战略相关知识领域认识到主要的实践活动，像维护管理、能源效率、新混凝土的应用以及减少散发量等。为了对主要子公司创造的价值做出最佳的实践报告，那些当地的专业知识被集中起来制定成文件，这样其他的子公司就可以基于标准应用新的措施来改善自身的绩效。

2. 子公司间的知识团队

海德堡水泥公司配置了几个知识团队来促进知识共享，例如，为维护工作而设的小组，目标是减少全球维护费用同时保持维修费用的稳定。维修费用是混凝土生产过程中的主要开支。使得全球现有的维护活动达到最优化还有巨大的潜力，因为相似的问题存在于海德堡水泥公司的许多个工厂。如果某个独立的工厂试图自己解决维护问题，或者甚至是想从当地的设备供应商那里得到帮助，那么它必然不能得到子公司之间知识共享的好处。知识团队在海德堡水泥公司内部不同子公司之间知识转移作用很大，包括通过起草报告使知识成文化，然后将其公布在内部网络中，这样就可以在不同的子公司之间进行沟通交流。人们希望知识小组能够吸引大量的子公司员工来接近、优化并整合他们的知识，如果他们公布的报告不能吸引某个最低数量的人时，该小组就会被解散。

另一个知识小组来自于替代燃料技术专家。和前一个例子相似，专家小组是由于知识优势而组成的，它对公司的盈利水平有很大的影响。在混凝土工厂里，能源是主要的成本之一，结果公司一直在减少能源开支的渠道。其他的燃料像轮胎、溶剂或者污水软泥在获取成本上有不利的一面，但是从环境友好角度考虑需要在燃烧技术上做大量的投资。通过开发新的技术解决措施，并且将知识和不同的工厂的具体需要相匹配，这些替代能源的技术专家便利了海德堡水泥公司不同工厂之间的知识共享。这一匹配过程需要将当地的具体情况和公司总部可获得的技术知识组合到一起，因为环境法律、替代能源的成本、交通费用以及其他因素都会极大的受制于当地的背景，而与此同时技术上的解决措施通常是千篇一律的。

知识团队的小组工作不仅使得一个子公司的雇员受到教育，它还促进员工参与到更好地利用其他团队成员知识流的活动中，这些知识流正是其他子公司所采用的。通过将团队成员不同个体的知识组合起来，小组不仅可以得到超越个人的知识视角；还会产生新的知识，这是通过团队内部基于学习的交谈和语言实现。因此，团队工作还可以激发由不同子公司之间新的组合带来的知识创造过程（Schumpeter，1934，Galunic and Rodan，1998）。总之，对知识团队的分析表明该种方式通过增加子公司员工在社会交往中共享其他子公司知识的能力来影响子公司间的知识转移。

通过最佳的实践和报告、公司大学和学习系统以及不同的知识团队的互补性努力，实现了知识的共享，但是这倾向于更多的是隐性知识的交换。在海德堡水泥公司，很多团队工作的形式，包括不同的职能部门的团队、专家团队对公司知识的整合和创造都是有益的。跨学科的工作小组可以整合跨国公司内部分散于不同部门的知识。通过交互学习，团队成员产生了团体特有的交流和结合能力。因此，为了教育跨越边界子公司的员工，产生了一个知识社区，通过特有的语言编码系统，他们的成员增加了组合各种跨越边界的转移知识的能力。

（二）案例二：佳能建立共享资源与核心竞争力的任务小组

佳能的前身是1933年成立的“精确光学研究实验室”，专为日本国内市场开发照相机产品。到20世纪90年代早期，在从复印机、激光照排机、传真机、喷墨打印机到照相机和录像机、X光设备、计算器甚至计算机等一系列产品领域，它已成为世界上举足轻重的竞争者之一。

佳能的系列产品分部是从总公司的“中心”(hub)辐射出来的，并由全球性的研发、生产及营销职能部门联接在一起。从中心辐射出来的产品分部(例如“外围设备”或“照相机业务”)是其突击市场的主要力量，但是总公司的职能部门和共享资源使所有对某项决策有兴趣的各方能够进行充分和经常的沟通。一项决策的制定可能需要召集很多人，但是按照复印机产品集团总经理的说法，这不会产生令人难以忍受的拖延：“这种过程不是西方公司那种按部就班地进行逐级审核的典型做法，而是相关人员聚在一起立刻做出决定。这样就加快并简化了决策程序。”

佳能总部有大约1 000名管理人员和1 000多名研发人员，在佳能的矩阵结构中，这些人员不是矩阵结构中的冗员，他们是知识从总部流出再流进的一项资源。例如，大多数使用相同技术的产品集团在技术研究阶段而不只是产品开发阶段就开始合作了，总公司的技术专家能够推动新的技术结合并产生新的思想。这样，在业务单位之外保持了可观的公司资源。中心辐射方式明确地提出了这样的概念，即所有的产品集团都是总公司资源的辐射；这些产品集团是总公司资源在具体市场上产生价值的通道。在1991—1992年度的《佳能实录》中，一幅有趣的图表说明了基础产品集团如何辐射到各产品家族并依次进入具体的终端产品，它有一种非常不同的、更中心主义的味道，资源实际上是被作为一个整体的总公司所拥有的，但借给各业务单位使用。

尽管强调总公司的资源和共同的公司身份，但佳能决不是一个单一单位的职能型公司。佳能的产品集团有很大的自主权，它们负有营销和研发方面的许多职能责任。那么，总公司如何接触分布于各业务单位的技术和能力呢？

一个关键的机制是组建短期任务小组。这些小组的成员来自不同的企业，由于其小组成员的身份和大多数高层管理人员的支持，他们不仅可以提出建议，也有权采取行动。他们也必须接受管理考核或否决，但在决策和采取行动方面他们确实具有与常设机构同等的地位。佳能方式的经典范例是开发AE-1型相机的大型项目组。该项目组结合了全公司的专有技术和知识，创造了世界上第一台内置微处理元件的全自动单反(SLR)相机。1976年一投入市场就取得了巨大的成功，成为领导世界潮流的产品。此外，该产品的开发速度和成功鼓励佳能开展其他具有突破性的项目。其中之一是一种新型个人复印机的开发。与开发AE-1型相机一样，负责开发个人复印机的也是一个项目组。

这个以“X项目组”著称的小组受到了高度的关注。它于1980年9月1日由公司总裁贺来宣布正式成立。如同佳能的其他任务小组一样，其成员由总裁亲自指定，并给予该临时项目组以组织上的影响力。X项目组与很多公司为创造不同业务单位之间的联接而建立的没有什么重要性或影响力的小组颇有不同。X项目组有大约200名成员，分成2个主要开发小组和6个参谋辅助小组。成员选自不同的部门，包括复印产品开发中心、生产工艺研究中心、公司技术规划与运用中心、公司专利与法律中心、复印产品规划与管理中心和复印机销售规划部。

这样的成员组合表明了公司中集中的项目小组的重要性和地位。例如,生产工艺研究中心的专有技术和专门知识大都来自大批量的相机生产,这使该中心的主任能够利用相机制造的原理重新设计复印机生产线。而且,生产工艺人员在项目的最初阶段就参与进来,他们脑子里的批量生产概念有助于产品设计的修改。

佳能总公司的参谋人员提供了另一种促进连接的重要机制。首先,提供给高级经理的简报帮助并加强了他们对跨业务和跨职能问题的理解,而且有助于改善信息的流动。其次,如此庞大的参谋人员职位的存在就为许多经理提供了在一段时间内担当这一角色的机会。这是一种重要的"社会化过程",使他们能够融入作为一个整体的佳能,并为之提供了一个从产品集团外部观察问题的角度。最后,与专门谈判和签订国际条约的众多人员相似,他们的存在使大量的基础工作得以到位,这促进了多方决策的形成,并减少了公司不同方面差距扩大的危险。

总部在收集和传播有助于连接的信息方面也发挥着重要的作用。所有关于海外生产和销售机构业绩及成本结构的信息都是在东京制作并发往世界各地的。一位经理评论道,这"能够刺激他们提出问题,并提升业绩"。来自矩阵会议不同维度的高级经理们会定期会面。在公司高层,董事长和总裁之下是 8 名总公司的高级主管。他们再加上各产品区主管以及日本、欧洲和美国的销售主管和主要参谋职能部门负责人共同组成 22 人的总公司高级管理委员会,他们每周开会并拥有最终决策权。这种定期接触极大地减少了分裂,避免了被忽视的裂隙的扩大。

与很多日本公司一样,佳能的企业文化也适合总公司拥有巨大资源的矩阵结构。一方面,矩阵结构降低了单线控制的重要性,从而减少了对等级管理权威的不适当服从。这有助于发现潜在的问题或不一致。另一方面，由于一致性决策的强烈倾向，该矩阵结构不大可能因无法解决的冲突而分崩离析。找出了问题之所在，就会产生寻求各方都能接受的解决方式的愿望。

总公司驱动的职业生涯管理过程是另一种增进连接的重要机制。这一流程不仅让经理们在不同职能部门和不同产品集团间流动，而且对个人有效地开展网络联系的能力和愿望进行奖励。总公司有一个强有力的人事部门，它的25名工作人员跟踪所有雇员的工作记录，在高级职员的晋级和培训方面颇具影响力。系统的人事评价流程包括笔试。大多数高级人事经理本身就可能拥有在很多岗位上工作过的经历，在进入人事部门以前，他们也许在某个产品集团的销售部门开始任职，然后到另一个集团的财务部门，再到一个国际业务岗位。为许多经理创造这样一种职业生涯路径既取决于母公司对雇员的职业发展的态度，也有赖于雇员的忠诚和长期服务。

最后，佳能一致性的企业文化为连接的寻求和有效实现创造了重要的环境。虽然不同产品集团之间存在着竞争，但所有的雇员都强烈地意识到，他们是佳能这个整体中的一员。这种对共同身份的认知来源于很多因素。靠企业自身的成长而不是大规模并购的决策减少了引进异己文化的风险。不同业务单位之间的人员流动、总公司集中掌握的庞大资源、在全公司范围内组成项目小组和清晰的公司发展前景都支持着同属一个企业的感觉。

总公司的作用是鼓励产品和业务定义的灵活性，避免独立的各个单位陷入只能在短期内取得最大业绩的方式。这与核心竞争力能够运用于很多不同市场的概念是相符的，而且与公司是一个整体的观念有关。通过保留一个庞大的公司总部——信息定期流经总部并且各业务经理定期向其汇报，公司可以从地方的经验中收益，并将这些经验融为一体，也有助于培育可以运用于新的环境和业务的核心竞争力。

注 释

[1] 改编自 Li Li, "Knowledge Transfer within Western Multinationals' Subsidiary Units in China and Finland: The Impact of Headquarter Control Mechanisms, Subsidiary Location and Social Capital," Yliopistopaino, Helsingfors, 2004。

第七章 子公司间知识转移与子公司绩效的实证研究

从经济学上讲,单元间的知识分享应当会减少当知识必须从外部购买时所导致的交易成本,通过提高技能和平等合作增加投资回报以及减少公司不得不依赖外部资源所可能导致的经济和财务上的风险。那么,作为差异性的网络的跨国公司子公司之间的知识转移为促进跨国公司的绩效提供了机会。一些学者,已经讨论了子公司之间的知识流对跨国公司绩效的重要性。然而,只有很少的研究是从实证上开始检测这一关系的,而大多数研究主要是关注知识共享的影响前提和在跨国公司的内、外部进行学习。除了安德森等(Andersson et al. 2002)和曼克等(Mahnke et al. 2003)一些很少的例外,知识分享和组织绩效的关系仍然大部分是推断而不是实际的证实。

基于此,本章对子公司间知识转移的影响因素、知识转移的效果(知识流入流出焦点子公司)和最终对焦点子公司的绩效影响建立了实证模型,并进行直接性的检验,得出了相关结果。

一、研究设计与方法

（一）概念模型与基本假设

通过前面章节理论部分的分析，可以得到一些影响子公司之间知识转移的主要因素，即子公司与当地的关系、子公司之间的关系、母公司对子公司的控制模式以及知识转移的社会化基础。因此在前面章节的理论分析基础之上，结合本书研究问题和研究目的，本章提出了子公司之间的竞合关系、母公司对子公司的控制模式以及社会化基础与子公司间知识转移效果、子公司绩效的相关性模型（如图 7.1）和相应的

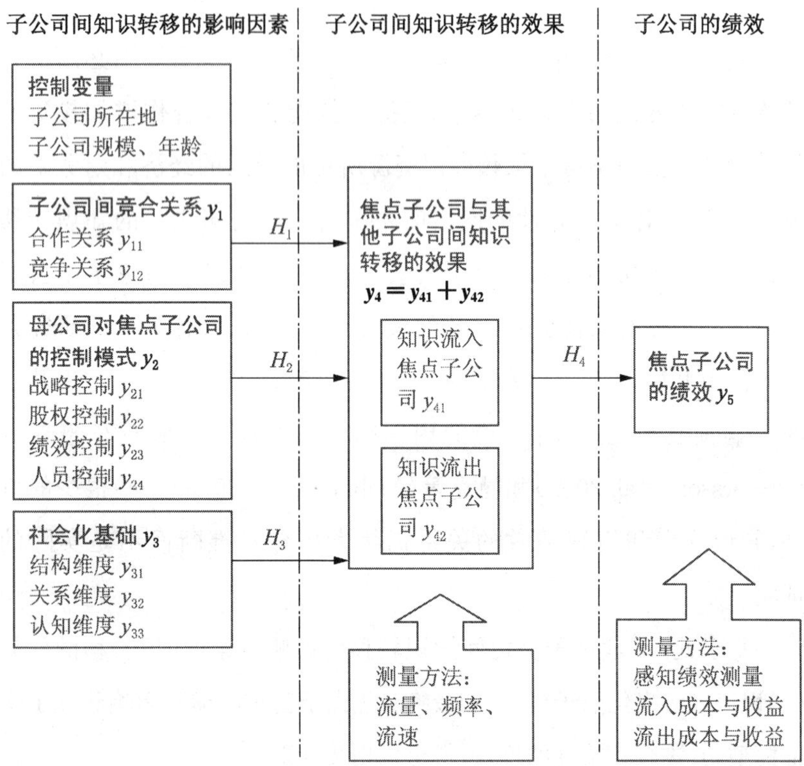

图 7.1　跨国公司子公司间知识转移与子公司绩效概念模型

研究假设。由于研究条件的限制，没有将子公司与当地的关系，如嵌入程度、当地的经济发展水平、基础设施等因素作为分析因素，而是作为控制变量进行处理。即选择同一地区的子公司作为考察对象(本书称为焦点子公司)，进行分析验证。

另外，由于所考察的子公司(焦点子公司)在与其他子公司进行知识转移过程中分别扮演着两个角色，即知识的发送者和知识的接受者。作为知识接受者，知识转移的效果是其他子公司知识流入的程度，而作为知识的发送者，知识转移的效果是知识流向其他子公司的程度。所以，只有同时考察知识流入流出焦点子公司的程度，才能全面衡量知识转移的效果。

1. 子公司间知识转移的效果

施勒格尔米尔希和金尼(Schlegelmilch and Chini, 2003)以对文献的回顾为基础，认为有效的知识转移意味着接收单元已经在单元的背景下整合了新的知识，他们认为知识转移过程的效率取决于察觉到的收益及对知识管理的整体满意。格兰特(Grant, 1996)用有效利用指把知识转化为产生竞争优势的潜力，并且巴克利和卡特(Buckley and Carter, 1999)注意到有效知识转移的一个重要的要求是，对于发送单元来说要认识到接收单元对知识的需求来用一个“合适”的形式为接受单元提供知识。综合来说，参加知识转移过程研究的学者强调，在知识转移中的关键要素是接受方获得潜在有用的知识并在自己的运作中利用这个知识的程度并且对这个知识的使用导致了新观念以及行为上的改变及发展。

古普塔和戈文达拉扬(Gupta and Govindarajan, 1991)的论文关注了知识转移效果的两个维度:转移量和方向。胡伯(1991)和鲁宾逊(1995)认为知识分享可以从水平、频率、内容几个方面去检验。本书借鉴他们的方法对于知识流入和流出焦点子公司的程度通过流量、频率以及流速三个方面来综合测量。

2. 跨国公司内外部关系与子公司间知识转移效果

在动态的背景下，子公司网络中存在普遍的知识交易，这是因为影响很可能波及能够持续地转移知识给其他子公司的一个子公司，它通过转移知识可以获得权力，因此子公司被激励通过重复交易行为的原则来转移知识。也就是说，子公司在某些特定的知识领域有着最好的专业知识和做法，而争夺影响力地位是为了增强子公司在形成母公司关键决定中的权利。这将影响到跨国公司在全球范围内的运营，很多战略问题都是由母公司征求国外子公司意见后做出的，子公司通过使用其影响力，可以使母公司的决策向与其有利的方向偏斜。但子公司内外部关系的复杂性同时阻碍着子公司间的知识转移。

首先，在子公司与其外部对应子公司之间的复杂而又特殊的内部活动过程中产生的知识，不易被应用于其他公司单元的商务背景中。这是因为用来理解和应用这一知识所需要的吸收力发展于独特的内部活动过程中。因此，知识的开发在很大程度上有特殊的内容，或者甚至是特殊的关系(Lane and Lubaktin, 1998)。例如，与特定客户或供应商的长期广泛合作将会提高子公司的吸收能力、问题解决能力以及在该背景下创造新知识的能力。然而，这些解决方法越是有特殊内容，把这些知识转移给那些不具有相同相关吸收能力的其他公司单位就越困难、代价越高。因此，传授知识的子公司不得不做出很大努力来支持接受知识的子公司(Szulanski, 2003)。

其次，知识流出又会产生成本，那么子公司与其他单元共享知识的动机则很小。子公司级别的知识发展不仅发生于内部开发工作，还发生于公司与客户、供应商、研究机构和其他组织的相互活动中。不管知识大部分是来自内部积累，或基于从外部组织的关系得到的知识创造而来，这一发展过程都要聘用昂贵而又稀缺的人力资源。为了把知识转移给其他单位，公司不得不聘用相同的专家和设备，所以在知识开发和转移知识给其他子公司的资源分配上存在一定的矛盾。而且知识流出将会大量减少子公司知识的隐性程度(Pedersen et al.，2003)，大量增加对接受单元占用机会成本的担忧(Williamson，1996；Mudambi and Navarra，2004)，以及大大增加一个子公司占用交流渠道的稀缺性(例如 Ghoshal et al.，1994；Gupta and Govin darajan，2000)。

再次，知识转移会削弱权力的观点隐含着这样的假设，那就是一旦知识被转移，子公司和跨国公司内的任何其他人都拥有同样的知识，因此不能通过对知识资本的控制来实现任何的权力操作。通过把知识转移给跨国公司的其他单元，焦点子公司也可能会失去其一部分独特性，进而失去在跨国公司内部的交易能力(Forsgren，1997)。各子公司倾向于设定难以完成的目标，并且经常限制转移知识秘诀给其他子公司，尤其如果这些秘诀包括了他们最出色的人才或可能泄露出去的私有技术(Szulanski，1996)，未经指导这些知识被模仿得越困难，转移这些知识的风险就越大。有价值的知识是子公司讨价还价能力的一种来源，把关键技术转移意味着丧失重要的利益来源。知识转移政治方面意义的研究进一步支持子公司间的内部竞争是子公司存活的重要决定因素(Birkinshaw and Hood，1998)。

基于以上分析，提出以下假设：

H_1：焦点子公司与其他子公司间的竞合关系对焦点子公司与其他子公司间知识转移效果有显著的正效应。

H_{11}：焦点子公司与其他子公司间的合作关系对子公司间知识转移效果有显著的正效应。

H_{12}：焦点子公司与其他子公司间的竞争关系对子公司间知识转移效果有显著的负效应。

3. 母公司的控制模式与子公司间知识转移效果

如果知识在跨国公司内分散，而在母公司和子公司之间出现知识缺口，子公司管理的战略调整将更复杂(Mahnke, 2003)。当跨国公司总部可能会寻求对关键知识共享的直接干涉，在母公司和子公司之间大的知识缺口可能会导致错误导向的“选择性干涉”(Williamson, 1996)，并且这将减少子公司管理者的自主性和对作为他们绩效标准的子公司利润的依赖(Holmstrom, 1979)。另外，总部的经常干涉还会使子公司管理者进行游说，因此提高了在跨国公司内的全面的讨价还价成本(Milgrom and Roberts, 1988)。总之，存在许多原因使得子公司将会在总体跨国公司付出成本的基础上最大化他们自己的绩效。

关于跨国公司管理的文献已经指出，“正式的组织结构”影响着复杂组织内部的知识流。这里的正式的组织结构指子公司的经理们有自主权做出一系列的核心决策。因此，子公司一些特殊的专业角色的重要性(Birkshaw and Hood, 1998)不断增加，被认为导致子公司独立出来脱离母公司的原因。母公司会使用管理和控制机制对子公司自主性实施最佳管理，以保证子公司的知识流在不同的单元之间进行转移。而且，即使集权制的层级组织结构对知识共享会产生消极的影响(Tsai, 2002)，子公司的自主性看起来似乎可以有助于各个子公司之间的知识转移。若限制子公司自主性的发挥，则子公司从当地创新体系中学习的能力就会减弱，进而也阻止了跨国公司获得由子公司独立产生的那些新的知识(Foss and Pederson, 2002)。

尤其是当将代理理论用于对母公司和子公司的关系研究上时，学者们发现决策权下方程度(权力和责任)和子公司之间知识转移的联系。具体来说，为了支持知识流从独立的国外子公司向跨国公司的其他子单元转移，母公司有可能采取一些控制手段，例如，具体规定子公司的绩效评估标准和子公司的管理报酬，任命非子公司所在国国籍的人员担任经理。因此，作出如下假设：

H_2：母公司对焦点子公司的控制模式对焦点子公司与其他子公司

间的知识转移效果有显著的正效应。

H_{21}:母公司对子公司的战略控制对子公司间知识转移效果有显著的正效应。

H_{22}:母公司对子公司的股权控制对子公司间知识转移效果有显著的正效应。

H_{23}:母公司对子公司的绩效控制对子公司间知识转移效果有显著的正效应。

H_{24}:母公司对子公司的人员控制对子公司间知识转移效果有显著的正效应。

4. 社会化基础与子公司间知识转移效果

当子公司的管理者可以选择修正知识,并且标准化知识交换的情况时,修正的流程是费时的,因此可能会阻碍一个焦点子公司的知识流出(Pederson et al., 2003)。正如科恩和福瑞(Cohen and Foray, 1997)指出的,知识的修正是成本很高的过程,包括"模型构建,知识创造和信息记录"。这个流程是通过头脑风暴会议、小组讨论、交换和记录想法实际体现的。甚至如果知识被修正了,与其他单元共享的难易程度取决于可利用性和适当交流渠道的获得。如果适当的交流渠道缺失,会引起所涉及子公司重要的结构成本,例如,技术投资、软件、咨询费用、重组成本和对经理及其他员工时间的占用。如果知识没有得到合理的修正或事实上仍然是隐性的,子公司的知识流出需要不同子公司员工的相互联系和会谈,这可以用来取代子公司的内部业务和发展活动(Pedersen et al., 2003)。因此,知识流出的机会成本可能是实质上的,尤其是子公司的关键专家用他们稀少的时间来传播知识,而不是发展新的竞争力或是为本公司解决问题(Forsgren et al., 2002)。

从另一个方面看,当它们期望从其他子公司的知识流入中获益时,子公司也许会增加知识流出,并且通过感谢和提供可见的知识来源的信用等激励,来获得比较好的转让信用(Foss and Mahnke, 2003)。这种影响是被争论的,子公司作为非正式的优秀的核心,其本质上的声誉就很高。它是声誉越高,其他子公司对其要求的潮水就越汹涌——为自己知识发展的缺失寻找焦点子公司专门的技术来替代。如果一个子公司有作为优秀的核心的清楚的地位,或许会有总部的关于知识创造和转移的财务转移补偿。如果一个子公司有很好的声誉但没有优秀的核心的地位,处理其他单元的知识要求对它而言将更为费力(Holm and Pedersen, 2000)。

当子公司员工的知识共享行为能够被制度化时,提供直接的非正式的感谢能够增加激励效果,尤其是如果直接的感谢是作为补充而不是固有激励措施的替代时(Foss and Mahnke, 2003)。非正式的感谢也许可以提高固有的激励效果而不引致受误导的外在奖励的负面作用,并且解决了"转让信用问题"否则这将阻碍从一个焦点子公司的知识流出。从总部获益(例如感谢和可见的措施)和其他跨国公司单元的知识流入刺激了子公司的知识流出。最后,其他子公司的知识流入成为了一家焦点子公司发现新机会的学习过程的一个重要的部分,吸收能力是被争论的,而新竞争力的发展可以利用先前存在的知识和通过子公司内、外部关系获得的新知识的混合(Foss and Pedersen, 2002)。根据以上分析因此做出如下假设:

H_3:跨国公司的社会化基础对焦点子公司与其他子公司间的知识转移效果有显著的正效应。

H_{31}:焦点子公司与其他子公司间的结构维度对子公司间知识转移效果有显著的正效应。

H_{32}:焦点子公司与其他子公司间的关系维度对子公司间知识转移效果有显著的正效应。

H_{33}:焦点子公司与其他子公司间的认知维度对子公司间知识转移

效果有显著的正效应。

5. 子公司间知识转移效果与子公司绩效

(1) 知识流入与子公司的绩效。

知识流入成本:一个子公司也许可以获得和吸收来自其他单元的知识,但是不见得能够转移和利用这些知识从而使得子公司从账务中受益(Hedlund, 1994)。因为尽管知识共享对子公司的价值创造有所贡献,但它也有成本。例如,有些研究者认为这些成本可能是相当大的,它包括花在知识共享和调整上的时间,对基础设施的投资等(Foss and Mahnke, 2003),同时还有和开发以及认知能力相关的机会成本,这是指原本可以用于培育组织内部某个子公司的知识创造和流程改善上的成本。因此,能够应用来自跨国公司其他单元的知识是一回事,而通过知识流入增加公司的绩效又是另一回事。

一个子公司知识共享成本的增长可能是随着其他子公司的要求引发的澄清问题(针对没有合理修正和交流的知识)或是针对成功运用的知识引发的对更多同样知识的需求。不论是什么原因,对一个内部知识来源受到限制的子公司来说知识共享可能会变得很费力,而这将最终排挤掉子公司自身的知识发展。结果导致焦点子公司吸收能力减弱,那么其他子公司的知识流入就没有用了。

知识流入收益:作为一个必需的条件,知识流入一定要对接收单元员工的理解力和行为产生影响(Foil and Lyles, 1985)。只有这方面的缺口缩小了,子公司之间的知识共享才会带来成本的降低和革新。然而,为了那个目的,接收单元经常需要将接受到的知识应用到当地的具体环境中(Hedlund, 1994)。当对个体行为的影响因素达到最小化程度时,接收单元可以通过参与其中的人员的流程重组来从知识共享中获益。例如纳尔逊和温特(Nelson and Winter, 1982)认为,“对公司可靠流程的好的理解程度”可以为公司内部流程复制提供最好的组成元素，也许更重要的是可以提供用来革新的流程组合。野中郁次郎和竹内理绪(Nonaka and Takeuchi, 1995)认为各单元之间的知识流通涉及将新知识和现有的知识相联系的社会过程(例如关于过程的组成元素)。总之，知识流入可以通过改变子公司成员的视角和行为来影响公司的绩效，这种影响有可能是对个体的，也有可能是对根植于组织内部的流程(Kim, 1993)。

(2) 知识流出与子公司的绩效。

知识流出成本：子公司知识流出引起的成本涉及知识的类型。例如，福斯格伦(Forsgren, 1997)指出，子公司适用于当地背景的知识创造越多，内部子公司知识共享的难度就越大。从表达上看，一个子公司知识本地化的特质越多，知识被共享的倾向和要求就越少。当共享的是隐性知识时，就意味着持续地因果模糊性和不确定性(Simonin, 1999)，知识共享就要求长时间的个人之间的相互作用(Nonaka and Takeuchi, 1995)。在一定程度上，子公司之间的共享知识包括的主要是隐性知识，多样化的团队被证实可以在多种背景下都有帮助，但他们也在子公司知识共享方面增加了成本(Mahnke et al., 2003)。

知识流出收益：许多原因表明知识流出对于涉及的子公司自己的利益是有利的。例如，一个贡献型子公司在建立于互惠原则上的知识流出可能接受到其他单元作为回馈的知识流入(Kim and Mauborgne, 1998)。然而，只有子公司确实有足够的能力来吸收这些外部知识，这才能提高其创新能力和绩效水平(Tsai and Ghoshal, 1998)。另外，因为修正过程也促进了一个焦点子公司对自己流程的理解，高水平的知识流出对子公司自己的绩效也是有贡献的。

子公司在与其他子公司进行知识转移过程中分别扮演着两个角色，即知识的发送者和知识的接受者。作为知识接受者，知识转移的效果是其他子公司知识流入的程度；而作为知识的发送者，知识转移的效果是知识流向其他子公司的程度。这里把这个被考察的子公司称为焦点子公司。具体假设如下：

H_4:焦点子公司与其他子公司间知识转移效果对焦点子公司的绩效有显著的正效应。

H_{41}:其他子公司知识流入焦点子公司对焦点子公司的绩效有显著的正效应。

H_{42}:焦点子公司知识流出至其他子公司对焦点子公司的绩效有弱的负效应。

（二）各变量的基本定义与测量

根据前几章节的理论研究,结合本章的实证模型与基本假设,说明各变量的定义与测量,本书对变量采用 Likert-5 进行度量。下面关于变量设计、定义与测量的描述请同时参考表 7.1。

子公司间的竞合关系:这里是基于子公司间的合作关系和竞争关系两个维度构成的。竞合关系作为一级变量包括两个二级变量,而每个二级变量根据第四章对子公司间竞合关系的描述分别进行三级变量的描述。这样的测量基本涵盖了子公司之间竞合关系的内在特征和水平。子公司间的合作关系通过子公司间的技术关联程度、业务往来程度、对子公司经理薪酬与整个跨国公司绩效的相关程度三个方面来测量,而竞争关系是通过焦点子公司与其他子公司间的市场交叠程度、由于能力退步或当地条件对母公司资源的竞争程度,以及子公司经理薪酬与子公司绩效关系程度四个方面来测量。

母公司的控制模式:这里是根据理论的综述和回顾,提取了四个维度的二级变量来衡量——战略控制、股权控制、人员控制和绩效控制。战略控制则通过子公司占母公司的销售百分比和分别对开发新市场、开发新技术、降低成本以及分散风险的考虑来进行描述。对股权控制则划分为五种程度来测量母公司对子公司股权控制程度；人员控制则通过三个方面，即子公司 CEO 是否为母国外派，母国外派管理者占子公司高级管理层百分比以及高级管理层与其他子公司间轮换的频率三个方面来测量。绩效控制则通过子公司绩效是否通过询问母公司对子公司的绩效衡量主要是根据当年销售额，还是参考通过扩大市场和开发新技术为主。

社会化基础：则是根据第六章内容通过结构维度、关系维度、认知维度三个方面来衡量。结构维度是以子公司之间的人际与非人际的交流方式和程度为测量依据。关系维度是通过子公司间的信任程度、相互感谢程度以及对于机会主义的担忧程度来测量；认知维度是通过子公司对母公司的价值观、愿景和经营目标的认同感以及语言和统一符号标准化程度来测量。这些方面在综合前人理论基础上基本系统性地涵括了社会化基础对子公司间分享知识影响的主要考虑。

知识转移效果：这个一级变量是综合考虑两个重要的二级变量来测量，即知识流入和流出焦点子公司的程度。因为考察子公司间的知识转移效果是对每一个被调查的子公司(本书称为焦点子公司)进行测量的，这个焦点子公司在与其他子公司进行知识转移过程中分别扮演着两个角色，即知识的发送者和知识的接受者。作为知识接受者，知识转移的效果是其他子公司知识流入的程度，而作为知识的发送者，知识转移的效果是他的知识流向其他子公司的程度。所以只有同时考察知识的流入流出程度，才能全面衡量知识转移的效果。古普塔和戈文达拉扬(Gupta and Govindarajan，1991)的论文关注了知识转移效果的两个维度：转移量和方向。胡伯(1991)和鲁宾逊(1995)认为知识分享可以从水平、频率、内容几个方面去检验。本书借鉴他们的方法对于知识流入和流出焦点子公司的程度通过流量、频率以及流速三个方面来综合测量。

子公司的绩效:由于最终要考察每个子公司在知识转移过程中对子公司绩效的影响,所以要建立起知识转移与子公司绩效间的联系。对于绩效的考察标准一般的实证研究都是通过考察公司近些年的利润和销售额的增长程度。但本书考虑到利润和销售额的增长程度可能与诸多因素有关,很难建立起与知识转移的直接关系,因此通过参阅大量文献,有研究表明感知绩效衡量与基于会计目标的绩效衡量有高的相关性(戈林格和赫伯特,1991)。因此,本书使用了感知绩效的衡量方法。因为绩效的提高与成本降低和收入增加是直接相关的。因此,通过询问焦点子公司受访者其他子公司知识流入以及知识流出至其他子公司对焦点公司降低成本和增加收入的影响,来加总衡量知识转移效果对子公司绩效的影响。

控制变量:子公司所在位置、子公司的年龄和规模。由于条件所限本书将影响子公司知识转移效果的当地环境因素作为控制变量处理,即都选择在上海的跨国公司子公司作为研究对象。另外,子公司的成立时间和规模可能也在一定程度上影响子公司之间的知识转移效果,因此,通过对问卷的筛选,将样本选择在成立时间 3 年以上和员工规模 500 人以上的子公司作为研究对象。

(三)问卷设计与抽样方法

1. 问卷设计

本书的问卷设计参考了《心理学研究方法》(王重鸣,1990),先根据研究问题和概念模型进行问卷两表的构思,然后根据不同的目的和理论依据进行问卷项目的总体安排以及内容和量表的构成。

首先,在参考大量国内外文献与理论研究成果以及典型企业调查的基础上进行问卷初始量表设计,然后通过专家访谈修改初始量表。

其次,用修改后的初始量表对 40 家企业进行问卷预调查,然后用统计软件对回收问卷进行信度和效度的分析，并根据分析结果删除了部分题项。

最后，编制了研究的正式调查问卷（详细请见附录的第二部分或表7.1）进行正式问卷调查，其中第一部分是企业和受访者基本情况，第二部分是知识转移影响因素与转移效果和企业绩效的相关性调查，量表题项采用 likert-5 进行测量。

表 7.1 是对正式调查问卷各题项分类的基本解释，包括子公司间知识转移的各影响要素、知识转移效果、对子公司绩效的影响程度等。同时在表中标注了结构方程模型的变量名供本章结构方程模型参考，如变量名“y_{123}”，其中从左至右的第一个数字表示第一级潜变量的序号，第二个数字表示第二级潜变量的序号，若没有第二级潜变量，则第二个数字表示观测变量在一级潜变量内部的序号，以此类推。

表 7.1　实证模型变量表

一级变量描述与变量名	二级变量描述与变量名	观测变量		
		变量名	序号	题项
子公司间的竞合关系 y_1	合作因素 y_{11}	y_{111}	1	贵公司与其他姊妹公司间的技术关联程度
		y_{112}	2	贵公司与其他姊妹公司间业务往来的密切程度
		y_{113}	3	贵公司经理报酬与整个跨国公司业绩的相关程度
	竞争因素 y_{12}	y_{121}	4	贵公司与其他姊妹公司的市场交叠程度
		y_{122}	5	贵公司能力退步需要获得母公司资源支持的迫切程度
		y_{123}	6	贵公司由于当地条件限制或不稳定需要获得母公司资源支持的程度
		y_{124}	7	贵公司经理报酬与贵公司业绩相关程度

(续表)

一级变量描述与变量名	二级变量描述与变量名	观测变量		
		变量名	序号	题项
母公司对子公司间知识转移的控制模式 y_2	战略控制 y_{21}	y_{211}	8	过去三年贵公司年均销售收入约占总公司当年全球销售收入的比重程度
		y_{212}	9	贵公司对母公司的开发新市场方面的战略重要性
		y_{213}	10	贵公司对母公司的开发新技术方面的战略重要性
		y_{214}	11	贵公司对母公司的降低成本方面的战略重要性
		y_{215}	12	贵公司对母公司分散政治、市场风险方面的战略重要性
	股权控制 y_{22}	y_{222}	13	母公司占贵公司股权的份额
	绩效控制 y_{23}	y_{231}	14	贵公司绩效评估标准是不是主要以当年利润为主
		y_{232}	15	母公司对贵公司绩效评估与贵公司市场扩张的关系
		y_{233}	16	母公司对贵公司绩效评估与贵公司新技术开发的关系
	人员控制 y_{24}	y_{241}	17	贵公司的 CEO 是否由母国派出
		y_{242}	18	贵公司的经理由公司派出的人数
		y_{243}	19	贵公司与其他姊妹公司间总经理或主要部门经理轮换的频繁程度
子公司间知识转移的社会化基础 y_3	结构维度 y_{31}	y_{311}	20	贵公司同其他姊妹公司一同参加整个公司的专门委员会、团队、任务小组的普遍程度
		y_{312}	21	贵公司与其他姊妹公司间通过电话、电子邮件或面对面沟通的密切程度

（续表）

一级变量描述与变量名	二级变量描述与变量名	观测变量		
		变量名	序号	题项
子公司间知识转移的社会化基础 y_3	关系维度 y_{32}	y_{321}	22	贵公司对其他姊妹公司的知识价值和能力的信任程度
		y_{322}	23	贵公司通常担心其他姊妹公司会偷走或盗用自己的主意和想法
		y_{323}	24	贵公司的代表性知识得到其他同级子公司的(正式/非正式)的感谢
	认知维度 y_{33}	y_{331}	25	贵公司对整个公司的愿景、使命和价值观认同的程度
		y_{332}	26	贵公司对整个公司的标准化与符号统一程度
		y_{333}	27	贵公司与其他姊妹公司交流时对英语的要求程度
子公司间知识转移效果 y_4	知识流入效果 y_{41}	y_{411}	28	贵公司的工作在多大程度上受到其他姊妹子公司代表性知识的影响
		y_{412}	29	贵公司经常得到其他姊妹公司的知识支持
		y_{413}	30	当贵公司的工作需要其他姊妹公司的知识支持，可以迅速得到帮助
	知识流出效果 y_{42}	y_{421}	31	贵公司的代表性知识在多大程度上能影响其他姊妹子公司的工作
		y_{422}	32	贵公司的代表性知识经常为其他姊妹公司的工作提供支持
		y_{423}	33	其他姊妹公司的工作需要贵公司的知识支持，贵公司会迅速行动
对焦点子公司绩效的影响 y_5	知识流入对焦点子公司的绩效影响 y_{51}	y_{511}	34	其他姊妹公司已经提供的知识能够多大程度上节约了贵公司的成本
		y_{512}	35	其他姊妹公司已经提供的知识能够多大程度上增加了贵公司的收入
	知识流出对焦点子公司的绩效影响 y_{52}	y_{521}	36	贵公司为其他姊妹公司提供知识帮助，增加了贵公司的成本和负担的程度
		y_{522}	37	贵公司为其他姊妹公司提供知识帮助，增加了贵公司的获得收益机会的程度

2. 抽样方法

由于本书主要是探讨跨国公司子公司之间的知识转移，所以尽量选取已经处于比较高级的国际化阶段，拥有大量海外子公司及其网络的大型跨国公司作为研究对象，这样的跨国公司具有更多子公司之间跨越国界转移知识的活动机会。鉴于在华跨国公司的直接投资主要集中于以北京、上海和广东为中心的沿海经济地带，以及囿于地理和资源上的限制，本书的调查问卷主要关注在上海投资的大型跨国公司。也就是说，将当地因素对子公司间知识转移效果的影响作为控制变量来处理，另外对子公司的规模和成立时间也加以控制。

关于结构方程模型中样本量大小的选择问题，侯杰泰等(2004)在总结各种文献研究结果后认为，大多数模型需要至少 100—200 个样本；一般而言，每个因子至少应有三个指标。所以，本书决定先选择 300 家驻沪跨国公司子公司，以信件、传真、电子邮件、实地访谈等途径进行发放收集问卷。最后回收 132 份，回收率达到 44%。其中有效样本数 107 份，有效回收率 35%。

二、数据基础分析

(一) 描述性统计分析

表 7.2 是样本企业按母国所在地的分布统计表，表 7.3 是样本企业按行业的分布统计表。

表 7.2　子公司所处行业分布统计表

行　　业	频数(个)	百分比
贸　易	6	5.6
制造业	32	29.9

(续表)

行　业	频数(个)	百分比
资源开发	19	17.8
交通、物流	6	5.6
通信、计算机、互联网	25	23.3
建筑、基础设施建设	12	11.3
金融咨询服务	6	5.6
其他行业	1	0.9
总　计	107	100

表 7.3　子公司的母国/总部所在地分布统计表

母国/总部所在地	频　数	百分比
亚　洲	25	23.3
欧　洲	48	44.9
美　洲	34	31.8
总　计	107	100

(二) 信度检验分析

1. 跨国公司子公司间知识转移与子公司绩效量表信度检验

信度是用于检验测量的正确性或精确性，本书采用 Cronbach α 值作为信度的判断标准，测量各级构面下各变量的一致性。一般认为 Cronbach α 值大于 0.7 以上，表示量表具有比较高的信度。本书属于测量某构思的先导性研究，所以信度系数 α＝0.5—0.6 就足够，部分量表的信度系数 α 在 0.35 以上尚可接受。

表 7.4　子公司间知识转移与子公司绩效的量表信度检验

一级变量描述与变量名	一级变量描述与变量名	观测变量名	观测变量序号	Alpha if item deleted	Cronbach α 值	
子公司间竞合关系 y_1	合作因素 y_{11}	y_{111}	1	0.492 917	0.672 536	0.589 707
		y_{112}	2	0.437 641		
		y_{113}	3	0.710 735		
	竞争因素 y_{12}	y_{121}	4	0.366 292	0.601 595	
		y_{122}	5	0.410 286		
		y_{123}	6	0.520 722		
		y_{124}	7	0.493 802		
母公司的控制模式 y_2	战略控制 y_{21}	y_{211}	8	0.535 804	0.581 038	0.718 011
		y_{212}	9	0.478 078		
		y_{213}	10	0.414 386		
		y_{214}	11	0.497 874		
		y_{215}	12	0.659 741		
	股权控制 y_{22}	y_{221}	13	0.758 341	0.628 321	
	绩效控制 y_{23}	y_{231}	14	0.548 203	0.634 37	
		y_{232}	15	0.484 206		
		y_{233}	16	0.511 173		
	人员控制 y_{24}	y_{241}	17	0.416 081	0.502 835	
		y_{242}	18	0.346 524		
		y_{243}	19	0.442 528		
子公司间知识转移的社会化基础 y_3	结构维度 y_{31}	y_{311}	20	0.469 587	0.486 668	0.726 342
		y_{312}	21	0.395 061		
	关系维度 y_{32}	y_{321}	22	0.394 645	0.540 919	
		y_{322}	23	0.359 809		
		y_{323}	24	0.583 699		
	认知维度 y_{33}	y_{331}	25	0.390 261	0.599 011	
		y_{332}	26	0.553 303		
		y_{333}	27	0.888 954		

（续表）

一级变量描述与变量名	一级变量描述与变量名	观测变量名	观测变量序号	Alpha if item deleted	Cronbach α 值	
子公司间知识转移的效果 y_4	知识流入效果 y_{41}	y_{411}	28	0.585 964	0.738 784	0.846 748
		y_{412}	29	0.514 964		
		y_{413}	30	0.819 807		
	知识流出效果 y_{42}	y_{421}	31	0.686 876	0.706 102	
		y_{422}	32	0.546 904		
		y_{423}	33	0.605 943		
对绩效的影响 y_5	知识流入对绩效影响 y_{51}	y_{511}	34	0.650 045	0.752 319	0.810 994
		y_{512}	35	0.542 168		
	知识流出对绩效影响 y_{52}	y_{521}	36	0.798 126	0.678 300	
		y_{522}	37	0.549 774		

（三）效度检验分析

为了验证所设计的变量是否适合进入结构方程模型，本研究将通过收敛效度和区别效度对量表做进一步分析，其中收敛效度检验显变量对潜变量的测度效果，区别效度检验显变量之间、潜变量之间的区别性。

表 7.5　竞合关系二阶验证性因子分析

变量←因子		标准化因子负荷	标准误差	T-Value
y_{11}	y_1（竞合关系）	0.170 3	0.277 1	0.641 8
y_{12}	y_1	0.173 1	0.269 8	0.614 6
y_{111}	y_{11}（合作关系）	0.766 8	0.145 9	5.254 9
y_{112}	y_{11}	0.698 8	0.135 5	5.157 2
y_{113}	y_{11}	0.249 6	0.079 7	3.130 7

(续表)

变量←因子		标准化因子负荷	标准误差	T-Value
y_{121}	y_{12}(竞争关系)	0.035 1	0.074 2	0.472 8
y_{122}	y_{12}	0.811 2	0.105 3	7.704 0
y_{123}	y_{12}	0.842 8	0.107 9	7.810 0
y_{124}	y_{12}	0.290 7	0.073 7	3.946 0
拟合优度统计值: $x^2 = 115.7968$　$x^2/df = 12$　AGFI = 0.793 1　NFI = 0.881 9 CFI = 0.897 4　RMR = 0.103 4　RMSEA = 0.102 0　CAIC = 39.461 3				

表 7.6　控制关系二阶验证性因子分析

变量←因子		标准化因子负荷	估计值	标准误差	T-Value
y_{21}	y_2(控制关系)	0.565 7	0.685 9	0.249 9	2.744 7
y_{22}	y_2	0.055 7	0.055 8	0.070 0	0.797 6
y_{23}	y_2	0.999 3	0.835 5	0.389 7	0.663 6
y_{24}	y_2	0.325 7	0.344 5	0.138 3	2.491 0
y_{211}	y_{21}(战略控制)	0.485 8	0.400 6	0.071 8	5.581 2
y_{212}	y_{21}	0.401 0	0.330 7	0.068 3	4.839 3
y_{213}	y_{21}	0.924 6	0.762 4	0.110 1	6.924 1
y_{214}	y_{21}	0.379 8	0.313 2	0.067 6	4.635 1
y_{215}	y_{21}	0.131 3	0.108 3	0.061 4	1.763 3
y_{221}	y_{22}(股权控制)	0.999 4	0.997 8	0.038 8	5.738 8
y_{231}	y_{23}(绩效控制)	0.101 2	0.003 91	0.589 6	0.664 44
y_{232}	y_{23}	0.210 3	0.008 13	1.225 1	0.664 44
y_{233}	y_{23}	1.000 0	0.038 6	5.811 7	0.664 44
y_{241}	y_{24}(人员控制)	0.453 5	0.428 8	0.094 2	4.551 8
y_{242}	y_{24}	0.528 3	0.499 5	0.100 1	4.988 3
y_{243}	y_{24}	0.523 2	0.494 6	0.099 6	4.963 9
拟合优度统计值: $x^2 = 498.5051$　$x^2/df = 51$　AGFI = 0.907 0　NFI = 0.825 4 CFI = 0.835 1　RMR = 0.052 4　RMSEA = 0.103 4					

表 7.7　社会化基础二阶验证性因子分析

变量←因子		标准化因子负荷	估计值	标准误差	T-Value
y_{31}	y_3(社会化基础)	0.410 98	0.934 9	0.244 7	3.820 1
y_{32}	y_3	1.077 09	0.153 0	0.962 0	0.001 03
y_{33}	y_3	0.375 97	1.342 4	0.306 2	4.384 5
y_{311}	y_{31}(结构维度)	0.648 39	0.413 8	0.091 1	4.540 8
y_{312}	y_{31}	0.495 98	0.414 7	0.091 4	4.539 2
y_{321}	y_{32}(关系维度)	0.397 00	0.004 84	0.699 1	0.001 03
y_{322}	y_{32}	0.155 08	0.001 74	1.692 2	0.001 03
y_{323}	y_{32}	0.502 89	0.007 16	0.946 3	0.001 03
y_{331}	y_{33}(认知维度)	0.714 96	0.478 0	0.073 3	6.524 4
y_{332}	y_{33}	1.042 97	0.597 4	0.086 2	6.927 0
y_{333}	y_{33}	0.130 60	0.101 4	0.043 0	2.358 4
拟合优度统计值： $x^2 = 526.60$　$x^2/df = 28$　AGFI = 0.884 3　NFI = 0.886 1 CFI = 0.810 2　RMR = 0.065 9　RMSEA = 0.107 5					

表 7.8　子公司间知识转移效果二阶验证性因子分析

变量←因子		标准化因子负荷	估计值	标准误差	T-Value
y_{41}	y_4(知识转移效果)	0.684 3	0.938 4	0.143 8	6.525 6
y_{42}	y_4	0.999 9	0.788 0	0.224 9	0.003 37
y_{411}	y_{41}(知识流入效果)	0.780 8	0.569 4	0.055 0	10.357 4
y_{412}	y_{41}	0.889 6	0.648 7	0.065 0	9.976 1
y_{413}	y_{41}	0.800 5	0.010 6	3.133 7	0.003 37
y_{421}	y_{42}(知识流出效果)	0.665 9	0.008 78	2.606 5	0.003 37
y_{422}	y_{42}	0.665 4	0.008 78	2.604 9	0.003 37
y_{423}	y_{42}	0.742 2	0.742 2	0.068 4	10.846 1
拟合优度统计值： $x^2 = 160.852\ 3$　$x^2/df = 7$　AGFI = 0.838 8　NFI = 0.876 6 CFI = 0.859 0　RMR = 0.069 0　RMSEA = 0.092 0					

表 7.9　子公司间知识转移对绩效影响二阶验证性因子分析

变量←因子		标准化因子负荷	估计值	标准误差	T-Value
y_{51}	y_5(知识转移对绩效的影响)	0.790 0	1.288 7	0.202 6	6.360 7
y_{52}	y_5	0.894 4	2.000 0	0.075 4	26.537 4
y_{511}	y_{51}(知识流入对绩效的影响)	0.703 7	0.431 4	0.051 6	8.360 8
y_{512}	y_{51}	0.856 8	0.525 3	0.066 0	7.956 6
y_{521}	y_{52}(知识流出对绩效的影响)	0.314 3	0.140 6	0.029 8	4.718 0
y_{522}	y_{52}	1.000 0	0.447 2	0.020 6	21.663 5
拟合优度统计值： $x^2 = 231.91$　$x^2/df = 6$　AGFI = 0.821 2　NFI = 0.966 1 CFI = 0.969 6　RMR = 0.039 4　RMSEA = 0.079 9					

三、LISREL 模型与假设检验

(一) LISREL 全模型检验结果

表 7.10　子公司间知识转移与子公司绩效路径与假设检验

假设编号	假　设　描　述	检验结果
H_1:焦点子公司与其他子公司间的竞合关系对焦点子公司与其他子公司间知识转移效果有显著的影响		部分成立
H_{11}:	焦点子公司与其他子公司间的合作关系对子公司间知识转移效果有显著的正效应	是
H_{12}:	焦点子公司与其他子公司间的竞争关系对子公司间知识转移效果有显著的负效应	否

（续表）

<table>
<tr><th>假设编号</th><th>假 设 描 述</th><th>检验结果</th></tr>
<tr><td colspan="2">H_2:母公司对焦点子公司的控制模式对焦点子公司与其他子公司间的知识转移效果有显著的正效应</td><td>部分成立</td></tr>
<tr><td>H_{21}:</td><td>母公司对子公司的战略控制对子公司间知识转移效果有显著的正效应</td><td>是</td></tr>
<tr><td>H_{22}:</td><td>母公司对子公司的股权控制对子公司间知识转移效果有显著的正效应</td><td>否</td></tr>
<tr><td>H_{23}:</td><td>母公司对子公司的绩效控制对子公司间知识转移效果有显著的正效应</td><td>是</td></tr>
<tr><td>H_{24}:</td><td>母公司对子公司的人员控制对子公司间知识转移效果有显著的正效应</td><td>是</td></tr>
<tr><td colspan="2">H_3:跨国公司的社会化基础对焦点子公司与其他子公司间的知识转移效果有显著的正效应</td><td>部分成立</td></tr>
<tr><td>H_{31}:</td><td>焦点子公司与其他子公司间的结构维度对子公司间知识转移效果有显著的正效应</td><td>是</td></tr>
<tr><td>H_{32}:</td><td>焦点子公司与其他子公司间的关系维度对子公司间知识转移效果有显著的正效应</td><td>否</td></tr>
<tr><td>H_{33}:</td><td>焦点子公司与其他子公司间的认知维度对子公司间知识转移效果有显著的正效应</td><td>是</td></tr>
<tr><td colspan="2">H_4:焦点子公司与其他子公司间知识转移效果对焦点子公司的绩效有显著的正效应</td><td>成立</td></tr>
<tr><td>H_{41}:</td><td>其他子公司知识流入焦点子公司对焦点子公司的绩效有显著的正效应</td><td>是</td></tr>
<tr><td>H_{42}:</td><td>焦点子公司知识流出至其他子公司对焦点子公司的绩效有弱的负效应</td><td>是</td></tr>
</table>

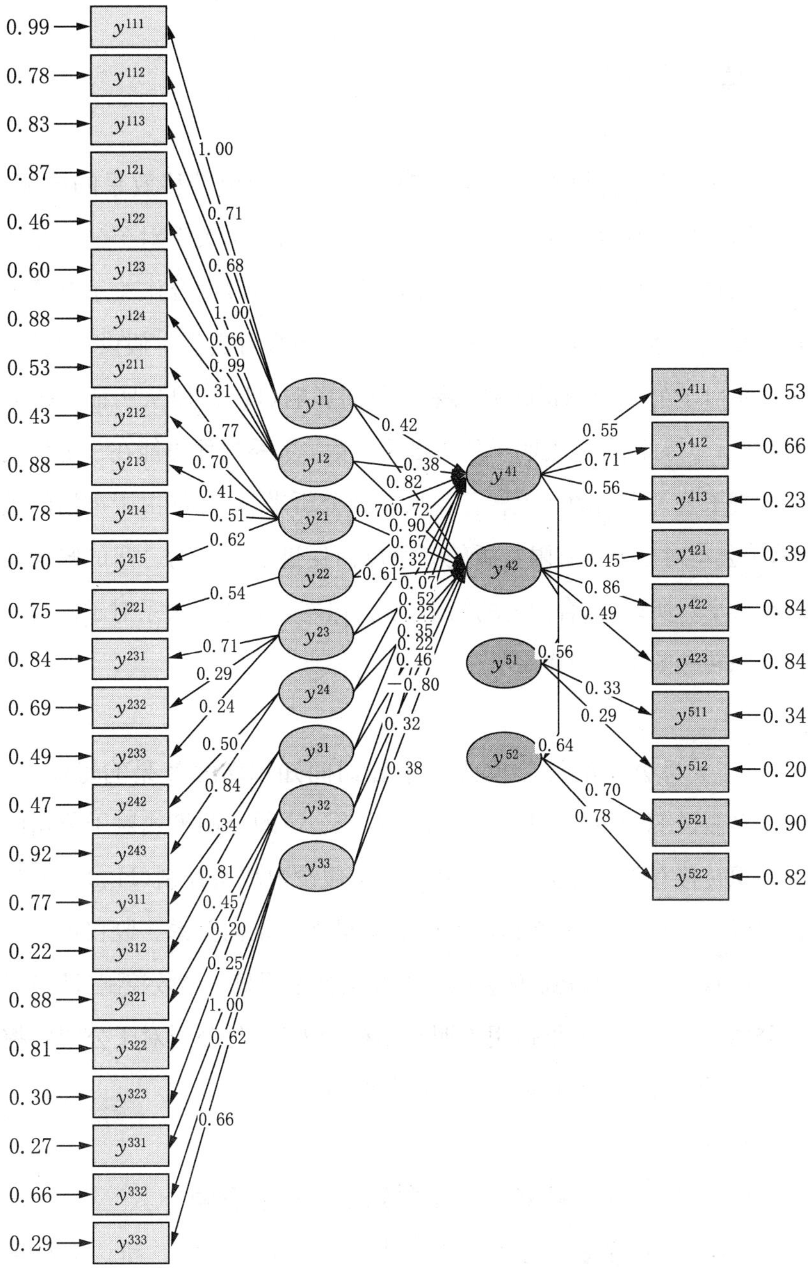

Chi-square = 696. 50，df = 538，P-value = 0. 00000，RMSEA = 0. 052

四、结论与讨论

（一）子公司间的竞合关系对子公司间知识转移效果的影响

从结构方程分析结果来看，子公司之间的竞合关系对子公司之间的知识转移效果有明显的正向作用（H_1）。本书假设合作关系对子公司间知识转移效果有正面影响（H_{11}），从结果来看支持本假设；假设竞争关系对子公司间知识转移效果有负面影响（H_{12}），但从实证结果来看，并不支持此假设，说明子公司之间的竞争关系反而可能在一定程度上促进子公司之间的知识转移。从原因分析来看，也许由于市场的重叠，子公司对母公司有限资源的竞争反而促进了子公司之间的知识转移与共享。所以，综合两者的结果，子公司之间的竞合关系对子公司间的知识转移效果正向作用明显（H_1）。

（二）母公司的控制模式对子公司间知识转移效果的影响

对假设 H_2 的验证表明，母公司对子公司的控制模式对子公司间的知识转移有明显的正向关系。所有子假设中战略控制（H_{21}）和人员控制（H_{24}）对子公司间知识转移的效果呈强的正向关系。股权控制程度（H_{22}）与子公司间知识转移效果的相关性不明显。绩效控制（H_{23}）对子公司间知识转移效果作用不明显。综合来说，母公司对子公司的控制明显对子公司间的知识转移有正向作用。

（三）社会化基础对子公司间知识转移的影响

对假设 H_3 的验证表明，社会化的结构维度（H_{31}）和认知维度（H_{33}）都对子公司间的知识转移效果有明显的正向作用，关系维度（H_{32}）与知识转移效果关系不明显。也就是说，子公司之间的人际关系网络以及共享的价值观、愿景和跨国公司内部的共同符号编码以及语言都对子公司间的知识转移有促进作用。

（四）子公司间知识转移效果与子公司绩效

对假设 H_4 的验证表明，子公司之间的知识转移对子公司的绩效有明显的正向作用。本书假设 H_{42} 即知识流出焦点子公司对子公司的绩效有弱的负向作用，但验证表明，子公司向其他子公司贡献知识反而会提高子公司的绩效，具体分析也许是子公司在向其他公司贡献知识的同时获得了其他子公司的正式或非正式的感谢，或母公司的认可，以及共享知识时促进自身对知识的理解和修正，这些都弥补了贡献知识所付出的成本，因此表现出知识流出反而会增加公司绩效的情况。在其他子公司知识流入焦点子公司的情况下，子公司也表现出绩效提高的结果，这与假设一致。因此在知识流入、流出两个方向上的知识转移效果都对子公司的绩效产生正面作用，加总其结果，即子公司间的知识转移效果对子公司的绩效有明显的正向作用。

第八章
建议、启示与结论

20 世纪 80 年代中期以来，越来越多的跨国公司开始投资于海外买进外国知识资产以保护或者拓展它们的核心能力。无论是发达国家还是发展中国家的跨国公司，开始的时候优势转移的范围相当有限。但是日益动荡的经营环境、越来越高的顾客期望及竞争对手竞争性的购买与模仿，使得跨国公司依赖母国国内优势和购买外部优势的做法难以满足开发国际市场的要求，这意味着培养和利用内生性和增量性知识能力越发关键，也意味着跨国公司的能力竞争战略必须从利用导向转到开发导向上来，不断深化的国际化形成庞大而举足轻重的子公司网络的事实使得跨国公司不得不重视子公司创造转移新增的互补性差异化知识能力。对于发展中国家的跨国公司而言，虽然总体上没有同发达国家跨国公司匹敌的绝对的所有权优势，但是开拓国际市场也能提供创造新增优势或者增强存量优势的新空间。在其他国家的经济发展日益与中国产生更加密切关联的背景下，重视我国跨国公司母子公司以及子子公司间的沟通交流和整合关系具有重要的战略意义。

一、对我国跨国公司子公司知识管理的建议与启示

随着我国经济开放程度的深化、国际化需求的增强以及国内企业国际化实力的增长，越来越多的企业也积极参与国际直接投资，形成了一大批海外分支机构。一批较早国际化的中国公司，例如中信、中化、五矿、中粮、上实，现在都有数十家海外子公司，新近国际化势头迅猛的制造业公司，例如海尔、TCL、华为、联想等，现在也有近十家海外子公司。但是目前，我国企业海外子公司数量还不多，子公司投资和经营规模也较小，海外经营实力也较弱，从而在母公司整体经营活动中的地位还不重要，专门针对海外企业的管理控制没有得到足够重视，母公司长期以来套用国内通常的管理控制方式。这是很多已经进行对外直接投资的母公司仍然保持原有的主要面向国内市场的组织机构的重要原因。现在，中国除了少数大型跨国公司采用全球产品、职能、地区和综合组织结构外(见表8.1)，大多数跨国公司的组织结构尚处于设立出口部、国际事业部阶段。

表 8.1　中国跨国公司中比较高级的组织结构模式

模　　式	描　　　述
金融型组织结构	银行和非银行金融机构采用，主要从事国际投融资业务，具有雄厚的资金和强大的融资能力，善于以控股、并购方式投资经营，属于以职能和地区为主兼结合产品的较高级的金融型组织结构
综合商社型组织结构	主要由从事进出口贸易和投资业务的各级专业外贸公司和国际经济合作公司采用，属于较高级的职能、产品、地区兼有的而以市场、产品为主的全球型综合组织结构
生产型组织结构	适合专门从事特定产品生产和销售业务的生产性企业和企业集团。这些企业拥有科研开发机构、较为雄厚的资金和生产力量、多元化服务体系及广泛的信息、销售网络，属于较高级的兼有职能、产品、地区而以产品为主的全球型综合组织结构

资料来源：侯仕军：《海外子公司定位、协调与控制研究》，博士论文，2005 年，第 240 页。

（一）以海外子公司为桥梁，把获取知识作为重要的战略目标，大力促进知识在跨国公司内部转移

国际化不是目的，而是企业提升竞争力的重要手段和途径。一开始就要重视海外子公司的战略定位及其创业创新能动性的战略价值，实行全球产品开发。对仍然处于国际化初期的我国跨国公司来说，扩大市场占有率、增加营业收入和利润、接近原料供应地或顾客、控制重要的不可再生资源等固然是重要原因，但最重要的是要借助国际化获取先进知识，提高企业国际竞争力。因此，无论是独自建立海外子公司，还是开展海外并购，或者是在海外开展联盟合作，我国跨国公司首先应该考虑这一行为能否为企业带来有用的知识，所获知识能否为企业带来更大的价值。对于已经建立了海外子公司的企业，要把海外子公司作为企业内部知识网络的重要组成部分，要借助海外子公司在国外建立外部知识网络，重视与当地品质高、竞争能力强的商业网络成员的互动关系，广泛获取知识，并及时在企业内部实现知识共享。因此，在进入国际市场之后，海外子公司的定位要快速地从转移和利用母公司资源和优势转向嵌入东道国当地外部开发新的资源和能力，充分利用当地知识资源壮大公司知识能力基础，培养和利用内生性和增量性知识能力，毕竟加强自身自主知识产权地位是摆脱“低质量产品—低价竞销—遭遇反倾销或知识产权侵权控告”困境的根本措施。

我国的大型跨国公司以海外子公司为平台获取当地的区位优势、领先技术以及最前沿的技术信息，并迅速向母国回流和向其他子公司扩散，有利于加速提升跨国公司整体的技术和管理水平。例如，海尔集团在拓展海外业务的过程中，已经在建设信息中心、设计中心上大力投入，力争大力发挥海外子公司融智从而掌握最新产业标准和生产技术、不断孵化新产品和新增长点的功能。海信及其子公司在海外建厂和营运的过程中，投入大量资源开发适应当地制式和标准的新产品，并尽快取得当地的国际质量认证，逐渐形成了“常规市场模式”、“黎巴嫩模式”、“意大利模式”等既符合当地实情，又切合企业自身情况的发展模式，这些新的发展模式构筑了公司新的能力基础。TCL 集团并购汤姆森之后通过整合美国印第安纳波利斯、德国菲林根、法国安杰斯、新加坡、中国深圳和无锡全球六大研发中心，合理分配研发资源，全面提高研发水平及效率，使得公司能够从中国消费者电子企业所处的技术商品化层面率先跨入核心技术积累阶段。

（二）对海外子公司的管理要平衡好控制与自主、分散与融合的关系

适应于海外经营战略逻辑的转变，跨国公司还需要改变原来那种资源和权力特别是关键资源和权力集中配置于母国的格局，高度重视灵活、高效和适应性强的竞争规则。越来越短的产品生命周期、快速的技术进步以及日趋激烈的竞争使得跨国公司有必要将更多职能和责任配置在海外子公司，允许海外子公司能够迅速回应快速的技术进步、不断改变的消费者偏好以及一体化全球市场中的全球竞争以培养开发型学习能力。在集中控制和分权经营的框架下，我国跨国公司还需要动态性和创造性地协调整合不同地区的子公司资源（特别是创新性资源）活动，加快学习创新，实现资源共享和优势互补，提高公司总体形象、应变能力和协调运作效率，并获取全球资源配置的最大效益，特别是要通过内部整合增强整个企业在产品销售方面的全球定价能力。

在战略上，跨国公司面临明确总体战略和海外子公司战略的双重挑战，母公司要在充分开发国内市场的基础上从全球化的视野角度明确国际化战略方向，加强国际化战略对海外子公司的集中控制和指导，但是这种集中要给海外子公司快速灵活应对当地的市场机会或者威胁的创业创新能动性而保留必要强度的战略和经营自主权。现代跨国公

司的协调控制机制设计需要考虑到资源、权力和技能分散化的重要价值。例如在 1997 年东南亚金融危机中，大多数快速消费品子公司纷纷削减广告支出，降低了当地的广告价格，但是一家中等规模的德国子公司却自主地加强了媒体宣传，以很低的广告价格促成了很好的销售业绩。跨国公司的资源和权力并非简单地分散到海外子公司，而是必须在集中和分散、集权与分权之间寻求更加精致的平衡。

集中控制的优点是便于整体协调和具有统一的总体目标，但是在国际化经营领域，每一个市场条件差异很大，竞争的细微差别也很复杂，当地环境变化也很微妙和迅速，这使得母公司远距离集中管理往往力不从心。而适应于子公司视角的分权尽管有助于提升海外子公司的主动性和责任心，但是海外子公司的积极主动性不断促进公司优势来源的复杂化和多元化，随着子公司能力增强和所控制的资源增多，容易产生脱离母公司战略目标和失去总体协调性的危险。同时，要求增强个别子公司的绩效可见性，这使得评估和报酬子公司经理的工作也更加复杂，这都对子公司控制形成严峻的挑战。所以，对于跨国公司而言，需要处理好集体行动和母公司控制的必要性与子公司自主权的重要性之间的潜在冲突，也就是既要通过集中决策管理分散在全球各地的子公司并充分发挥企业内部化节约成本开支和协作创造价值的优势，又要满足当地子公司因为瞬息万变的国际市场和信息环境而需要的相当程度的自主权并发挥当地学习的优势，使得海外子公司在与内部网络保持紧密、经常和长久互动的同时拥有开发利用外部网络关系并回应当地差异性和变化性环境的自主权。

跨国公司需要改变原来那种过于正式的协调和控制机制，尽管增强海外子公司的自主权可能产生母公司失控的风险，并给评估和报酬子公司经理的工作带来挑战，但是母公司一味采取传统的强调子公司驯服性和服从性的正式的人员控制和行政控制可能与初衷背道而驰。

母公司管理者的控制努力与子公司管理者的自主愿望和自主能力存在一定的冲突，所以应该在传统的正式的人员控制、行政控制和结果控制基础上加上非正式的文化控制，以及建立各种跨科层的委员会、工作团队加强沟通、互动和协同。这意味着需要寻找更加复杂和深入的母子公司管理结构，需要打破科层观念，基于差异性结构管理现代跨国公司及其大量海外子公司，强调多个中心的平行沟通与紧密协调，强调职能经理和业务经理的特定技能以及子公司的知识与能力。建立基于人际沟通、平行网络化和共享价值观等主要社会化机制的全公司范围内的全球公司文化。在海外子公司新优势获取者定位日益突显的情况下，特别要创立鼓励自主、专业化创造性、高度沟通以及企业家精神的公司文化。跨国公司可以向有活力的子公司充分授权，调动其经理人员的企业家精神，把激励建立在对所在公司乃至整个网络的贡献的基础上，通过有效的社会化方式，促进开放式的沟通和非正式关系的建立，从而形成有利于知识流动的非正式群体网络。

（三）树立网络化知识转移的概念，促进信息的整合和集中共享，提高组织学习能力

我国跨国公司应当把知识管理作为公司战略的一部分，树立网络化知识转移的概念，将母公司及子公司、团队和个人等看作是内部知识网络的节点，将供应商、客户、政府部门、社会团体、公众等看作是外部网络的节点，将每个节点看作是创造知识的源泉和转移知识的主体，在促进每个节点创造知识的同时，大力推动知识在企业内部网络和外部网络的有序转移，以逐步积累形成独具特色的知识资源，全面提升企业竞争力。应当将知识管理纳入到组织整体的综合性战略计划之中，以制度化方式推行知识管理战略计划，依靠团队精神、客户关系和网络设施等达到知识的有效转移，培养企业员工知识共享的文化，使每个员工

认识到知识对他们工作的重要价值，使员工建立起对识别、保持和扩展自身知识、知识创新和知识共享的责任感。

我国跨国公司要利用网络技术和现有的知识管理软件建立起自己的内部知识库，为显性知识的积累、筛选、分类、整理以及实时的数据交换和更新提供物质基础。目前许多大的跨国公司都建有自己的知识库，并赋予每个员工不同的访问权限，一方面保证员工可以很容易地接触到与自己工作紧密相关的知识；另一方面也较好地保证了企业的知识产权。例如，施乐公司专门建立了名为“知识地平线”的内部网络，建立在该内部网络上的知识库包括了公司的人力资源状况；公司内每个职位需要的技能和评价方法；公司内各部门、各地子公司分公司的内部资料；公司的所有客户信息；公司的主要竞争对手和合作伙伴的详细资料等。雪佛龙公司建立了“最佳实践”数据库，将已有的经验和最新解决问题的方法储存到库中，与全球员工实现知识共享。建立健全信息沟通系统，集中信息技术管理及主要业务系统，确保母子公司间、子公司之间畅通的信息传递和反馈渠道。系统中的沟通强度意味着海外子公司能够及时发现当地的市场机会并对其做出迅捷的回应，也意味着子公司之间、母子公司之间高度一体化地共享资源和信息。跨国公司通过其分支机构将全球技术的最新发展、当地用户的需求变化，竞争对手的产品和战略信息等及时反馈给母公司，成为跨国公司的知识源。比如，通用电气公司的投诉中心自 1982 年以来，一直用数据库方式收集客户意见，并且将 1.5 亿个可能发生的问题及其解决办法输入该系统。

我国跨国公司要加强子公司同内部和外部网络之间非正式的沟通交流，增进海外子公司之间的内部嵌入性和正式或者非正式的沟通和联系，增进子公司对当地环境的外部嵌入性，确保母公司制定的国际化战略最大程度反映子公司当地真实的市场动态、确保子公司通过了解当地需求和竞争对手并充分开发当地市场机会锻造强大的能力优势，以及确保子公司的信息、知识和能力能够导入到跨国公司总体的能力和竞争优势体系，这样战略控制才能真正落到实处。例如，成立于1987年的中国中化集团公司1991年就已经建立了分布在全球20多个国家和地区的60多个海外子公司和其他分支机构(其中代表处6个、子公司31个、其他企业25个)。为有效协调和控制这些分布广泛的海外分支机构，公司1985年起就建立起拥有世界三大通讯网络系统的可视电脑终端，全天候连续检索全球商业信息，其中1986年同英国路透社签订了经济信息使用合同，安装了终端设备，可以获得所需的最新经贸信息。1989年8月安装和接通了美联社终端，不仅可以获得快速传递的信息，而且可以得到权威的专家评论，公司汇总各地信息并及时转化为管理决策和各种指令，传递给国内外的几十家经营单位。另外，公司还在北京总部建立起电脑中心控制室，为国内外的分公司、子公司和代表处接通程控电话或者传真，从而建立起全球商情信息和通讯系统，保证了分散各地的经营单位能够及时获得有关信息和总部指令，为公司的跨国经营和管理提供了重要的信息基础。

（四）战略性地抓好海外经理人员的选派、培养和使用

战略性地选派、培养和使用合适的海外经理人员是确保海外经营成功和安全的关键。但是，国际经营管理人才短缺不仅是在华跨国公司十分头疼的事情，也是我国跨国公司国际扩张的主要障碍。在选派方面，所选派的经理人员要有很强的专业能力、职业素质和跨文化沟通能力。在深圳著名公司深圳华为，母公司委派的海外子公司经理往往是在母公司有经验、有突出业绩并受到母公司高度信任的人员。根据市场业绩随时都可能轮换子公司领导。除此之外，目前我国海外投资的企业仍然大多使用自己的员工，高的多达80%以上。例如在著名公

司深圳华为，中方员工的出国非常方便，通常是举手制。由此，海外公司中中方员工占有很大比重，并且往往也处于关键岗位。

但是，人员过度母国化不仅增加了成本，也影响了企业的本地化经营。由此，在海外经理任用方面，要改变一直使用公司内部派出代表、忽视当地接班人培养的做法，重视东道国的相关政策限制，妥善安排股权、人事事务以适应当地的政策要求和文化环境，调动本地人员的经营和工作积极性，并为公司在当地的生存提供更加坚实的合法性基础。例如，华为在独联体的四个代表处除主管由母公司委派外，片区主管主要是当地人。其中在俄罗斯设立的四个代表处的一把手都是中方员工，但是在代表处以下 7 个办事处的片区主管都是当地人。不过人员本土化过程中要加强统一的经营理念和当地企业文化对不同背景员工的统合(渗透)作用，特别是要注重培养员工对企业的忠诚度，责任意识和文化认同。万向美国公司一直保持一种博大宽广的胸怀，通过融合不同文化背景的人员不断吸收各个国家的优良文化。

在人才培养方面，事前、事中、事后要充分结合。事前要着重根据海外子公司的定位培养海外经理人员对国际商务、国际法律和国际商业管理知识与能力的综合把握和应用，特别是要熟悉当地的经济、政治、法律和社会环境，例如当地的会计事务、消费者保护、公司治理、危机处理和信息披露等方面的制度规范和管理惯例。事中要在海外子公司定位及其运作过程中战略性地重视并充分发挥海外管理人员的创业创新能动性，增强他们的创造，为我国经济、社会及企业的持续发展储备雄厚的高端管理人才资源。同时还要增强当地员工对公司系统流程运作和管理文化的深刻了解与认同。事后要重视回国人员妥善安置，要善始善终，通过座谈、交流和跨区域任用将海外人员的丰富经验与知识充分吸收转化为公司整体的资源。

在管理和使用方面，尊重员工的自主精神、创造潜质和责任感等主观能动性因素，改变更多依赖权力、命令、规则和制度的外在硬性约束控制，促进当地子公司按照当地法律和社会习惯实行属地化自主管理，以灵活应对国外竞争对手的激烈竞争，创造新增竞争能力，同时要做好回国安排的制度化安排，缓解或者消除他们的后顾之忧，实行职位轮换制度，有效防止海外子公司主要负责人权力过度膨胀，及时发现企业内部的违规和腐败行为。

二、结论与进一步研究方向

（一）主要研究结论

从经济学上讲，单元间的分享应当会减少当知识必须从外部购买时所导致的交易成本，通过提高技能和平等合作增加投资回报以及减少公司不得不依赖外部资源所可能导致的经济和财务上的风险。作为“差异性的网络”的跨国公司子公司之间的知识转移为促进跨国公司的绩效提供了机会。

本书基于此对子公司间知识转移的前提关系、管理机制、社会化基础和转移效果，做一项较为系统完整的工作：(1)探究一些先前很少研究的因素对子公司之间知识转移的影响(子公司间知识转移的内外部关系)；(2)母公司对子公司的几种控制模式子公司间的知识转移效果的影响；(3)研究社会资本维度对跨国公司子公司之间知识转移效果的影响；(4)对子公司间知识转移的影响因素，知识转移的效果(知识流入流出焦点子公司)和最终对焦点子公司的绩效影响建立了实证模型，并进行了直接性的检验，得出了相关结果。

1. 子公司间知识转移影响因素对子公司之间知识转移效果的影响

(1) 子公司之间的竞合关系对子公司间知识转移效果有显著的正

向影响，其中合作关系与子公司之间知识转移效果明显正相关，竞争关系与子公司之间知识转移效果没有明显相关性。

（2）母公司对子公司的控制方面，战略控制、人员控制对子公司间知识转移效果均呈现强的正相关关系，股权控制、绩效控制与子公司间知识转移效果没有明显相关性。

（3）社会化基础的三个维度（结构维度、关系维度和认知维度）对子公司间知识转移效果的影响均呈现明显的正相关关系。

2. 子公司之间知识转移效果与子公司绩效的关系

对所考察的子公司来说（本书称为焦点子公司）知识转移分流入流出两个方向，因此其他子公司知识流入焦点子公司效果与子公司绩效之间的关系；焦点子公司知识流出至其他子公司的效果与子公司绩效的关系，综合得出子公司间知识转移效果对子公司绩效的影响。本书发现其他子公司的知识流入焦点子公司与焦点子公司的绩效呈明显的正相关，知识流出焦点子公司对焦点子公司的绩效并不会产生负面影响，反而有弱的正向影响。综合来说，子公司间的知识转移对子公司的绩效有明显的正面影响。

（二）不足与进一步研究方向

（1）知识概念界定模糊。由于知识是有形的也是无形的，涵盖了产品及其生产的全过程，目前大部分关于知识管理的研究启用过多专业性或非专业性的术语而使知识的概念模糊。在本书中对知识概念的界定也没有明朗化，在实证研究中也基本回避了这个问题，并没有将影响知识转移效果的知识特征加以考虑，使用了比较模糊笼统的知识概念。今后的研究还应当结合知识的特征（隐含性和显性知识），对子公司之间知识转移效果的影响，做进一步实证性考察。

（2）对子公司的战略角色未加区分。子公司之间的价值链上下级关系，以及和业务往来程度，明显决定子公司间知识转移的量，本书虽然在竞合关系因素和战略控制因素当中加以考虑，但还是将各种战略角色混合在一起进行考察。在将来的研究中，应当在对子公司的角色区分的基础上，进一步考察子公司之间知识转移的影响因素与效果。

附　录

跨国公司子公司之间知识转移研究调查问卷

(本问卷仅供在跨国公司中国子公司工作的相关人士回答)

尊敬的先生、女士:您好!

本人正在做一项关于跨国公司子公司之间知识转移的研究。敬请您在百忙之中抽空回答本次问卷,帮助我准确、全面的了解贵公司在这方面的基本情况。答题前请注意以下情况:

1. 希望填写本问卷的人是对贵公司相关方面有比较深入了解的人士。

2. 本问卷基本采用了选择题和 5 分制打分,根据您的印象或直觉判断来答题,无需花时间考虑,本问卷没有标准答案,且与任何个人的价值标准无关。

3. 在填写过程中,如果存在任何疑义,请与作者联系。

另外,问题均不涉及企业的实质性数据和商业机密性问题,而且仅供进行学术研究之用,并不对外公开,敬请放心。在此真诚感谢您的协助与支持,并祝健康快乐!

一、贵公司(子公司)的基本信息:(请在选择题题号上打"√",若在电脑上,则把选择的题号颜色改为红色即可。个别填空题请填写完整)

1. 贵公司名称______________________________

2. 贵公司所在地____________;母公司位于哪个国家______________

3. 贵公司成立于________年;公司的雇员人数约________;年营业额约________

4. 贵公司所在的主要行业(单选):

(1)贸易;(2)制造业;(3)资源开发;(4)交通、物流;(5)通讯、计算机、互联网;(6)建筑、基础设施建设;(7)旅游、餐饮;(8)金融、咨询服务;(9)其他行业(请注明)________________

5. 贵公司目前从事的主要价值活动(可多选):

(1)基础研究与开发;(2)产品设计;(3)零部件制造或者原材料的提炼或加工;(4)成品组装;(5)市场营销;(6)分销;(7)售后服务;(8)其他(请注明):________________

6. 母公司投资贵公司的主要战略动机(单选):

(1)寻求市场;(2)降低原材料、劳动力、运输等成本;(3)寻求知识、技术、经营经验等战略性资产;(4)分散政治、市场风险

7. 您的职位是______________

二、知识转移相关信息调查

以下各题请凭印象和直觉来回答,从"1"到"5"分程度依次加深,请在相应的分数上打"√"或者用电脑将选择的分数变成红色(注:这里所提到的知识是指以常识的形式存在的信息和能力,例如产品设计,商务管理,质量控制,分销渠道,顾客关系管理等等)。

1	贵公司与其他姊妹公司间技术和管理的关联程度	很弱	1	2	3	4	5	很强
2	贵公司与其他姊妹公司间业务往来的密切程度	很低	1	2	3	4	5	很强
3	贵公司经理报酬与整个跨国公司业绩的相关程度	很低	1	2	3	4	5	很强
4	贵公司与其他姊妹公司的市场交叠程度	很低	1	2	3	4	5	很高
5	贵公司能力退步需要获得母公司资源支持的迫切程度	很低	1	2	3	4	5	很高
6	贵公司由于当地条件限制或不稳定需要获得母公司资源支持的程度	很低	1	2	3	4	5	很高
7	贵公司经理报酬与贵公司业绩相关程度	很低	1	2	3	4	5	很高
8	过去 3 年贵公司年均销售收入约占总公司当年全球销售收入的比重程度	很低	1	2	3	4	5	很高
9	贵公司对母公司的开发新市场方面的战略重要性	很低	1	2	3	4	5	很高
10	贵公司对母公司的开发新技术方面的战略重要性	很低	1	2	3	4	5	很高
11	贵公司对母公司的降低成本方面的战略重要性	很低	1	2	3	4	5	很高
12	贵公司对母公司分散政治、市场风险方面的战略重要性	很低	1	2	3	4	5	很高

13. 母公司占贵公司股权的

(1)30%—50%以下;(2)50%—70%以下;(3)70%—80%以下;(4)80%—90%以下;(5)100%

14	母公司对贵公司绩效评估标准是不是主要以利润为主	否	1	2	3	4	5	是
15	母公司对贵公司绩效评估与贵公司市场扩张的关系	很小	1	2	3	4	5	很大
16	母公司对贵公司绩效评估与贵公司新技术开发成果的关系	很小	1	2	3	4	5	很大

17. 贵公司的 CEO 来自:母国外派□、东道国当地□

18. 贵公司高层管理团队中由母公司派出的比例:

(1)10%以下;(2)11%—20%;(3)21%—30%;(4)31%—50%;(5)50%以上

19	贵公司与其他姊妹公司间总经理或主要部门经理轮换的频繁程度	很低	1	2	3	4	5	很高
20	贵公司同其他姊妹公司一同参加整个公司的专门委员会、团队、任务小组的普遍程度	很低	1	2	3	4	5	很高
21	贵公司与其他姊妹公司间通过电话、电子邮件、或面对面沟通的密切程度	很低	1	2	3	4	5	很高
22	贵公司对其他姊妹公司的知识价值和能力的信任程度	很低	1	2	3	4	5	很高
23	贵公司担心其他姊妹公司偷走或盗用自己的主意和想法的程度	很高	1	2	3	4	5	很低
24	贵公司提供的代表性知识会得到其他姊妹公司(正式/非正式)感谢的程度	很低	1	2	3	4	5	很高
25	贵公司对整个公司的愿景、价值观、经营目标和制度规则的认同程度	很低	1	2	3	4	5	很高
26	贵公司与其他姊妹公司使用统一的符号、技术标准的程度	很低	1	2	3	4	5	很高
27	贵公司与其他姊妹公司交流时英语的重要程度	很低	1	2	3	4	5	很高
28	贵公司的工作受到其他姊妹公司所提供的代表性知识的影响程度	很低	1	2	3	4	5	很高
29	贵公司得到其他姊妹公司的代表性知识支持的频繁程度	很低	1	2	3	4	5	很高
30	当贵公司的工作需要其他姊妹公司的知识支持,可以得到帮助的速度	很慢	1	2	3	4	5	很快

（续表）

31	贵公司的代表性知识能影响其他姊妹公司的工作的程度	很低	1	2	3	4	5	很高
32	贵公司的代表性知识为其他姊妹公司的工作提供支持的频繁程度	很低	1	2	3	4	5	很高
33	其他姊妹公司的工作需要贵公司的知识支持，贵公司采取行动的速度	很慢	1	2	3	4	5	很快
34	其他姊妹公司已经提供的知识为贵公司带来节约成本机会的程度	很低	1	2	3	4	5	很高
35	其他姊妹公司已经提供的知识能够增加贵公司获得收益机会的程度	很低	1	2	3	4	5	很高
36	贵公司为其他姊妹公司提供知识和帮助，增加贵公司的成本和负担的程度	很高	1	2	3	4	5	很低
37	贵公司为其他姊妹公司提供知识和帮助，增加了贵公司获得收益机会的程度	很低	1	2	3	4	5	很高

参考文献

（一）英文部分

Alain Verbeke, Wenlong Yuan, "Subsidiary Autonomous Activities in Multinational Enterprises: A Transaction," *Management International Review*, 2005, 45(1):31.

Alan M. Rugman, Alain Verbeke, "Extending The Theory of The Multinational Enterprise: Internalization And Strategic Management Perspectives," *Journal of International Business Studies*, 2003, 34(2):125.

Almeida P., "Knowledge Sourcing by Foreign Multinationals: Patent Citation Analysis in the US Semiconductor Industry," *Strategic Management Journal*, 1996, 17(1):155—165.

Almeida, P., Kogut, B., "The Exploration of Technological Diversity, the Geographic Localization of Innovation," *Small Bus. Econ*, 1997, 9(1):21—31.

Andersson U., Forsgren M., Pedersen T., "Subsidiary Performance in Multinational Corporations: the Importance of Technology Embeddedness," *International Business Review*, 2001, 10(3):3—23.

Andersson U., "Managing the Transfer of Capabilities within Multinational Corporations: the Dual Role of the Subsidiary," *Scandinavian Journal of Management*, 2003, 19(1):425—442.

Andersson, U., Forsgren, M., Holm, U., "The Strategic Impact of External Networks: Subsidiary Performance and Competence Development in the Multinational Corporation," *Strategic Management Journal*, 2002, 23(11):979—996.

Anil K. Gupta, Vijay Govindarajan, "Knowledge Flows within Multinational Corporations," *Strategic Management Journal*, 2000,21(4):473.

Anupama Phene, Anoop Madhok, Kun Liu, "Knowledge Transfer in Multinational Corporations-An Evolving Research Agend," *Management International Review*, 2005, 45, Abi/Inform Global.

Bartlett C. A. ,Ghoshal S. ,*Managing Across Borders: The Transnational Solution*, Boston: Harvard Business School Press, 1989.

Bartlett, C. A. , Ghoshal, S. , "Beyond the M-form: Toward a Managerial Theory of the Firm," *Strategic Management Journal*, 1993, 14(Winter Special Issue):23—46.

Becker, G. S. , "Global Silicon Valleys? First kill all Subsidies," *Businessweek* 3674, 2000, 26(March 27).

Bernard L. Simonin, "Transfer of Marketing Know-How in International Strategic Alliances: An Empirical Investigation of The Role and Antecedents of Knowledge Ambiguity," *Journal of International Business Studies*, 1999, 30(3): 463—490.

Beverly A. Wagner, " Learning And Knowledge Transfer In Partnering: An Empirical Case Study," *Journal of Knowledge Management*, 2003, 7(2):97.

Birkinshaw, J. , Hood, N. , "Unleash Innovation in Foreign Subsidiaries," *Harvard Business Review*, 2001, 79(1):131—137.

Birkinshaw, J. , Morrison, A. J. , "Configurations of Strategy and Structure in Subsidiaries of Multinational Corporations," *Journal of International Business Studies*, 1995, 26(4):729—754.

Birkinshaw, J. , "Upgrading of Industry Clusters and Foreign Investment," *International Studies of Management and Organization*, 2000, p. 2.

Blanc, H. , Sierra C. , "The Internationalisation of R&D by Multinationals: a

Trade-off between External and Internal Proximity," *Cambridge Journal of Economics*, 1999, 23(1):187—206.

Bo Bernhard Nielsen, Snejina Michailova, "Toward A Phase-Model of Global Knowledge Management Systems in Multinational Corporations," Ckg Working Paper No. 3/2004.

Brandenburger, A. M., & Nalebuff, B. J., *Co-opetition*, New York: Currency Doubleday, 1996.

Bruce Kogut, "The Network as Knowledge: Generative Rules and the Emergence of Structure," *Strategic Management Journal* 2000, 21, 405—425.

Buckley, P., Casson, M., *The Future of Multinational Enterprise*, Macmillan and Co: London, 1976.

Cantwell, J. A., Piscitello, L., "Accumulating Technological Competence: its Changing Impact on Corporate Diversification and Internationalization," Ind. Corp, Change, 2000, 9(1):21—51.

Carlsson, B., Fridh, A.-C., "Technology Transfer in US Universities: a Survey and Statistical Analysis," Working paper, Case Western Reserve University (January), 2000.

Casson, M., "Why are Firms Hierarchical?" *Journal of the Economics of Business*, 1994, 32(1):47—76.

Castells, M., Hall, P., *Technopoles of the World: The Making of 21st Century Industrial Complexes*, Routledge, New York, 1994.

Chang, E., Taylor, M. S., "Control in Multinational Corporations (MNCs): the Case of Korean Manufacturing Subsidiaries," *Journal of Management*, 1999, 25(4):541—565.

Chen, M. J., MacMillan, I. C., "Nonresponse and Delayed Response to Competitive Moves: The Roles of Competitor Dependence and Action Irreversibility," *Academy of Management Journal*, 1992, 35(3):539—570.

Claudio U. Ciborra, Rafael Andreu, "Sharing Knowledge Across Boundaries,"

Journal of Information Technology, 2001,16(1):73—81.

D. Minbaeval, T. Pedersen, I. Bjbrkman, Cf Fey Hj Park, "MNC Knowledge Transfer, Subsidiary Absorptive Capacity, and Hrm," *Journal of International Business Studies*, 2003, 34(1):586—599.

Dana B. Minbaeva, "Hrm Practices and MNC Knowledge Transfer," *Personnel Review*, 2005, 34(1):7—15.

de la Mothe, J., Paquet, G. (eds.), *Local and Regional Systems of Innovation*, Kluwer Academic Publishers, Boston, 1998.

Dean Xu, Yigang Pan, Paul W. Beamish, "The Effect of Regulative and Normative Distances on MNE Ownership and Expatri ate Serategies," *Management International Review*, 2004, 44(3):285.

Dirk Holtbrügge, Nicola Berg, "Knowledge Transfer In Multinational Corporations: Evidence From German Firms," *Management International Review*, 2004, 44(1):129.

Dixon, N. M., *Common knowledge: How Companies Thrive by Sharing What They Know*, Boston,MA: Harvard Business Press, 2000.

Doz, Y., Prahalad, C. K., "Headquarters Influence and Strategic Control in Multinational Companies," *Sloan Management Review*, 1981, 22(4):15—29.

Doz, Y., "The Evolution of Cooperation in Strategic Alliances: Initial Conditions or Learning Processes?" *Strategic Management Journal*, 1996, 17(3): 55—83.

Dunning J. H, Narula R., "The R&D activities of foreign firms in the United States," *International Studies of Management and Organization*, 1995, 25(1): 39—73.

Eden Yin, Chong Ju Choi, "The Globalization Myth: The Case of China," *Management International Review*, 2005, 45(1):103.

Eisenhardt, K., "Agency Theory: an Assessment and Review," *Academy of Management Review*, 1989, 14(1):57—74.

Eliot Rich, Peter Duchessi, "Models For Understanding The Dynamics of Organizational Knowledge In Consulting Firms," Proceedings of The Hawaii International Conference on System Sciences, January 3—6, Maui, Hawaii.

Foss, N. J. , "Bounded Rationality in the Economics of Organization: Present Use and (Some) Future Possibilities," *Journal of Management and Governance*, 2001, 30(5):401—425.

Foss, N. J. , "Misesian Ownership and Coasian Authority in Hayekian Settings: The Case of the Knowledge Economy," *The Quarterly Journal of Austrian Economics*, 2001, 30(4):3—24.

Foss, N. J. , "Selective Intervention and Internal Hybrids: Interpreting and Learning from the Rise and Decline of the Oticon Spaghetti Organization," DRUID Working Paper No. 01—16, 2001c.

Foss, K. ,Foss,N. J. , "Authority and Discretion: Tensions,Credible Delegation, and Implications for New organizational Forms," DRUID Working Paper, 2002—11, 2002.

Fransman, M. , "Information. Knowledge, Vision and Theories of the Firm," *Industrial and Corporate Change*, 1994, 30(3):713—757.

Frost T. , "The Geographic Sources of Foreign Subsidiaries' Innovations," *Strategic Management Journal*, 2001,22(2):101—123.

Frost, T. S. , Birkinshaw, J. M. , Ensign, P. C. , "Centers of Excellence in Multinational Corporations," *Strategic Management Journal*, 2002, 23 (1): 997—1018.

Galambos, L. , Sewell, J. E. , *Networks of Innovation: Vaccine Development at Merck ,Sharp and Dohme ,and Mulford , 1895—1995* , Cambridge Univ. Press, New York, 1996.

Ghemawat,P. , "Distance still matters: The Hard Reality of Global Expansion," *Harvard Business Review*, 2001,79(1):137—147.

Ghoshal, S. , Bartlett, C. , "Creation, Adoption, and Diffusion of Innovations by Subsidiaries," *Journal of International Business Studies*, 1988, 19(3): 365—388.

Ghoshal, S., Bartlett, C. A., "The Multinational Corporation as an Interorganizational Network," *Academy of Management Review*, 1990, 15(4): 603—625.

Ghoshal, S., Moran, P., "Bad for Practice: a Critique of the Transaction Cost Theory," *Academy of Management Review*, 1996, 21(1):13—47.

Ghoshal, S., Nohria, N., "Internal Differentiation within Multinational Corporations," *Strategic Management Journal*, 1989,10(2):323—337.

Govindarajan, V., Gupta, A. K., *The Quest for Global Dominance*, San Francisco, CA: Jossey-Bass, 2001.

Gp Huber, "Transfer of Knowledge in Knowledge Management Systems: Unexplored Issues And Suggested Studies," *European Journal of Information Systems*, 2001,10(1):72—79.

Granovetter, M. S., "Economic Action and Social Structure: The Problem of Embeddedness," *American Journal of Sociology*, 1985, 91(3):481—510.

Granstrand, O., Hakanson, L., Sjolander, S., "Internationalization of R&D: A Survey of Some Recent Research," *Research Policy*, 1993, 22(2):413—430.

Gupta, A. K., Govindarajan, V., "Resource Sharing among Subsidiaries: Strategic Antecedents and Administrative Implications," *Academy of Management Journal*, 1986, 29(1):695—714.

Gupta, A. K., "SBU Strategies, Corporate-SBU Relations, and SBU Effectiveness in Strategy Implementation," *Academy of Management Journal*, 1987, 30(3):477—500.

Gupta, Anil K, Govindarajan, Vijay, "Knowledge Flows and The Structure of Control Within Multinational Corporations," *The Academy Of Management Review*, 1991, 16(4):768.

Håkanson, L., Nobel, R., "Technology Characteristics and Reverse Technology Transfer," *Management International Review*, 2000, 40(1):29—48.

Hedlund, G., "A Model of Knowledge Management and the N-form Corporation," *Strategic Management Journal*, 1994, 15(1), 73—90.

Hedlund, G., "The Hypermodern MNC—A Heterarchy?" *Human Resource Management*, 1986, 25(1):9—25.

Hennart, J.-F., *A Theory of the Multinational Enterprise*, University of Michigan: Ann Arbor: MI, 1982.

Hennart, J. F., "Theories of Multinational Enterprise," in Rugman, A. M., Brewer, T. L. (eds.), *The Oxford Handbook of International Business*, Oxford: Oxford University Press, 2001, pp. 127—149.

Henrik Bresman, Julian Birkinshaw, Robert Nobel, "Knowledge Transfer In International Acquisitions," *Journal of International Business Studies*, 1999, 30 (3):439.

Hill, C. W., Hitt, M. A., Hoskisson, R. E., "Cooperative vs. Competitive Structures in Related and Unrelated Diversified Firms," *Organization Science*, 1992, 3(1):501—521.

Hill, E. W., Brennan, J. F., "A Methodology for Identifying the Drivers of Industrial Clusters: the Foundation of Regional Competitive Advantage," *Econ. Dev. Q.*, 2000, 14(1), 65—97.

Hongxin Zhao, Yadong Luo, "Antecedents Of Knowledge Sharing With Peer Subsidiaries In Other Countries: A Persepctive from Subsidiary Managers in a Foreign Emerging Market," *Management International Review*; 2005, 45 (1):71.

Hui-Mei Wang, "Pratima Bansal. Effective Mnc Knowledge Resources During A Radical Environmental Shift," *Management International Review*, 2005, 45(1):9.

Ingmar Bjö Rkman, Wilhelm Barner-Rasmussen, Li Li, "Managing Knowledge Transfer In MNCs: The Impact of Headquarters Control Mechanisms," *Journal of International Business Studies*, 2004, 35(1):443—455.

Inkpen, A. C. , Dinur, A. , "Knowledge Management Processes and International Joint Ventures," *Organization Science*, 1998, 32(9):454—468.

Jack A. Nickerson, Todd R. Zenger, "A Knowledge-Based Theory of The Firm—The Problem-Solving Perspective," *Organization Science*, 2004, 15(6), 1—16.

Jaffe, A. B. , Trajtenberg, M. , Henderson, R. , " Geographic Localization of Knowledge Spillovers as Evidenced by Patent Citations," *Q. J. Econ.* , 1993, 108 (3): 577—598.

Jeffrey L. Cummingsa, Bing-Sheng Teng B. , "Transferring R&D Knowledge: The Key Factors Affecting Knowledge Transfer Success," *Eng. Technol. Manage*, 2003, 20(1):39—68.

Jensen, M. , Meckling, W. H. , "Theory of the Firm: Managerial Behavior, Agency Cost, and Ownership Structure," *Journal of Financial Economics*, 1976, 3(4):305—360.

John D. Politisl, "The Connection Between Trust and Knowledge Management: What Are Its Implication for Team Performance," *Journal of Knowledge Management*, 2003, 7(5):55.

Jonathan P. Doh, Gary K. Jones, Ram Mudambi, Hildy Teegen, "Foreign Research And Development And Host Country Environment: An Empirical Examination of U. S. lnternational R&D," *Management International Review*, 2005, 45 (1):121.

Jose I Galan, Javier Gonzalez-Benito, "Determinant Factors of Foreign Direct Investment: Some Empirical Evidence," *European Business Review*, 2001, 13(5):269.

Kang Rae Cho, Jangho Lee, "Firm Characteristics and MNC's Intra-Network Knowledge Sharing," *Managemen International Review*, 2004, 44(4):435.

Kobrin, S. J. , "An Empirical Analysis of the Determinants of Global Integration," *Strategic Management Journal*, 1991,12(1):17—32.

Kogut, B. , Zander, U. , "Knowledge of the Firm, Combinative Capabilities, and the Replication of Technology," *Organization Science*, 1992, 30(3): 383—397.

Kogut, Bruce, S. J. Chang, "Technological Capabilities and Japanese Foreign Direct Investment in the United States," *Review of Economics and Statistics*, 1991, 73(1):401—413.

Kogut, Bruce, Udo Zander, "Knowledge Market Failure and the Multinational Enterprise: A Reply," *Journal of International Business Studies*, 1995, 26(2): 90—117.

Kogut, Bruce, Udo Zander, "What Firms Do? Coordination, Identity, and Learning," *Organization Science*, 1996, 7(5):502—518.

Kostova, T., Roth, K., "Social Capital in Multinational Corporations and a Micro-macro Model of its Formation, "*Academy of Management Review*, 2003, 28(2):297—317.

Kostova, T., "Transnational Transfer of Strategic Organizational Practices: A Contextual Perspective," *Academy of Management Review*, 1999, 24(1):308—324.

Lado, A. A., Boyd, N. G., Hanlon, S. C., "Competition, Cooperation, and the Search for Economic Rents: A Syncretic Model," *Academy of Management Review*, 1997, 22(1):110—141.

Lampel J., Shapira Z., "Judgmental Errors, Interactive Norms, and the Difficulty of Detecting Strategic Surprises," *Organization Science*, 2001, 30(12): 599—611.

Larissa Rabbiosi, Politecnico Di Milano, "The Evolution of Reverse Knowledge transfer Within Multinational Corporations," Piazza L. Da Vinci, 32-20133 milano-Italy First Version, May 2005.

Lars Håkanson, "The Knowledge-Based View Revisited: Towards A Dynamic Synthesis," Draft November 15, 2005.

Lars Håkanson, "Knowledge Transfer In Multinational Corporations—An Evolving Research Agend," *Management International Review*; 2005; 45, Abi/

Inform Global.

Leo Grunfeld & Francesca Sanna-Randaccio Greenfield, "Investment or Acquisition? Optimal Foreign Entry Mode With Knowledge Spillovers in A Cournot Game Etsg," Seventh Annual Conference University College Dublin 8—10 September 2005.

Li Gang, "Strategic Knowledge Management In Mncs' Subsidiaries: A Case of Guangzhou Honda," *The Journal of the Study of Modern Society and Culture*, No. 28 2003, p. 25.

Li Li, "Knowledge Transfer within Western Multinational' Subsidary Units in China and Finland—the Impact of Head Quarter Control Mechanism Anisms Subsidiary Location and Social Capital," Yliopistopaino, Helsingfors 2004.

Luo, Y., "Market-seeking MNEs in an emerging market: How parent-Subsidiary Links Shape Overseas Success," *Journal of International Business Studies*, 2003, 34(1):290—309.

Margit Osterloh, Bruno S. Frey, "Motivation, Knowledge Transfer, and Organizational Forms," *Organization Science*, 2000, 11(5):538.

Mark V. Cannice, Roger Chen, John D. Daniels, "Managing International Technology Transfer Risk: Alternatives and Complements," *Management International Review*, 2004, 44(1):129.

Martinez, J., Jarillo, J., "The Evolution of Research on Coordination Mechanisms in Multinational Corporations," *Journal of International Business Studies*, 1989, 20(1):489—514.

Mcfetridge, Donald G., "Knowledge, Market Failure and The Multinational Enterprise: A Comment," *Journal of International Business Studies*, 1995, 26(2):409.

Meredith Downes, Anisya S. Thomas., "Knowledge Transfer Through Expatriation: The U-Curve Approach to Overseas Staffing," *Journal of Managerial Issues*, 2000, 12(2):131.

Michael D. Lord, Annette L. Ranft, "Organizational Learning About New International Markets: Exploring The Internal Transfer of Local Market Knowledge," *Journal of International Business Studies*, 2000, 31(4):573.

Mike Uschold & Rob Jasper & Peter Clark, "Three Approaches for Knowledge Sharing: A Comparative Analysis," In Proc 12th Workshop on Knowledge Acquisition, Modeling, And Management (Kaw'99), 1999.

Mohan Subramaniam, Kelly Hewett, "Balancing Standardization and Adaptation For Product Performance In Internat," *Management International Review*, 2004, 44(2):171.

Nada K, Kakabadse, Andrew Kakabadse, Alexander Kouzmin C., "Reviewing The Knowledge Management Literature: Towards A Toxonomy," *Journal of Knowledge Management*, 2003, 7(4):75.

Nicholas Athanassiou, Douglas Nigh, "The Impact of U. S. Company Internationalization on Top Management Team Advice Networks: a Tacit Knowledge Perspective," *Strategic Management Journal*, 1999, 20(1):83.

Nicolai Foss, Torben Pedersen, "Organizing Knowledge Processes In The Multinational Corporation: An Introduction," *Journal of International Business Studies*, 2004, 35(1):340—349.

Nicolai J. Foss and Torben Pedersen, "The MNC as A Knowledge Structure: The Roles Of Knowledge Sources and Organizational Instruments in Mnc Knowledge Management," Danish Reasearch Unit for Industrial Dynamics Druid Working, Paper No 03—09.

Nicolai J. Foss, Torben Pedersen, "Transferring Knowledge in MNCs: The Role of Sources of Subsidiary Knowledge and Organizational Context," *Journal of International Management*, 2002, 8:49—67.

Nicolai Juul Foss, Torben Pedersen, "Organizing Knowledge Processes in The Multinational Corporation: An Introduction," *Journal of International Business Studies*, 2004, 35(1): 340—349.

Nohria, N., Ghoshal, S., "Differentiated Fit and Shared Values: Alternatives for Managing Headquarters-Subsidiary Relations," *Strategic Management Journal*, 1994, 15(6):491—503.

Nohria, Nitan, Sumantra Ghoshal, "The Differentiated Networks: Organizing Multinational Corporations for Value Creation," San Francisco: Jossey-Bass, 1997.

Nonaka, I., "A Dynamic Theory of Organizational Knowledge Creation," *Organization Science*, 1994, 42(5):19.

North, D. C., *Institutions, Institutional Change, and Economic Performance*, Cambridge: Cambridge University Press 1990.

O'Donnell, S. W., "Managing Foreign Subsidiaries: Agents of Headquarters, or an InterDependent Network?" *Strategic Management Journal*, 2000, 21(5): 525—548.

Pagano, U., "Bounded Rationality, Institutionalism and the Diversity of Economic Institutions," Working Paper, 1999, pp. 1—21.

Paul Almeida, Jaeyong Song, Robert Mgrant, "Are Firms Superior to Alliances And Markets? An Empirical Test of Cross-Bord Knowledge Building," *Organization Science*, 2002,13(2):147.

Paul E. Bierly Iii, Eric H. Kessler, Edward W. Christensen, "Organizational Learning, Knowledge And Wisdom," *Journal of Organizational Change Management*, 2000, 13(6):595.

Paul G. Simmonds, David D. Dawley, William J. Ritchie, William P. Anthony, "An Exploratory Examination of The Knowledge Transfer of Strategic Management Concepts from the Academic Environment to Practicing Managers," *Journal of Managerial Issues*, 2001, 13(3):360.

Paul Miesing, "Towards a Model of Effective Knowledge Transfer within Transnationals: The Case of Chinese Foreign Invested Enterprises," *Journal of Technology Transfer* (Forthcoming).

Pavitt, K., "Technologies, Products and Organization in the Innovating Firm: What Adam Smith Tells Us and Joseph Schumpeter doesn't," Ind. Corp., Change, 1998, 7(3):433—452.

Peter J Buckley, Martin J., "A Formal Analysis of Knowledge Combination in Multinational Enterprises," *Journal of International Business Studies*, 2004, 35(1): 371—384.

Pfeffer, J. R., Salancilk, G. R., *The External Control of Organization*, New York: Harper & Row, 1978.

Porter, M. E., *The Competitive Advantage of Nations*, Free Press, New York, 1990.

Prahalad, C. K., Yves L. Doz, "An Approach to Strategic Control in MNEs," *Sloan Management Review*, 1981, 22(4):5—14.

Rabi S. Bhagat, Ben L. Kedia, Paula D. Haverston, Harry D. Triandis, "Cultural Veriations in the Cross Border Transfer of Organizational Knowledge: An Integrative Framework," *Academay of Management Review*, 2002, 27(2): 204—221.

Rabin, M., "Psychology and Economics," *Journal of Economic Literature*, 1998, 36(1):11—46.

Ram Mudambi, "Knowledge Management in Multinational Firms," *Journal of International Management*, 2002, 8:1—9.

Ram Mudambi, Pietro Navarra, "Managing Knowledge Transfer in MNCs: The Impact Of Headquarters Control Mechanisms," *Journal of International Business Studies*, 2004, 35(1):443—455.

Ram Mudambi, Susan M. Mudambi, "Multinational Enterprise Knowledge Flows: The Effect of Government Inward Inv," *Management International Review*, 2005, 45(1):155.

Ram Mudambi, Pietro Navarra, "Is Knowledge Power? Knowledge Flows, Subsidiary Power and Rent-Seeking within MNC," *Journal of International Busi-*

ness Studies, 2004, 35:385—406.

Rander, R., "Bounded Rationality, Indeterminacy, and the Theory of the Firm," *The Economic Journal*, 1996, 106(1):1360—1373.

Robert Nobel, Julian Birkinshaw, "Innovation in Mutilnationall Corporations: Control and Communication," *Strategic Management Journal*, 1998, 19(5):479.

Roth, K. and O'Donnell, S., "Foreign Subsidiary Compensation Strategy: an Agency Theory Perspective," *Academy of Management Journal*, 1996, 39(3): 678—703.

Roth, K., Morrison, A. J., "Implementing Global Strategy: Characteristics of Global Subsidiary Mandates," *Journal of International Business Studies*, 1992, 23(4):715—736.

Roth, Kendall, Morrison, Allen J., "Implementing Global Strategy: Characteristics of Global Subsidiary Mandates," *Journal of International Business Studies*, 1992, 23(4):715.

Rugman, A., Verbeke, A., "Subsidiary-Specific Advantages in Multinational Enterprises," *Strategic Management Journal*, 2001, 22(1):237—250.

Rugman, A. M., Verbeke, A., "A Perspective on Regional and Global Strategies of Multinational Enterprises," *Journal of International Business Studies*, 2004, 35(1):3—17.

Rugman, A. M., *Inside the Multinational: The Economic of the Multinational Enterprise*, New York: Columbia University Press, 1981.

Rugman, Alan M., Verbeke, Alain, "A Note on The Transnational Solution and The Transaction Cost Theory of Multinational Strategic Management," *Journal of International Business Studies*, 1992, 23(4):761.

S. Tallman, "The Significance of Bruce Kogut's And Udo Zander's Article, 'Knowledge of the Firm and the Evolutionary Theory of The Multinational Corporation'," *Journal of International Business Studies*, 2003, 34(2):495—497.

S. T. C. Amarasinghe, M. Yunshi, "Knowledge Sharing-Based Strategic Roles of Subsidiaries of Multinational in China," *The Journal of Agricultural Sciences*, 2005, 1(2):79—99.

Salleh Yahya, Wee-Keat Goh, "Managing Human Resources Toward Achieving Knowledge Management," *Journal of Knowledge Management*, 2002, 6(5): 457.

Saonee Sarker, "Knowledge Transfer In Virtual Information Systems Development Teams: An Empirical Examination of Key Enablers," Proceedings of The 36th Hawaii International Conference on System Sciences (Hicss'03) 0-7695-1874-5/03 2002 Ieee.

Saxenian, A., *Regional Advantage: Culture and Competition In Silicon Valley and Route* 128, Harvard Univ. Press, Cambridge, MA, 1994.

Sebastian Reiche, "Knowledge Sharing Through Inpatriate Assignments in Multinational Companies: A Social Capital Perspective," Working Paper Number 3, October 2004.

Shaomin Li, "Location and Performance of Foreign Firms in China," *Management International Review*, 2004, 44(2):151.

Shih-Fen S Chen, "Extending Internalization Theory: A New Perspective on International Technology Transfer and Its Generalization," *Journal of International Business Studies*, 2005, 36(1):231—245.

Spender, J. C., "Making Knowledge the Basis of a Dynamic Theory of the Firm," *Strategic Management Journal*, 1996, 17(4):45—62.

SPRU, *Annual Report*, Science Policy Research Unit, University of Sussex, 1999.

Susan E. Fenberg, Anil K. Gupta, "Knowledge Spillover and The Assignment of R&D Responsibility to Foreign Subsidiaries," *Strategic Management Journal*, 25:823—845.

Syed Omar, Shanifuddin Syed-Ikhsan, Fytton Rowland, "Knowledge Management In A Public Organization: A Study on the Relationship Be between organizational Elements and the Performance of Knowledge Transfer," *Journal of Knowledge Management*, 2004, 8(2):95.

Szulanski, Gabriel, "Transfer of Marketing Know-How In International Strategic Alliances: An Empirical lnvestgation of the Rote and Antecedents of Knowledge Ambiguty," *Journal of International Business Studies*, 1999, 30(3):463.

Szulanski, G., "Exploring Internal Stickness: Impediments to the Transfer of Best Practice within the Firm," *Strategic Management Journal*, 1996, 17(4):27—43.

Taco H. Reus, William J. Ritchie Iii, "Interpartner, Parent, and Environmental Factors Influencing The Operation of International Joint Ventures: 15 Years of Research," *Management International Review*, 2004, 44(4):369.

Taggart, J. H., "Strategy Shifts in MNC Subsidiaries," *Strategic Management Journal*, 1998, 19(1):663—681.

Tai-Ning Yang, Chuan-Lin Kang, "A Study on The Relationship of A Strategic Asset Seeking Subsidiary with MNC Headquaters," *Journal of American Academy of Business*, 2005, 6(2):55.

Thorsk G Westphal, Vivienne Shaw, "Knowledge Transfers in Acquisitions—An Exploratory Study and Model," *Management International Review*, 2005, 45(1):75.

Torben Pedersenl & Bent Petersenl & Deo Sharma, "Knowledge Transfer Performance of Multinational Companies," *Management International Review*, 2003, 43(3): 69.

Tsai W., Ghoshal S., "Social capital and value creation: The role of intrafirm networks," *Academy of Management Journal*, 2002, 41(4):464—477.

Tsai W., "Social Structure of "Coopetition" within a Multiunit Organization: Coordination, Competition, and Intraorganizational Knowledge Sharing," *Organization Science*, 2002, 13(2):179—190.

Tsai W., "Knowledge Transfer in Intraorganizational Networks: Effects of

Network Position and Absorptive Capacity on Business Unit Innovation and Performance," *Academy of Management Journal*, 2001, 44(5):996—1004.

Udo Zande,Bruce Kogut, "Knowledge and the Speed of the Transfer and Imitation of Organizational Capabilities: An Empirical Test," *Organization Science*, 1995, 6(1):76—92.

Urmas Varblane, Katrin Männik,Helena Hannula, "Autonomy and Performance of Foregn Subsidiaries in Transition Countries," Working Paper, July, 2005.

Varga, A. , *University Research and Regional Innovation: A Spatial Econometric Analysis of Academic Technology Transfers*, Kluwer Academic Publishers, Boston, 1998, p. 125.

Vitor Cordao Simoes, "Evolutionary and Resourced-Based Theories Heroes of The Mne: A Brief Note."

Volker Mahnke, Torben Pedersen, Markus Venzin, "Why Do Mnc Subsidiaries Engage In Knowledge Sharing with other Subsidiaries and What are The Implications For Performance?" Dynamics of Industry And Innovation: Organization, Networks and Systems Copenhagen, Denmark, 2005, June, pp. 27—29.

Walcott, S. M. , "High Tech in the Deep South: Biomedical Firm Clusters in Metropolitan Atlanta," *Growth Change*, 1999, 30(1):48—74.

Wenpin Tasi, "Knowledge Transfer in Intraorganizational Networks: Effects of Network Position and Absorptive Capacity on Business Unit lnnovation and Performance," *Academy of Management Journal*, 2001, 44(5):996.

Westney, D. E. , "The International Transfer of Organizational Technologies," *International Trade Journal*, 1989, 30(4):69—90.

Wilhelm Barner-Rasmussen, Ingmar Björkman, Li Li, "Knowledge Sharing Between MNC Units: A Social Capital Perspective," Paper Submitted to the 28th Eiba Conference,Athens,December 8—10, 2002.

Wilhelm Barner-Rasmussen, "Knowledge Sharing In Mutilnational Corporations. A Social Capital Persepective," Helsingfors 2003.

Williamson, O. E. , *Markets and Hierarchies: Analysis and Antitrust Implications*, New York: Free Press, 1975, 42(1):20—40.

Williamson, O. E, "Calculativeness, Trust, and Economic Organization," *Journal of Law and Economic*, 1993, 36(1):453—486.

Williamson, O. E. , *Economic Institution of Capitalism*, New York: Free Press, 1985.

Williamson, O. E, "Calculativeness, Trust, and Economic Organization," *Journal of Law and Economic*, 1993, 36(1):453—486.

Williamson, O. E. , "Economic Organization: The Case for Candor," *Academy of Management Review*, 1996, 21(1):48—57.

Williamson, O. E. , "Opportunism and its Critics," *Managerial and Decision Economics*, 1993, 14(1):97—107.

Wolf, J. , Egelhoff, W. G. , "A Reexamination and Extension of International Strategy-structure Theory," *Strategic Management Journal*, 2002, 23 (3): 181—189.

Xavier Martin, Robert Salomon, "Tacitness, Learning, and International Expansion: A Study of Foreign Direct Investment in a Knowledge-lntensive lndustry," *Organization Science*, 2003, 14(3):297.

Xu, D. , Shenkar, O. , "Institutional Distance and the Multinational Enterprise," *Academy of Management Review*, 2002, 27(1):608—618.

Yadong Luo, "Toward Coopetition within A Multinational Enterprise: A Perspective From Foreign Subsidiaries," *Journal of World Business*, 2005, 40(1): 71—90.

Yong Suhk Pak, Young-Ryeol Park, "A Framework of Knowledge Transfer In Cross-Border Joint Ventures: An Empirica," *Management International Review*, 2004, 44(4):417.

Yuan Luo, Darryl N. Davis, Kecheng Liu, "Information and Knowledge Exchange In A Multi-Agent System for Stock Trading," Proceedings of the First

Ieee/Iec Enterprise Networking Applications and Services Conference, June 4—6, 2001, Atlanta, Usa.

Yue Wang, Stephen Nicholas, "Knowledge Transfer, Knowledge Replication, And Learning In Non-Equity Allianc Operating Contractual Joint Ventures in China," *Management International Review*, 2005, 45(1):99.

Zanfei A., "Transnational Firms and Changing Organisation of Innovative Activities," *Cambridge Journal of Economics*, 2000,24(1):515—554.

Zollo, M., Singh, H., "The Impact of Knowledge Codification, Experience Trajectories and Integration Strategies on Performance of Corporate Acquisition," *Academy of Management* Proceedings (BPS), 1998, 30(1):L1—L10.

（二）中文部分

任胜刚、李焱:《产业集群中跨国子公司战略地位与母子关系的演进》,《南开管理评论》2005 年第 2 期。

元利兴、宣国良:《程序公正性与跨国公司母子公司战略关系研究》,《外国经济与管理》2004 年第 1 期。

周勇:《刍议"双赢"视域中的母子公司结构》,《商业研究》2003 年第 3 期。

李华、李传昭、彭正新:《对我国企业集团境外子公司治理机制的思考》,《国际贸易问题》2003 年第 2 期。

任胜钢:《基于跨国公司视角的集群研究新进展》,《外国经济与管理》2004 年第 1 期。

许强、陈劲:《基于网络结构的母子公司组织关系》,《外国经济与管理》2001 年第 3 期。

薛求知、关涛:《跨国公司 R&D 国际化演变的生命周期对总部与海外 R&D 机构关系协调的动态分析》,《世界经济研究》2003 年第 9 期。

李灵稚:《跨国公司的知识管理能力与其知识外溢成效的关系》,《特区经济》2003 年第 4 期。

赵民杰、任晓娜:《跨国公司的知识流动机制研究》,《现代管理科学》2004 年第

11期。

赵景华:《跨国公司海外子公司的三个理论流派比较研究》,《南开管理评论》2001年第6期。

江莉萍:《跨国公司海外子公司角色演变与发展研究》,《沿海企业与科技》2005年第7期。

赵景华:《跨国公司海外子公司角色演进的机制分析》,《齐鲁学刊》2001年第6期。

杨忠:《跨国公司及其子公司治理结构分析》,《南京大学学报》2004年第4期。

汪前元:《跨国公司技术转移的方式及相关因素分析》,《华南金融研究》2003年第6期。

薛求知、任胜钢:《跨国公司理论新进展:基于区位与集群的视角》,《复旦大学学报》2005年第8期。

赵福厚:《跨国公司母子公司关系中自治权的确定性研究》,《国际商务》2004年第1期。

王清晓、杨忠:《跨国公司母子公司之间的知识转移研究一个情境的视角》,《科学学与科学技术管理》2005年第6期。

李双文:《跨国公司内部市场业务知识的转移》,《商业研究》2005年第3期。

元利兴、宣国良:《跨国公司全球R&D活动中的知识流动机制研究》,《科技进步与对策》2003年8月号。

薛求知、阎海峰:《跨国公司全球学习——新角度审视跨国公司》,《南开管理评论》2001年第2期。

高茜、徐蕾:《跨国公司网络组织结构与知识流动过程分析》,《经济问题探索》2004年第11期。

高茜:《跨国公司网络组织知识流动的综合分析框架》,《经济理论与经济管理》2005年第6期。

葛京:《跨国公司演进的知识观》,《南开管理评论》2002年第3期。

赵景华:《跨国公司在华子公司成长与发展战略的实证研究》,《管理世界》(月刊)2002年第10期。

胡峰:《跨国公司在华子公司发展问题研究》,《上海行政学院学报》2003 年第 1 期。

赵景华:《跨国公司子公司成长与发展的战略机制研究》,《东岳论丛》2001 年第 6 期。

于鹏、赵海燕:《跨国公司子公司的主导创新行为研究》,《特区经济》2005 年第 3 期。

赵福厚:《跨国公司子公司发展中四大流派理论成因分析》,《现代财经》2004 年第 3 期。

李文秀、赵浩兴:《跨国公司子公司网络嵌入模式探讨》,《华东经济管理》2004 年第 2 期。

叶昕、邹珊刚:《跨国企业的知识流及其管理》,《外国经济与管理》2002 年第 24 卷第 12 期。

刘明霞、徐珊:《跨国子公司对企业特定优势形成模式的影响分析》,《中国软科学》2002 年第 9 期。

杨大桐:《论跨国公司网络组织结构及其竞争优势》,《河南财政税务高等专科学校学报》2003 年第 17 卷第 2 期。

周阿红:《母公司对子公司的行为责任初探》,《技术经济》2000 年第 4 期(总第 148 期)。

徐金发、刘奕:《子公司之间知识流动的决定因素研究》,《科研管理》2002 年第 23 卷第 2 期。

刘翌、徐金发:《母子公司知识流动一个理论分析框架》,《科研管理》2002 年第 1 期。

马丽霞:《企业内部控制制度刍议》,《内蒙古科技与经济》2005 年第 9 期。

汤超颖、周寄中、刘腾:《企业隐性技术知识吸收模型研究》,《科研管理》2004 年第 4 期。

顾良丰、许庆瑞:《企业知识的模块化管理与全球化战略》,《中国地质大学学报(社会科学版)》2005 年第 5 卷第 3 期。

魏华飞、方文敏:《浅论基于默会知识的核心竞争力》,《现代企业》2004 年第

7期。

张开鹏、王勇:《浅谈国外跨国公司并购对其在华子公司的影响》,《科技与管理》2002年第2期(总第14期)。

胡朝辉:《浅析跨国公司文化整合及在子公司的实践》,《科学与管理》2005年第3期。

Blomström, Ari Kokko:《外国直接投资激励经济学》,《经济资料译丛》2005年第2期。

陈菲琼:《我国企业与跨国公司知识联盟的知识转移层次研究》,《科研管理》2001年第2期。

章凯、郭雅庆:《西门子公司知识管理构架的分析与启示》,《科学管理研究》2004年第22卷第3期。

潘玉璋、李治国:《寻求知识动态优势国际直接投资与跨国公司的未来选择》,《科技进步与对策》2000年第17卷第7期。

许陈生、夏洪胜:《在华跨国公司进入模式选择的变化及其影响因素》,《兰州学刊》2005年第1期。

肖世练:《在华跨国公司子公司的内部贸易透析》,《商业经济与管理》2003年第10期。

董有德:《专有资产与跨国公司对外直接投资的获益效应》,《世界经济研究》2004年第7期。

陶向南、赵曙明:《子公司角色、绩效表现对跨国公司人力资源本土化配置影响的实证研究》,《管理世界》2003年第8期。

黄辉:《子公司网络嵌入假说》,《商场现代化》2004年第15期。

王晓蓉、贾庚良:《"新熊彼特"技术变迁理论评述》,《南开经济研究》2001年第1期。

王毅、吴贵生:《产学研合作中粘滞知识的成因与转移机制研究》,《科研管理》2001年11月第6期。

刘翼:《刍议跨国公司联盟网络及其启示》,《世界经济研究》1999年第5期。

汪丁丁:《从"交易费用"到博弈均衡》,《经济研究》1995年第9期。

叶国灿:《从管理理论演进看企业管理模式创新趋势》,《中国人民大学学报》2004 年第 2 期。

钟佳佳:《从系统观点看企业实施 ERP》,《信息技术与标准化》2002 年第 9 期。

刘冀生、朱庆春、胡光宇、马杰:《从迅达公司看跨国公司的技术转移》,《国际经济合作》1998 年第 5 期。

于洪生:《对我国创新管理体系建设的理性思考》,《理论学习》2003 年第 8 期。

李浩、戴大双:《基于知识与决策权匹配的企业技术创新效率分析》,《大连理工大学学报(社会科学版)》2003 年第 24 卷第 3 期。

张政军:《公司业绩持续增长的战略与管理》,《经济理论与经济管理》2002 年第 6 期。

刘南、李玉民:《供应链中知识转移与扩散机制研究》,《技术经济与管理研究》2003 年第 6 期。

谭树利、吴中伦:《顾客价值创新》,《北方经济》2004 年第 3 期。

汪丁丁:《互补性、概念格、塔尔斯基不动点定理》,《经济研究》2001 年第 11 期。

郭明院:《互联网与知识转移》,《北京理工大学学报》第 2 卷第 2 期。

许庆瑞、郑刚、喻子达、沈威:《全面创新管理(TIM):企业创新管理的新趋势——基于海尔集团的案例研究》,《科研管理》2003 年 9 月。

胡婉丽、汤书昆:《基于研发过程的知识创造和知识转移》,《科学学与科学技术管理》2004 年第 1 期。

董俊武、黄江圳、陈震红:《基于知识的动态能力演化模型研究》,《中国工业经济》2004 年第 2 期。

祁红梅、陈亮:《基于知识的核心粘性成因及对策分析》,《河北经贸大学学报》2003 年第 4 期。

石杰、薛惠锋、史晓峰:《基于知识的客户关系研究》,《电子科技大学学报社科版》2003 年(第 5 卷)第 4 期。

徐建锁、王正欧、李淑伟:《基于知识链的管理》,《天津大学学报(社会科学版)》2003 年第 2 期。

常荔、邹珊刚、李顺才:《基于知识链的知识扩散的影响因素研究》,《科研管理》第22卷第5期。

李顺才、常荔、邹珊刚:《基于知识链的知识扩散影响因素分析》,《科技进步与对策》2001年6月号。

李浩、戴大双:《基于知识特性的组织学习研究》,《大连理工大学学报(社会科学版)》2003年9月。

李新春、顾宝炎、李善民:《中外企业合作的战略联盟特征与技术学习》,《管理科学学报》1998年第4期。

刘乃全、孙海鸣:《经营与战略的二元性及不确定性条件下的企业战略选择》,《外国经济与管理》第23卷第12期。

赵昌文、毛道维:《跨国工业企业的扩张战略与中国大型工业企业的国际化经营》,《管理世界》2000年第2期。

高静美:《跨国公司TMT内部网分层研究》,《中国工业经济》2003年第12期。

王学鸿:《跨国公司的技术转移问题研究》,《南方经济》1999年第5期。

谢康、于蕾:《跨国公司集聚区域的特点及其在上海的发展趋势》,《世界经济研究》2004年第1期。

林洁:《跨国公司技术转移的内部化趋势及其原因分析》,《技术经济与管理研究》2000年第2期。

葛京:《跨国公司演进的知识观》,《南开管理评论》2002年第3期。

陈志昂、江礼定:《跨国公司在高新技术产业中的知识产权转移》,《国际贸易问题》1998年第5期。

叶昕、邹珊刚:《跨国企业的知识流及其管理》,《外国经济与管理》第24卷第12期。

陈昆玉、陈昆琼:《论企业知识协同》,《情报科学》2002年第20卷第9期。

严中华:《论信任与知识管理各过程的关系》,《科技管理研究》2003年第4期。

袁志刚:《论知识的生产和消费》,《经济研究》1999年第6期。

王开明、万君康:《论知识的转移与扩散》,《外国经济与管理》2000年第25卷第10期。

许强、郑胜华:《母子公司的知识结构剖析》,《技术经济与管理研究》2004年第1期。

葛京:《企业国际化过程中的知识转移与组织学习》,《中国软科学》2002年第1期。

郑胜利、陈国智:《企业社会资本积累与企业竞争优势》,《生产力研究》2002年第1期。

耿弘:《企业战略管理理论的演变及新发展》,《外国经济与管理》1996年第6期。

于琛琛、杨乃定、贾晓霞:《企业知识创新管理研究》,《软科学》2004年第18卷第1期。

周晓东、项保华:《企业知识内部转移模式、影响因素与机制分析》,《南开管理评论》2003年第5期。

徐金发、许强、顾惊雷:《企业知识转移的情境分析模型》,《科研管理》第24卷第2期。

邝宁华、胡奇英、杜荣:《强联系与跨部门复杂知识转移困难的克服》,《研究发展与管理》2004年第2期。

彭灿:《区域创新系统内部知识转移的障碍分析与对策》,《科学学研究》第21卷第1期。

罗曼·柏特里、迈克西米兰,冯·斋德维茨:《确保从研究到开发界面的有效管理——R&D个体的知识转移管理》,《管理工程学报》2000年第14卷第B12期。

钟辉:《世界经济新格局与我国跨国公司的发展》,《当代财经》1994年第7期。

高保中:《市场经济与竞争均衡哈耶克的启示与超越》,《南开经济研究》2004年第4期。

郑崇达:《从试论技术创新的动力机制、系统结构与调控方式》,《科学学与科学技术管理》1994年第5卷第1期。

陈昆玉、覃正:《授权与控制悖论——一种基于知识的分析框架》,《科学学研究》第20卷第1期。

陈菲琼:《我国企业与跨国公司知识联盟的知识转移层次研究》,《科研管理》第22卷第2期。

王端民、孙林岩、汪应洛:《虚拟公司与知识资源战略》,《中国软科学》1999年第9期。

王君、樊治平:《一种基于Multi-Agent的知识转移模型框架》,《东北大学学报(自然科学版)》第24卷第1期。

余光胜:《一种全新的企业理论(上)——企业知识理论》,《外国经济与管理》第22卷第2期。

岳建学:《以创新管理提升企业核心竞争力》,《中国矿业》2003年第12卷第3期。

陈剑:《以企业知识为基础构建学习型战略联盟》,《安徽教育学院学报》2002年第1期。

沈祖志、景劲松、徐操志:《应对知识竞争的企业联盟范式的转变——产品联盟到知识联盟》,《电子科技大学学报社科版》2003年(第5卷)第2期。

王凤彬:《战略决定结构　还是结构决定战略——兼评联想集团的战略与结构关系》,《经济理论与经济管理》2003年第9期。

陈小平:《战略整合模型研究》,《外国经济与管理》2001年第23卷第7期。

汪丁丁:《知识表达、知识互补性、知识产权均衡》,《经济研究》2002年第10期。

吴晓波、郭雯、刘清华:《知识管理模型研究述评》,《研究与发展管理》2002年第14卷第6期。

张福学:《知识管理系统的设计思路与实现工具》,《情报杂志》2002年第3期。

周涛:《知识管理中的知识流动模型》,《情报资料工作》2002年第2期。

洪智敏:《知识经济对传统经济理论的挑战》,《经济研究》1998年第6期。

随映辉:《知识经济与中国经济增长方式的战略性转变》,《国际技术经济研究》1998年第1卷第4期。

林莉:《知识联盟中知识转移的障碍因素及应对策略分析》,《科研管理》2004年第4期。

陈有富:《知识流动的控制》,《图书馆》2002 年第 4 期。

郑文兵:《知识生产和转移——企业知识管理的核心》,《软科学》2003 年第 36 卷第 3 期。

汪丁丁:《知识沿时间和空间的互补性以及相关的经济学》,《经济研究》1997 年第 6 期。

董小英:《知识优势的理论 基础与战略选择》,《北京大学学报(哲学社会科学版)》第 41 卷第 4 期。

尹廷:《知识转移与科层制解构》,《上海交通大学学报(社科版)》2000 年第 1 期第 8 卷。

侯仕军:《海外子公司定位、协调与控制研究》,博士论文,2007 年。

鲁桐:《中国企业海外经营:对英国中资企业的实证研究》,《世界经济》2000 年第 4 期。

谭大鹏、霍国庆、王能元、吴磊、蒋日富、喻缨、董纪昌:《知识转移及其相关概念辨析》,《图书情报工作》2005 年第 2 期。

李新春、顾宝炎、李善民:《中外企业合作的战略联盟特征与技术学习》,《管理科学学报》1998 年第 1 卷第 4 期。

刘清华、吴晓波:《中小企业集群的知识转移》,《技术经济与管理研究》2002 年第 4 期。

董永德:《专有资产与跨国公司对外直接投资的获益效应》,《世界经济研究》2004 年第 7 期。

陈来成:《组织的复杂性及其管理》,《系统辩证学学报》第 12 卷第 1 期。

韩中和:《组织的战略创新与最高管理层的危机意识》,《外国经济与管理》1999 年第 7 期。

程德俊、孔继红:《组织分权的知识动因分析》,《中国工业经济》2002 年第 4 期。

罗珉:《组织理论的新发展——种群生态学理论的贡献》,《外国经济与管理》2001 年第 23 卷第 10 期。

王重鸣:《心理学研究方法》,人民教育出版社 1990 年版。

侯杰泰、温忠麟、成子娟:《结构方程模型及其应用》,教育科学出版社 2004 年版。

(美)迈克尔·古尔德、安德鲁·坎贝尔、马库斯·亚历山大:《公司层面战略》,黄一义等译,人民邮电出版社 2004 年版。

后　记

当本书真正写完之时，反而没有了当初即将收笔时的兴奋。闭目掩卷，孤灯苦读的日夜仍历历在目，写作途中的艰辛让我从内心深处体会到了学术研究的神圣，不敢再轻而言之。然而痛并快乐着的过程却是如此让人回味无穷，大师们经典的文章有如甘甜的露水滋润了我贫瘠的土壤，让思绪开始活跃，文字开始成长。知识的诱惑终于使我在书稿完成之时，毅然地选择了研究与教育的职业，尽管通往科学圣堂的途中，青灯黄卷的清苦、传道诲人的劳累会一路相随。

本书是在笔者博士论文的基础上完成的，它标志着我进入学术研究圣地的开始，而领路人就是我的恩师李元旭教授。本书从选题到定稿无不倾注了李老师悉心的关怀和指导，李老师渊博的知识、深邃的学术眼光是我研究前行的路标；李老师坦荡的胸怀、正直的品格、儒雅的修为为我树立了学者的风范，使我深知浩然正气是学术研究的前提。

在此，还要深深地感谢上海海事大学经济管理学院指导和帮助过我的曲林迟教授、宋炳良教授、瞿群臻教授、郑玉香教授、张璟副教授、任声策博士，他们的博学睿智使我受益匪浅。感谢一起攻读博士学位的同学和朋友杨增雄、张焕勇、唐嘉庚，是你们在这期间给了我很多无私的帮助，让我留下了一段美好的回忆。

感谢抚养和培育我长大的父母以及陪伴我成长的妹妹，是你们无私的奉献和对我一如既往的信任与期待，给了我前行的勇气。感谢一直关心我成长和发展的舅舅、舅妈以及表弟们，你们的爱是我前进的动力。

张晓燕

图书在版编目(CIP)数据

跨国公司子公司之间的知识转移研究／张晓燕著．
—上海：上海人民出版社，2010
ISBN 978-7-208-09345-4

Ⅰ．①跨…　Ⅱ．①张…　Ⅲ．①跨国公司-知识经济-研究　Ⅳ．①F276.7

中国版本图书馆 CIP 数据核字(2010)第 099987 号

责任编辑　刘林心

跨国公司子公司之间的知识转移研究
张晓燕 著
世纪出版集团
上海人民出版社出版
(200001　上海福建中路 193 号　www.ewen.cc)
世纪出版集团发行中心发行
上海商务联西印刷有限公司印刷
开本 635×965　1/16　印张 17.25　插页 4　字数 212,000
2010 年 8 月第 1 版　2010 年 8 月第 1 次印刷
ISBN 978-7-208-09345-4/F·1962
定价 28.00 元

马克思主义研究　哲学社会科学研究　第二十一辑　(2009年)

马克思主义国际关系理论研究　曹泳鑫 著
詹姆逊文化理论探析　张艳芬 著
哲学描述论引论　王天思 著
玄应和慧琳《一切经音义》研究　徐时仪 著
百年演绎：中国博览会事业的嬗变　乔兆红 著
商业贿赂犯罪研究　卢勤忠 著
超越与同一：欧盟的集体认同研究　李明明 著
冷战后的日台关系　吴寄南 著
石油投资与贸易措施的国际法规制　叶玉 著
李嘉图经济理论研究　陈其人 著
中国企业国际竞争力研究：基于公司治理视角　杨蓉 著
“清流”研究　王维江 著
中国古代小说叙事三维论　黄霖 著
唱片与近代上海社会生活　葛涛 著
地方政府竞争秩序的治理：基于消极竞争行为的研究　汪伟全 著
伦理学视域中的尊重　周治华 著
中国农业节水灌溉市场的有效性及政策绩效评价研究　王克强 著

博士文库　第十一辑　(2009年)

法兰克福学派的意识形态批判及其存在论视域　叶晓璐 著
正义与德性：哈耶克与休谟的正义理论比较研究　夏纪森 著
理解情境：走近幼儿的伦理视界　古秀蓉 著
我国城乡社会救助系统建设研究　曹艳春 著
地权变动与社会重构——苏南土地改革研究　张一平 著
政治地理视角下的省界变迁——以民国时期安徽省为例　徐建平 著
东汉石刻砖陶等民俗性文字资料词汇研究　吕志峰 著
日本企业的技术创新模式及在华研发活动研究　王承云 著
跨国公司子公司之间的知识转移研究　张晓燕 著
东亚金融合作制度设计和效应研究　郑海青 著
电子货币与货币政策有效性研究　周光友 著
公共性与市场性的悖离与融合——中国古代水运制度思想的经济考察　郭旸 著
村庄里的闲话——意义、功能和权力　薛亚利 著
古玺文字量化研究及相关问题　朱疆 著